Helga Mohrmann/Ilona Steinert
Wir leben die Liebe in wachsenden Ringen

Helga Mohrmann
Ilona Steinert

Wir leben die Liebe in wachsenden Ringen

Zu einer erfüllten Beziehung – Wege der Systemischen Therapie

Knaur
MensSana

Die Folie des Schutzumschlags sowie die Einschweißfolie
sind PE-Folien und biologisch abbaubar.
Dieses Buch wurde auf chlor- und säurefreiem Papier gedruckt.

Besuchen Sie uns im Internet: www.droemer-knaur.de
Alle Titel aus dem Bereich MensSana finden Sie im Internet unter
www.knaur-mens-sana.de

Originalausgabe März 2005

Redaktion: Ralf Lay, Mönchengladbach
Umschlaggestaltung: ZERO Werbeagentur, München
Umschlagabbildung: Zefa
Satz: Pinkuin Satz und Datentechnik, Berlin
Druck und Bindung: C. H. Beck, Nördlingen
Printed in Germany
ISBN 3-426-66693-6

2 4 5 3 1

Ich lebe mein Leben in wachsenden Ringen,
die sich über die Dinge ziehn.
Ich werde den letzten vielleicht nicht vollbringen,
aber versuchen will ich ihn.

Ich kreise um Gott, um den uralten Turm,
und ich kreise jahrhundertelang.
Und ich weiß noch nicht:
bin ich ein Falke, ein Sturm
oder ein großer Gesang.

Rainer Maria Rilke

Inhalt

Vorwort ... 11

Einführung in die Systemische Paartherapie ... 13

Teil 1:
Die Paarebene ... 23

Moderne Zeiten: Paarbeziehungen mit Niveau ... 25
Paare – die gesteigerten Bedürfnisse im Laufe der Geschichte ... 26
Die unterschiedlichen Bedürfnisse von Mann und Frau ... 37
Seine Vorstellungen kennen – den passenden Partner finden ... 40
Die Kontaktfähigkeit ... 44
Der »Magic Moment«, die Anziehung beginnt ... 45
Die Basis der Beziehung ... 52
Gefühlstiefe und Gefühlsausdruck in Partnerschaften ... 60
Die Balance von Verbindlichkeit, Gefühlstiefe und Gefühlsausdruck ... 64
Die Loyalität zur Herkunftsfamilie und die Partnerschaft 68
Kontaktpflege mit der Herkunftsfamilie ... 71
Regeln und Rituale und ihre Auswirkungen ... 76
Der Machtkampf bei verschiedenen Ritualen ... 78
Die Verteilung von Geben und Nehmen ... 83
Der Kinderwunsch ... 92
Die Auswirkungen von Abtreibungen ... 95
Fehlgeburten sind schwere Schicksale ... 99
Von sich sprechen und einander zuhören ... 101
Das Ringen um Veränderung ... 104

Kindliche und erwachsene Ansprüche an den Partner ... 110
Attraktiver/bedürftiger Partner 121
Die Sexualität in der Partnerschaft 128
Der Seitensprung als Ausweichmanöver 138
Die Liebe und ihre »Anhänger« 142
Die Paarkultur 168
Partner mit unterschiedlichen Kulturen 171
Die gemeinsame Vision 174
Die Entwicklung der eigenen Persönlichkeit 176

Teil 2:
Die Ebene der ungelösten Bindungen an frühere Partner .. 181

Die Geschichte der bisherigen Partnerschaften 183
Die verschiedenen Bindungsmöglichkeiten
an frühere Partner 185
Emotionale Trennung 188
Die Bindung über die Elternschaft 193
Patchworkfamilien 196

Teil 3:
Die Ebene der Herkunftsfamilie 209

Spannungsgeladene Bindung zu einem oder
beiden Elternteilen 211
Der Ablösungsprozess vom Elternhaus 216
Fehlende Bindung zu Vater oder Mutter 220
Zu große Herzensverbindung zur Herkunftsfamilie 230
Tochtermodelle bei fehlender Vateranerkennung 232
Sohnmodelle bei fehlender Vateranerkennung 240
Der Vater und seine Tochter, die Prinzessin 249
Die Mutter und ihr Prinzensohn 254
Vaters Prinzessin und Mutters Prinz werden ein Paar 261

Die Trägerkinder 265
Sexuell missbrauchte Kinder 270
Kinder aus Suchtfamilien 274
Triangulierte Kinder 281
Adoptivkinder 286
Verlust der Eltern oder Geschwister durch frühen Tod . . . 291
Trennungskinder 298
Generationsübergreifende Verstrickungen 302

Die Vision von erfüllten Liebesbeziehungen 309

Dank 313

Die Autorinnen 315

Weitere Informationen 317

Vorwort

In unserer langjährigen Arbeit als Systemische Paar- und Familientherapeutinnen begegnete uns immer wieder eine Frage von Menschen in Beziehungsnöten: »Welches Buch würden Sie mir empfehlen?«
Bisher gingen wir dann im Geiste die Vielzahl der entsprechenden Bücher durch, die uns bekannt sind, um dann eine Auswahl von vielleicht zehn Titeln zu empfehlen, die sich mehr oder weniger mit Beziehungsaspekten beschäftigen.
Möchte sich jemand ernsthaft mit dem Thema »Beziehung« auseinander setzen, dann braucht er ein Buch über die Unterschiedlichkeit von Mann und Frau, eines zu den Kommunikationsstilen von Paaren, eines zu den Gesetzen der Partnerwahl, zu Bindungsängsten, zu Treue und Untreue, zu sexuellen Themen, zu generationsübergreifenden Verstrickungen bei Paaren usw.
Es ist wunderbar, dass dieses Wissen bereits in vielen Büchern vorhanden ist. Dennoch – wie wird man in der vorhandenen Literatur dem wichtigen Umstand gerecht, dass die einzelnen Themen ineinander greifen und aufeinander einwirken? Die Gleichzeitigkeit der verschiedenen Gewichtungen und Schwerpunkte der Themen ist es nämlich, die unsere Beziehungsfähigkeit aus der Balance gebracht hat.
So haben wir uns dem Anspruch verschrieben, durch die Vernetzung der einzelnen Schwerpunkte ein umfassendes, zusammenhängendes Wissen zu vermitteln. Wir wollten ein Buch schreiben, in dem wir einzeln und geordnet auf die verschiedenen Themen eingehen, dann aber ihre Zusammenhänge und Auswirkungen darstellen und unseren Lesern darüber hinaus eine Botschaft für ihre Entwicklung, gegenseitige Ergänzung, positive Veränderung und ihr Wachstum geben.
Wenn das gelingt, wird es möglich sein, die Beziehung in eine

gesunde Balance zu bringen, die der aktuellen Lebensphase des Paares entspricht.

Wie alle Menschen haben wir das Wissen über Beziehungen weder in der Schule noch bei unseren Eltern oder in unserem Umfeld gelernt, sondern wir mussten es durch eigene schmerzhafte Erfahrungen mühsam erwerben.
Deshalb ist es uns ein Bedürfnis, anderen Menschen ein Bewusstsein über die Zusammenhänge zu vermitteln, damit sie leichter und schneller zu einer ausgeglichenen und ausbalancierten Partnerschaft kommen können.

Dem großen Wunsch nach einer erfüllten Beziehung und einer glücklichen Familie steht vielfach ein Vakuum mit der Frage »Wie?« gegenüber. Basierend auf unseren persönlichen Erfahrungen, unserem in der therapeutischen Praxis und durch Forschungen gewonnenen Wissen, bieten wir bisher in Seminaren und nun in diesem Buch eine »Lebensschule« für glückliche Beziehungen an.
Wem es möglich ist, das vermittelte Wissen zu nehmen, es als Handwerkszeug anzuwenden und dann noch den Mut zu haben, »sich neu auszuprobieren«, dem wird es auch möglich sein, schmerzhafte Erfahrungen zu verringern und schneller und leichter das Grundbedürfnis nach einer erfüllten Beziehung zu befriedigen.

Helga Mohrmann　　*Ilona Steinert*

Hinweis:

Wir verzichten in diesem Buch weitgehend auf die gleichberechtigte Verwendung des grammatischen Geschlechts. Der besseren Lesbarkeit halber setzen wir auf die Phantasie der Leser: Wenn Sie eine männliche Form finden, dann denken Sie die weibliche bitte mit!

Einführung in die Systemische Paartherapie

Wir möchten mit Ihnen im Geiste zunächst noch einmal kurz zurück in die Lebensphase gehen, in der sich Jugendliche die ersten ernsthaften Gedanken um das andere Geschlecht machen. Das körperliche und seelische Bedürfnis nach einer sexuellen und partnerschaftlichen Beziehung erwacht nämlich in diesem Alter, und es bringt uns mit der Sehnsucht nach Liebe und Nähe in Berührung.

Die romantische Anziehungskraft, wie sie uns in Filmen, Romanen und in der Popmusik vermittelt wird, lässt uns mit großen Erwartungen eine Beziehung eingehen. Anfangs merkt man dabei noch nicht, dass einiges von den Vorstellungen reine Illusion ist; sondern viele halten diese Gefühle und das verliebte Miteinander schon für die ganze Wahrheit.

Eine gewisse Zeit reicht es auch als Kraft aus, um eine Partnerschaft einzugehen und darin zu leben. Später jedoch folgen – trotz gegenseitigen Bemühens, die Anfangssituation aufrechtzuerhalten – in aller Regel Schwierigkeiten, Missverständnisse und Krisen in den verschiedensten Bereichen des partnerschaftlichen Lebens: Sei es in Gesprächen, in der Erfüllung unserer Wünsche oder bei den sexuellen Bedürfnissen. Wenn für diese Probleme dann keine echten Lösungen gefunden werden, folgt Frustration, dann Resignation und schließlich sogar Rückzug und Einsamkeit.

Weil aber jeder Mensch das Bedürfnis nach einer Beziehung hat, setzt sich der gleiche hormonelle Impuls normalerweise früher oder später wieder durch; und man unternimmt einen neuen Anlauf mit einem neuen Partner.

Einige der alten Illusionen und romantischen Vorstellungen werden wiederbelebt, und die nächste Partnerschaft kann sich anbahnen. Dieses Modell mag auch ohne weiteres mehrmals wiederholt werden. Allerdings werden die schmerzhaften Erfahrungen dabei meistens größer und nicht kleiner. Manche Menschen ziehen sich nach solchen Erlebnissen jedoch gänzlich aus dem Beziehungsleben zurück; sie wählen die Einsamkeit und träumen nur noch von einer erfüllten Zweisamkeit.

Wir möchten Ihnen anbieten, weder das eine noch das andere zu tun, sondern raten, eine Atempause einzulegen und sich stattdessen für folgende Fragestellungen zu interessieren:

- Was habe ich bisher gelebt?
- Was hat mir gefehlt?
- Was kann ich noch entwickeln?

Um diese Fragen zu beantworten, braucht es eine differenzierte Betrachtung der verschiedenen Beziehungsebenen und ihrer Auswirkungen aufeinander.
Ein Paar besteht nicht nur aus zwei Personen, sondern durch die Verbindung des Paares entsteht ein drittes Wesen: Dieses dritte Wesen ist *die Beziehung*.

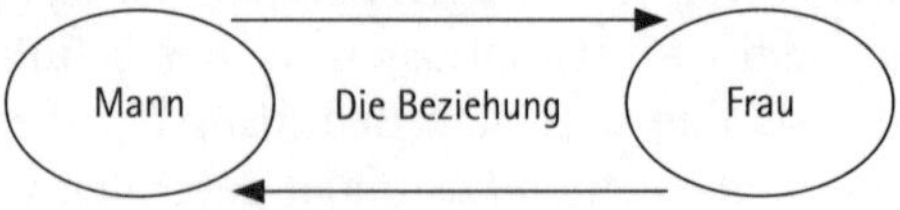

In unserem Sprachgebrauch finden wir beispielsweise folgende Formulierungen, durch die sich dieses Wesen ausdrückt:

- »Die Beziehung macht mich fertig!«
- »Diese Beziehung baut mich auf!«
- »Momentan belastet mich die Beziehung!«

- »Die Beziehung ist kaputt!«
- »Die Beziehung nervt mich nur noch!«
- »Die Beziehung macht mich glücklich!«

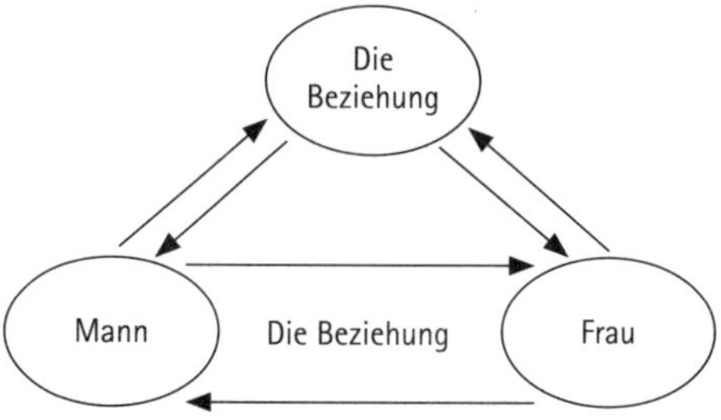

Die Paarebene und das Paarsystem

Aus dem Schema »Die Paarebene und das Paarsystem« können wir erkennen, dass bei jedem Paar, das eine Beziehung eingeht, sechs verschiedene Verbindungen entstehen, die wechselseitig aufeinander einwirken.

Die Verbindungslinien stehen für die »Transportbänder«, auf denen – bewusst oder unbewusst – Gefühle wie Liebe, Mitgefühl und Vertrauen ebenso wie Misstrauen, Angst und Wut etc. von einem zum anderen Partner geschickt werden.

Zusätzlich wirkt sich das, was der Mann und die Frau in ihrem Leben außerhalb der Partnerschaft erfahren, auf die gemeinsame Beziehung aus. Sie kann von allem Möglichen in Mitleidenschaft gezogen werden oder eine Kraftquelle, manchmal sogar beides zugleich sein. Wenn ein Mann beispielsweise momentan Schwierigkeiten in seinem Berufsleben hat, kann er dennoch sagen: »Wie gut, dass meine Beziehung in Ordnung ist und mir Kraft für meinen schwierigen Alltag gibt!« Oder eine Frau ist

krank und fühlt sich schwach. Ihre gute Beziehung stärkt sie und gibt ihr Halt.
Gerät das Paar in eine Krise, müssen alle sechs Verbindungen betrachtet und berücksichtigt werden. Alle Auswirkungen sind Teile ihres Paarsystems. Wenn wir diese Auswirkungen, das Vorhandene und das Fehlende, betrachten, dann arbeiten wir mit dem Paar an der so genannten *Paarebene*. Die wechselseitige Dynamik der Paarebene werden wir im ersten Teil dieses Buches ausführlich untersuchen.
Im zweiten Teil beschreiben wir die möglichen Auswirkungen aus früheren Bindungen auf die jetzige Beziehung. In der heutigen Zeit findet man immer seltener Paare, die von Jugend an in einer Partnerschaft bleiben. Es ist eher die Regel, dass der Mann und die Frau, die sich treffen, eine Beziehungsgeschichte mit anderen, vorhergehenden Partnern haben.

Die Beziehungsgeschichte

Vielen Paaren ist nicht bewusst, dass sich diese Partnerschaften auf die neue Beziehung auswirken. Besonders dann, wenn sie nicht auf eine gute Weise emotional verabschiedet und getrennt wurden.
Angenommen, beide Partner hatten, wie in der Abbildung »Die Ebene der früheren Bindungen« dargestellt, jeweils nur eine vorherige Beziehung. Dann ergeben sich daraus dennoch 34 wechselseitige Verbindungen, die sich sowohl positiv als auch negativ auf das neue Paar auswirken können. Wenn wir die Verbindungslinien wieder als »Transportbänder« betrachten,

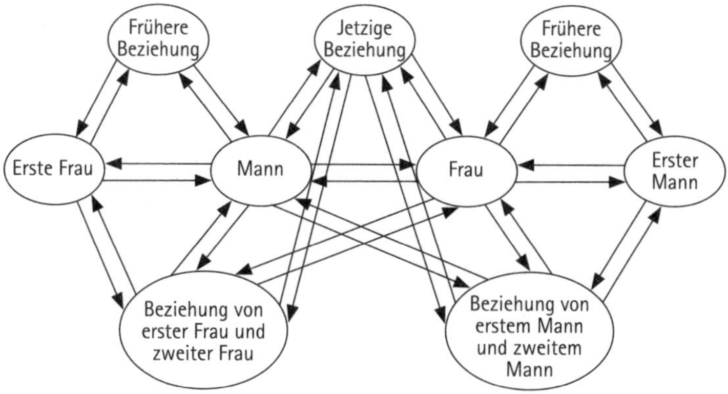

Die Ebene der früheren Bindungen

dann wird deutlich, dass diese Bänder spannungsgeladen oder spannungsfrei zwischen den einzelnen Personen hin und her fließen. Wenn z.B. gegenüber dem früheren Partner Schuldzuweisungen, Hass oder Sehnsucht bestehen, dann ist die emotionale Trennung noch nicht vollzogen. Das stört die aktuelle Partnerschaft, weil ihr zu viel Energie entzogen wird und die nicht gut abgeschlossene Vergangenheit das jetzige Leben beeinflusst. An der guten emotionalen Ablösung sollte, um die neue Beziehung zu entlasten, therapeutisch gearbeitet werden. Sind jedoch die emotionalen Trennungen vollzogen und die früheren Partner wurden gewürdigt, dann stören sie die neue Beziehung nicht mehr.
Wir nennen diese Ebene, an der wir gemeinsam mit Paaren arbeiten, *die Ebene der früheren Bindungen.*

Unabhängig davon, ob ein Paar frühere Bindungen hatte oder nicht, bringt jeder Partner immer seine eigenen familiären Bindungen zu seiner Herkunftsfamilie in die Partnerschaft mit.

Diese ebenfalls wechselseitigen Bindungen an Vater und Mutter prägen unsere Person und unsere Beziehungsformen in einem hohen Maße.
Deshalb widmen wir der *Ebene der Herkunftsfamilie* und ihren Auswirkungen den dritten Teil unseres Buches.

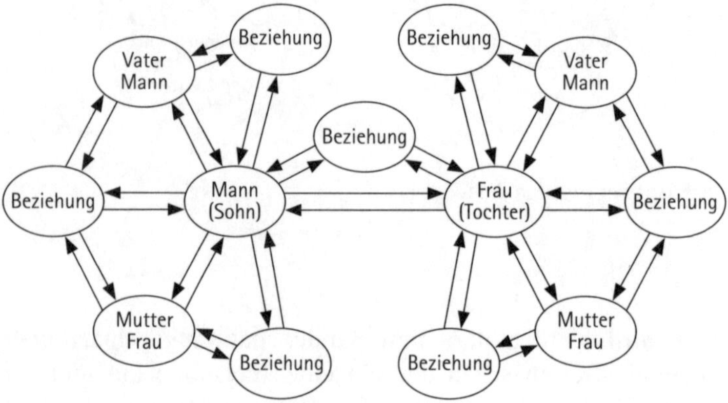

Die Herkunftsfamilie

Unser Schema zeigt bereits die hohe Komplexität des Themas auf, obwohl wir hier noch nicht die wechselseitigen Bindungen an Geschwister, Großeltern oder andere Verwandte erfasst haben. Wir werden im dritten Teil unseres Buchs die wichtigsten Aspekte der Herkunftsfamilie berücksichtigen, die sich im besonderen Maße auf eine Paarbeziehung auswirken.
Wenn wir uns als erwachsene Menschen noch nicht gut von unseren Eltern abgelöst haben, dann übertragen sich die Spannungen von den Elternverbindungen nämlich auf die Paarverbindungen. Zusätzlich können sich diese Elternverbindungen

noch wie ein Sog ins Herkunftsfamiliensystem mit großen Abhängigkeiten auswirken. Auf der Herkunftsfamilienebene wird sich auch zeigen, warum es dem Einzelnen manchmal schwer gelingt, eine Partnerschaft zu gründen.

Warum gehen wir so strukturiert vor:

- die Paarebene,
- die Ebene der früheren Bindungen,
- die Herkunftsfamilie?

Bisher haben Therapeuten ihr Augenmerk zumeist sehr auf die Paarebene gelegt. Sie waren und sind bemüht, den Menschen dort eine Hilfestellung zu geben. Manche Paare erleben dadurch eine Erleichterung ihres Alltags, anderen hilft diese Betrachtungsweise allerdings nur begrenzt weiter.
In neuerer Zeit ist es Bert Hellinger zu verdanken, dass die weiteren Auswirkungen der früheren Bindungen und die der Herkunftsfamilie immer bewusster werden. Viele Paare finden durch die Bearbeitung einer oder beider Ebenen Erleichterung und Lösungsmöglichkeiten für ihre Probleme. Nach unseren eigenen praktischen Erfahrungen als Systemische Paar- und Familientherapeutinnen braucht jedes Paar das Wissen um die Auswirkungen aller drei Ebenen.
Sie können sich dieses System vorstellen wie ein Mobile, bei dem die einzelnen Familienmitglieder an Fäden miteinander verbunden sind und daher aufeinander einwirken. Wenn sich eine Position verändert, dann wirkt sich die Bewegung auf alle anderen Mitglieder aus. Darin liegt auch die Chance, dass jeder Einzelne mit seiner Veränderung einen Entwicklungsschritt für die Gesamtheit der Beziehungen erreicht.
Damit wäre der Weg frei, eine glückliche Beziehung zu erlangen und eine allumfassende Persönlichkeitsentwicklung durch die Partnerschaft zu erfahren.

Wenn Sie sich auf dieses Buch einlassen, wird es für Sie möglich werden, herauszufinden, aus welcher der drei Ebenen Belastungen auf Ihre Beziehung einwirken.
Sie können ergründen, ob es Ihnen bei Ihrem momentanen Problem mehr hilft, die Paarebene zu bearbeiten, ob die emotionale Trennung von früheren Bindungen noch nicht vollzogen ist oder ob das Schauen auf die Herkunftsfamilie gebraucht wird. In unserer Praxis hat es sich gezeigt, wie gut es sich auswirkt, wenn alle drei Ebenen berücksichtigt werden.
Zusätzlich zeigen wir die »Kosten« und den »Gewinn« der verschiedenen Wechselbeziehungen sowie der daraus entstandenen Strategien Rückzug, Erstarrung, Vermeidung etc. auf.
Wer über dieses Fazit hinaus eine Anleitung für Veränderungs- und Entwicklungsschritte sucht, der findet hier auch eine Auswahl an eigenen Korrekturmöglichkeiten. Das kann eine große Hilfe dabei sein, die Sehnsucht nach einer zufriedenen Partnerschaft zu erfüllen.

Paarberater und Therapeuten finden in diesem Buch eine detaillierte Übersicht über die verschiedensten Auswirkungen systemischer Dynamiken bei Paaren. Die Genauigkeit in der Betrachtungsweise der drei Ebenen, die auf jede Beziehung einwirken, soll Ihr erfolgreiches Arbeiten unterstützen. Sie erhalten ein effizientes Handwerkszeug zur Paarbegleitung, das Ihnen dabei helfen soll, individuell zu erkunden, in welchem Bereich Ihre Klienten Rat und Hilfe brauchen. Dabei geht es uns generell immer darum, dass Sie als Begleiter ganzheitliche Entwicklungsschritte anregen.

Teil 1:

Die Paarebene

Moderne Zeiten: Paarbeziehungen mit Niveau

Wenn ein Paar eine feste Partnerschaft eingeht, dann werden beide Partner für eine Weile von ihrer Verliebtheit getragen, sodass für sie der Eindruck entsteht, eine glückliche Beziehung stelle sich sozusagen von allein ein. Umso schwerer wiegen dann die Krisen, die sich in aller Regel mit der Zeit nicht vermeiden lassen.

In früheren Zeiten blieben die Paare zusammen, auch wenn ihre Verliebtheit längst verflogen war, weil ihre wirtschaftliche Not oder ihr gesellschaftlicher Status sie aneinander gebunden hat.

In der heutigen Zeit haben moralische und wirtschaftliche Gründe jedoch nicht mehr diesen hohen Stellenwert; sondern es dominiert in weiten Teilen das Prinzip der Lusterfüllung. Das bedeutet in vielen Fällen, die glückliche Beziehung solle sich gefälligst ohne große Anstrengung von selbst einstellen.

Das Konsumverhalten mancher, zumeist junger Menschen kann sogar so weit auf die Beziehungsebene übertragen werden, dass sie sagen: »Wenn es mir mit dir keinen Spaß mehr macht, dann hab ich null Bock auf die Beziehungskiste. Lieber hau ich ab oder tausch dich aus!«

Dass die dauerhafte Partnerschaft eine ideale Lebensform für das Wachstum der Persönlichkeit ist und es sich deshalb lohnt, Krisen zu überwinden und beieinander zu bleiben – wenn manchmal auch Schwierigkeiten auftauchen –, wird von den Menschen als wirkliche Chance noch viel zu wenig genutzt und wertgeschätzt. Dies lässt sich allein schon daran erkennen, dass in Deutschland derzeit jede dritte Ehe wieder geschieden wird, in den Großstädten ist es sogar jede zweite.

Für das große Potenzial der Persönlichkeitsentwicklung, die eine dauerhafte Partnerschaft bietet, wollen wir den Lesern

Mut machen, damit sie diese Lebensform wieder wertschätzen können und auch bereit sind, dafür neue Fähigkeiten zu entwickeln.
Beginnen wir mit einer kurzen Entwicklungsgeschichte der Paarbeziehung und untersuchen wir die Prägungen, die uns von Generation zu Generation begleitet haben.

Paare – die gesteigerten Bedürfnisse im Laufe der Geschichte

Die Bedürfnisse in Paarbeziehungen haben sich im Laufe der Menschheitsgeschichte vom reinen Wunsch, zu überleben, über Liebe, Achtung bis zur Selbstverwirklichung immer mehr sublimiert. Dennoch leben alle Bedürfnisse als Erbe und unbewusste Erwartungen gleichwertig in uns weiter und wirken sich nach wie vor auf unseren Alltag aus.
Man muss sich also fragen, welcher dieser Erbanteile sich augenblicklich am stärksten auswirkt und welches unserer Bedürfnisse momentan am wichtigsten für uns ist.
In der Selbsterforschung können Sie sich auch noch den Bedürfnissen zuwenden, die bisher als unbewusste Sehnsüchte und Erwartungen in Ihnen schlummerten. Lassen Sie uns zunächst einmal der Frage nachgehen: Wie haben sich die menschlichen Bedürfnisse unter den verschiedenen historischen Umständen entwickelt? Welches Erbe prägt uns?

Das Bedürfnis, zu überleben

In früheren Zeiten brauchten Mann und Frau einander sehr viel mehr als heute – zum Überleben in der Natur und bei der Arbeit. Sie bildeten eine Einheit, deren Sinn vor allem die Erfül-

lung der physiologischen Bedürfnisse war: Die Frau war in der Regel für das Haus und den Garten zuständig und der Mann für die Nahrungsbeschaffung und die Verteidigung.
Die Menschen damals kannten große Notzeiten und waren es gewohnt, ein hohes Lebensrisiko miteinander zu tragen. Das Überleben war ihr Hauptbedürfnis.

- *Der Wert dieses Beziehungsmodells:* gemeinsam überleben.
- *Der Verzicht bei diesem Beziehungsmodell:* Persönliche Bedürfnisse wurden den gemeinsamen geopfert, Liebe und Achtung hatten noch keinen hohen Stellenwert.

Das Bedürfnis nach Sicherheit

Mit zunehmender Entwicklung von Kultur, Bildung und Gesellschaft stieg der Wohlstand, und damit rückte das Bedürfnis nach Sicherheit in den Vordergrund. Das Bild der harmonischen und heilen Familie entstand. Die Frauen ordneten sich den Männern unter, und der Mann sorgte allein für die finanzielle Sicherheit. Um Eigentum und Tradition der Familien nicht zu gefährden, wurden junge Paare von Eltern und Verwandten füreinander bestimmt.

- *Der Wert dieses Beziehungsmodells:* Sicherheit, Ansehen, Versorgung.
- *Der Verzicht bei diesem Beziehungsmodell:* Eigenständigkeit, Offenheit, Ehrlichkeit. Liebe war nicht immer das Wichtigste.

Das Bedürfnis nach Liebe

Nachdem in der gesellschaftlichen Entwicklung das Überleben und auch der Wohlstand gesichert waren, wurden die kulturel-

len Impulse in Liedern, Versen, Schauspiel und Kunst öffentlich zugänglicher. Damit drängten die Bedürfnisse nach Liebe, Zärtlichkeit und Romantik, die entweder lange im Geheimen gelebt worden waren oder gar gänzlich unterdrückt wurden, mit großer Sehnsucht an die Oberfläche. Nun reichte für eine Partnerwahl die gesicherte Existenz nicht mehr aus.
Die Menschen träumen davon, einen Partner zu finden, der dieser Sehnsucht entspricht und der die lange unterdrückten Gefühle erfüllen soll. Um den Traum der großen Liebe aufrechtzuerhalten, nimmt man auch Opfer und Leid in Kauf.

- *Der Wert dieses Beziehungsmodells:* Herzverbindung, die Fähigkeit, zu träumen, für die Liebe entsteht die Bereitschaft, seelische Schmerzen hinzunehmen.
- *Der Verzicht bei diesem Beziehungsmodell:* Sicherheit, gesellschaftliche Anerkennung, Verzicht auf »reales« Leben, die Selbstachtung wird geopfert.

Das Bedürfnis nach Achtung

Während der beiden Weltkriege und durch das damit verbundene Elend erreichte die Leidensfähigkeit der Menschen eine Grenze. Bestimmte Illusionen konnten in Partnerschaften nicht mehr aufrechterhalten werden. Die harte Realität der Nachkriegszeit hatte auch hier ihre Auswirkungen.
Da die Männer fehlten, entwickelten die Frauen ihre Eigenständigkeit und wurden mächtig. Machtkämpfe zwischen Mann und Frau nach dem Motto »Wer schafft mehr, wer ist besser?« wurden in die Beziehungen installiert. In dieser Zeit haben sich die Männer und Frauen auf sehr unterschiedliche Weise voneinander getrennt für das Überleben eingesetzt. Beide Partner wünschten sich voneinander Anerkennung statt Macht.
Das Bedürfnis nach gegenseitiger Achtung in Beziehungen entstand.

- *Der Wert dieses Beziehungsmodells:* Eigenständigkeit, Führungsqualität und der materielle Besitz werden gefördert.
- *Der Verzicht bei diesem Beziehungsmodell:* »Scheinharmonie«, symbiotische Nähe, Herzenswärme, Selbstverwirklichung finden nicht statt.

Das Bedürfnis nach Selbstverwirklichung

Nachdem der Wiederaufbau weitgehend abgeschlossen war, folgte nach langer Zeit der Unterdrückung der Wunsch, Autorität zu hinterfragen. Kritik an der Staatsführung, an der Familie oder an den Beziehungen wurde laut, und vieles bisher Gültige wurde infrage gestellt.
Die Suche nach inneren Werten und Selbstverwirklichung begann.
Die sexuelle Befreiung wurde populär, und Therapien boten eine Möglichkeit, sich selbst besser kennen zu lernen. Junge Menschen wünschten sich Freiheit und Unabhängigkeit. Die daraus entstandene »Ich-Stärkung« gefährdete das »Wir« in der Partnerschaft. Moderne Modelle für Beziehungen wurden gesucht. Wohngemeinschaften und Kommunen entstanden, und das Scheitern von Paarbeziehungen nahm zu.

- *Der Wert dieses Beziehungsmodells:* Wahrhaftigkeit, Authentizität, Kreativität, ein Leben für Ideale.
- *Der Verzicht bei diesem Beziehungsmodell:* Beziehung, Nähe, Harmonie, zu wenig Achtung des Partners.

Wenn wir diese geschichtlich-emotionale Entwicklung betrachten, dann wird deutlich, was wir Menschen uns bisher erworben haben (siehe Abbildung 1: »Die Bedürfnisse in einer Partnerschaft«). Einerseits haben viele Menschen bis heute Eigenständigkeit und schwer errungene Autonomie gewonnen, doch das Schmerzhafte dabei war, dass es sie manchmal ihre Partnerschaft gekostet hat. Deshalb ist die Sehnsucht gewachsen, die neuen Eigenschaften auch in einer Beziehung leben zu können: *Das moderne Bedürfnis nach Selbstverwirklichung in einer erfüllten Partnerschaft ist entstanden* (siehe Abbildung 2).

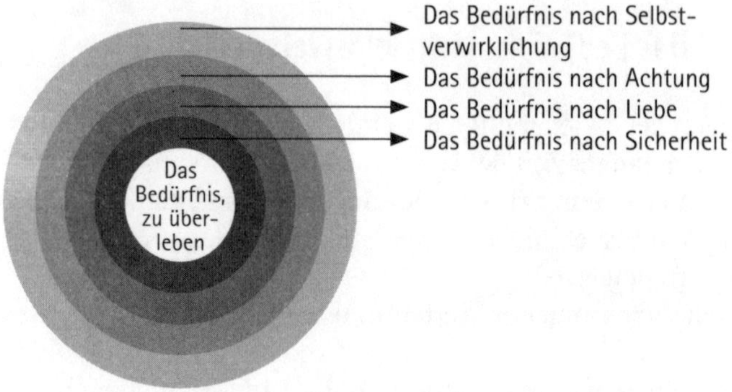

Abbildung 1: Die Bedürfnisse in einer Partnerschaft

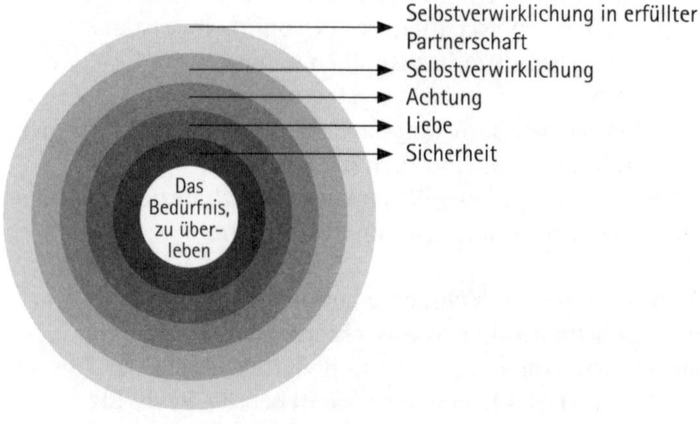

Abbildung 2: Selbstverwirklichung in erfüllter Partnerschaft

Aus diesem kurzen Rückblick darauf, wie in den einzelnen Zeiträumen der Geschichte Paarbeziehungen gelebt wurden, kann man erkennen, wie sich die menschlichen Bedürfnisse verwandelt und gesteigert haben.
Die Verunsicherung in heutigen Partnerschaften entsteht zum Teil dadurch, dass all diese Beziehungsmodelle früherer Zeiten noch als Erbe in uns wirken und wir auch heute von solchen Verhaltensmustern gesteuert werden. Möglicherweise gilt es dabei, zu erkennen, dass sich Mann und Frau durchaus unterschiedliche Bedürfniserfüllungen wünschen. Wenn Paare diese Unterschiedlichkeiten nicht akzeptieren können, entsteht zwischen ihnen häufig eine Krisensituation.
An dieser Stelle hat das Paar dann drei Möglichkeiten:

1. Entweder die Partner beschließen, auseinander zu gehen, weil jeder auf seiner eigenen Bedürfniserfüllung beharrt.
2. Oder sie bleiben beieinander, aber sie versuchen, den anderen von den eigenen Bedürfnissen zu überzeugen, und sind gekränkt, wenn das nicht gelingt.
3. Oder beide nutzen die Chance, die gegenseitigen Bedürfnisse neu auszubalancieren.

Wir möchten nun an einem Beispiel verdeutlichen, wie zu dem Bedürfnis nach Sicherheit das Bedürfnis nach Achtung hinzugewonnen wird.

Fallbeispiel

Volker und Sabine lernten sich während ihres Studiums kennen. Beide haben ihr Medizinstudium erfolgreich beendet, und Sabine träumt davon, sich als Kinderärztin niederzulassen. Allerdings wird sie bald darauf schwanger, und beide entscheiden sich dafür, dass sich Sabine erst einmal der Versorgung von Mann und Kind widmet. Volker eröffnet voller Elan seine Pra-

xis als Zahnarzt und wird nach Startschwierigkeiten bald sehr erfolgreich. Wie geplant übernimmt er die volle finanzielle Verantwortung für seine kleine Familie.
Da die Schwangerschaft Sabine zu schaffen macht, ist sie sehr froh über die finanzielle Versorgung durch Volker und die Sicherheit, die er ihr bieten kann. Sie bewundert seinen Erfolg beim Praxisaufbau und genießt auch bald den Status einer Arztfrau in der kleinen Gemeinde, in der sie leben. In den nächsten zehn Jahren, in denen die gemeinsame Tochter heranwächst, geht Sabine in ihrer Verantwortung für den häuslichen und mütterlichen Bereich auf und bekommt dafür auch von Volker Bewunderung und Anerkennung.

In den ersten zehn Jahren wird das Bedürfnis nach Sicherheit gegenseitig erfüllt. Ihre Beziehung ist ausbalanciert.

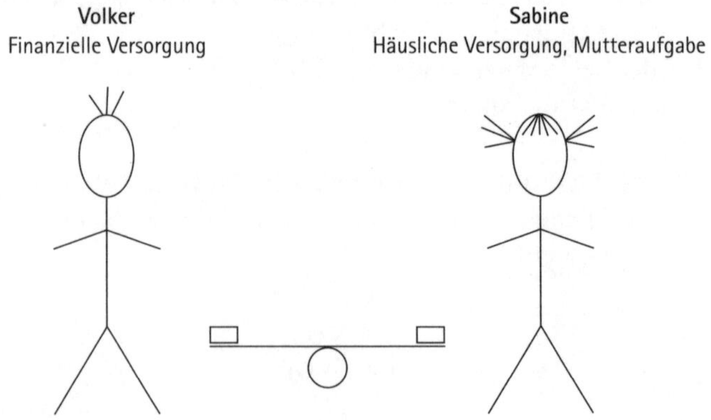

Ausbalancierte Beziehung

Nachdem die Tochter herangewachsen ist und selbstständiger geworden ist, nimmt Sabines mütterliche Verantwortung ab, und es entsteht bei ihr eine innere Leere. Dadurch wird der Wunsch nach Veränderung wach.

Die Beziehung kommt aus der Balance

Bei Sabine entsteht die Sehnsucht nach Eigenständigkeit und finanzieller Mitverantwortung. Sie entschließt sich endlich, die Träume aus ihrer Studienzeit zu verwirklichen, ihre Facharztausbildung zu machen und eine eigene Praxis als Kinderärztin zu eröffnen.

Sie möchte die ehelichen Verantwortungsbereiche neu aufteilen. Volker soll mehr Verantwortung für den häuslichen Bereich mittragen, indem er mittags heimkommt und das Kind und sich selbst mit Essen versorgt. Sabine möchte durch ihre beruflichen Fähigkeiten finanziell zum Lebensstandard beitragen. Um ihre Pläne verwirklichen zu können, braucht Sabine ihre abgeschlossene Facharztausbildung und dann umfangreiche Kredite für die Anmietung und Ausstattung ihrer Praxis. Volker reagiert entsetzt und misstrauisch, er fühlt, dass sein sicherer Rahmen ins Wanken gerät. Plötzlich soll er häusliche Fähigkeiten erlernen und dazu das Risiko der Kreditabsicherung tragen.

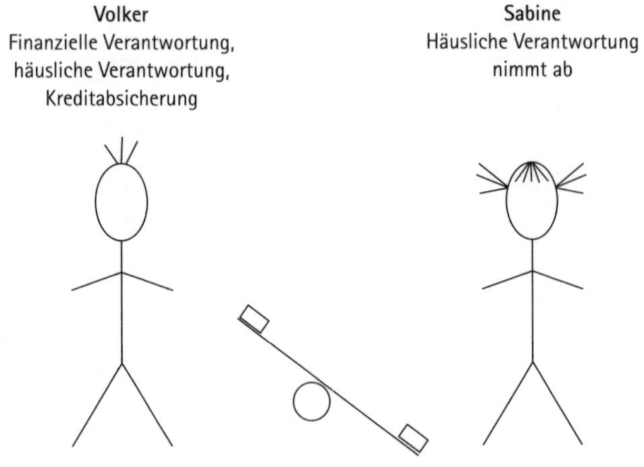

Die Beziehung gerät noch mehr aus der Balance

Der innere Wachstumsimpuls von Sabine drängt sie, sich ein weiteres Bedürfnis zu erfüllen. Während in den ersten Jahren das Bedürfnis nach Sicherheit im Mittelpunkt stand, hat sie jetzt das Bedürfnis nach Selbstachtung und Selbstwert durch finanzielle Unabhängigkeit. Das löst eine Krise in ihrer Beziehung zu Volker aus. Volker ist mit einer Veränderung nicht einverstanden.

Mehr und mehr entwickelt sich ein Machtkampf, aus dem sie sich allein nicht mehr lösen können.
Die hinter dem Machtkampf versteckte Angst, das Bedürfnis nach Sicherheit könnte verloren gehen, wird von beiden nicht wahrgenommen. In dieser Sackgasse sucht Volker Hilfe bei der Systemischen Paartherapie. Im Beisein der Therapeutin streiten beide erst einmal weiterhin um die Kredite bzw. die neuen Haushaltspflichten von Volker. Erst allmählich wird ihnen bewusst, dass ihre Krise aus dem Wunsch nach erweiterten Bedürfnissen entstanden ist. Der Veränderungsimpuls ist zwar von Sabine ausgegangen, dennoch gewinnen beide Partner eine Persönlichkeitsentwicklung, die sie eine ausgeglichenere Verantwortung in ihrer Partnerschaft erleben lässt. Damit wächst die Achtung vor der eigenen Person und vor dem Partner, der sich in allen Bereichen selbst versorgen kann.

Volker
Finanzielle Verantwortung,
häusliche Verantwortung,
Vaterschaft

Sabine
Finanzielle Verantwortung,
häusliche Verantwortung,
Mutterschaft

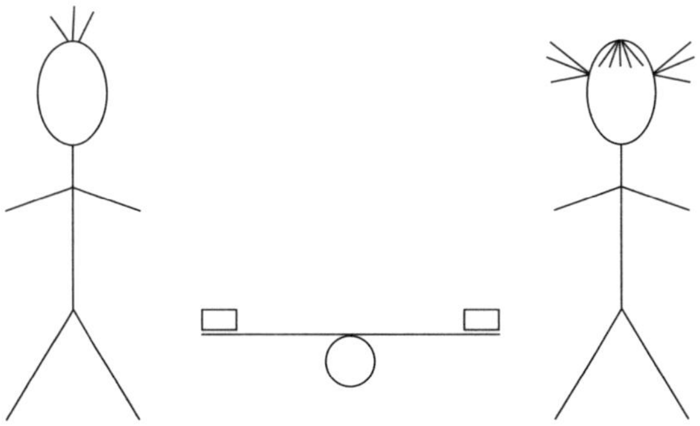

Ausbalancierte Beziehung

Kommentar

Am Beispiel von Sabine und Volker lässt sich zweierlei erkennen:

1. *Zum Sicherheitsbedürfnis wurde das Bedürfnis nach Achtung hinzugewonnen. Allerdings war das erst möglich, als beide Partner bereit waren, auf einen Teil ihres bisherigen Sicherheitsbedürfnisses zu verzichten.*
2. *Krisensituationen bringen die Menschen in schmerzhafte emotionale Prozesse. Auch wenn das als unangenehm empfunden wird, sind diese Prozesse notwendig, um das Gleichgewicht bei den beteiligten Personen und in ihrer Beziehung neu auszubalancieren. Während dieser heftigen Auseinandersetzungen mit der eigenen Person und dem Partner wird der Wachstumsimpuls oftmals ohne Hilfe nicht mehr verstanden. Für ihr neues Handeln brauchen die meisten Menschen ein Übungsfeld und Ermunterung. Diesen geschützten Rahmen können ihnen die Therapie oder entsprechende Seminare bieten.*

Fazit

Das berechtigte Bedürfnis nach Sicherheit muss so verwandelt und integriert werden, dass es der Selbstverwirklichung in der Beziehung dient und dadurch die Paarbeziehung stärkt.

Ressourcen

Die Fähigkeit, nach einer Erkenntnis neu wählen zu können, um Bedürfnisse zu verändern.

Kosten bei Erstarrung		Gewinn bei Veränderung
• Aus dem Kampf ums Überleben	*wird*	die Verwirklichung von Lebenszielen und gemeinsamen Visionen.

• Aus Verantwortung in starrem Rollenverhalten	*wird*	ein der Lebenssituation adäquates Handeln.
• Aus romantischen Vorstellungen, Sehnsüchten und Illusionen	*wird*	ein Austausch von Intimität durch Gefühle, Gespräche und gemeinsame Gefühlstiefe.
• Aus dem Streben nach Macht	*werden*	Achtung, Respekt und Anerkennung von Unterschiedlichkeiten.
• Aus Freiheits- und Unabhängigkeitsdrang	*werden*	Achtsamkeit und Verhandlungsbereitschaft.

Anleitung zu Entwicklungsschritten

- Eventuelle Existenzängste sollten dahin gehend untersucht werden, ob sie real begründet sind.
- Das eigene Rollenverhalten muss hinterfragt werden, und ein neues ist auszuprobieren.
- Der Sehnsucht sollte ein konkretes Ziel gegeben werden.
- Zum eigenen Machtverhalten wird die soziale Komponente hinzugenommen.
- Verbindlichkeiten werden geschaffen und eingehalten.

Die unterschiedlichen Bedürfnisse von Mann und Frau

Nachdem wir allgemein die unterschiedlichen Bedürfnisse in ihrer Entwicklung und Verwandlung betrachtet haben, wollen wir nun die unterschiedlichen geschlechtsspezifischen Bedürfnisse von Mann und Frau betrachten.

Werden diese nicht berücksichtigt, kann es geschehen, dass der

Mann die Frau und die Frau den Mann – trotz allen Bemühens umeinander – missversteht.
Ein Blick auf die zeitgeschichtliche Entwicklung zeigt zunächst das Matriarchat, in dem die Frau die Führung des Volkes innehatte. Darauf folgten die Emanzipation des Mannes und die Implementierung des Patriarchats. Später – in den siebziger und achtziger Jahren des 20. Jahrhunderts – setzte die erneute Emanzipation der Frau mit dem Streben nach Gleichberechtigung ein.
In der heutigen Zeit ist das bereits wieder überholt, weil sich die Erkenntnis durchgesetzt hat, dass männliche und weibliche Bedürfnisse unterschiedlich sind. Statt um *Gleichberechtigung* geht es jetzt um *Gleichwertigkeit.* Die Andersartigkeit zwischen Mann und Frau ist nicht durch ein gegenseitiges Umerziehungsprogramm zu lösen, sondern es gilt, mit Achtung und Respekt auf andersartige und dennoch gleichwertige Wesen zu schauen.
Das ist ein grundlegend anderer Vorgang, als etwas in den anderen hineinzuinterpretieren. Wir nehmen damit Abstand davon, Männer zu Frauen und Frauen zu Männern machen zu wollen.
Ein Beispiel für die Unterschiedlichkeit der Geschlechter liefert etwa das Bedürfnis nach Erholung:

- Der Mann regeneriert sich im Allgemeinen durch Rückzug in Form von Heimwerken, Fernsehen, Zeitunglesen etc., d.h., er sucht nach Möglichkeiten, mit sich und seiner Tätigkeit allein zu sein.
- Die Frau regeneriert sich, indem sie Kontakt sucht und Gespräche führt.

Ein weiteres Beispiel zeigt sich beim unterschiedlichen Bedürfnis nach Hilfe:

- Der Mann versucht, allein mit seinen Schwierigkeiten fertig zu werden. Wenn er doch eine Person zu seinem Problem befragt, dann lediglich, um einen praktischen Hinweis zu erhalten. Er wird das in einer knappen, logischen und präzisen Form tun.

- Die Frau hingegen sucht Verständnis und Trost, und sie braucht emotionale Nähe. Dabei strebt sie nicht unbedingt eine Lösung ihres Problems an, sondern es geht ihr wieder in erster Linie um den Kontakt.

Missverständnisse zwischen Mann und Frau entstehen dadurch, dass die Frau sich mit ihrer Hilflosigkeit an ihren Mann wendet und bei ihm Kontakt und Verständnis sucht. Sie möchte es in einer Form, wie sie es von einer Frau bekommen würde. Der Mann glaubt, sie braucht Rat und Hilfe. Er bemüht sich, ihr eine schnelle Lösung zu bieten, und scheitert:

- Die Frau ist enttäuscht, sie fühlt sich durch das direkte Lösungsangebot bevormundet und geschulmeistert.
- Der Mann ist gekränkt und beleidigt, weil sein Bemühen um die Lösung nicht gesehen wird. Da er sich persönlich mit der Lösung identifiziert, fühlt er sich in seinem Selbstwert angegriffen.

Fazit

Statt das gegenseitige Scheitern zu beklagen, zu belächeln und sich gegenseitig abzuwerten, ist anzuerkennen, dass der Mann und die Frau in ihrem Wesen unterschiedliche Verhaltensweisen mitbringen.

Ressourcen

Die Unterschiedlichkeit von Mann und Frau sollte als Bereicherung anerkannt werden.

Kosten bei Nichtanerkennung der Unterschiedlichkeit

Es vermehrt Machtkämpfe, Distanz und Missverständnisse.

Gewinn bei Anerkennung der Unterschiedlichkeit
Die Achtung und der Respekt füreinander wachsen.

Anleitung zu Entwicklungsschritten

- Die Liebe zu unserem Partner ist die beste Voraussetzung für das vorurteilslose Erforschen des anderen Wesens.
- Ein Spezialist für das Thema der Unterschiedlichkeit zwischen den Geschlechtern ist John Gray. Er beschreibt in seinen Büchern eine Vielzahl von unterschiedlichen Wesenszügen von Mann und Frau. (*Buchtipp:* John Gray, Männer sind anders, Frauen auch, München 1993.)

Seine Vorstellungen kennen – den passenden Partner finden

Nachdem wir über das zeitgeschichtliche Erbe bestimmter Bedürfnisse gesprochen haben und auch die Unterschiedlichkeit von Mann und Frau gewürdigt wurde, möchten wir nun aufzeigen, wie sich die Bedürfnisse bei der Partnerwahl auswirken.

Kürzlich hörten wir eine Radiosendung. Der Moderator interviewte eine Reihe von Männern und Frauen, die sich einen Partner wünschten. Auf seine Frage, wie ein Partner für sie sein sollte, antworteten die meisten von ihnen: »Er soll zu mir passen!« Selbst auf die genauen Nachfragen des Moderators war ihnen keine konkrete Antwort möglich. Das deckt sich mit unserer Erfahrung, dass die Partnersuche unsicher angegangen wird. Wir haben für die Blickwinkel, mit denen an die Partnersuche herangegangen wird, verschiedene Modelle entdeckt:

- *Erstes Modell:* Es besteht bereits der Wunsch nach einer Beziehung, aber es werden keine klaren Vorstellungen über die eigenen Bedürfnisse in einer Partnerschaft entwickelt. Außerdem fehlt das Bewusstsein über die Fähigkeiten, die beide Partner für eine erfüllte Beziehung benötigen.

- *Zweites Modell:* Manchmal hat sich das Bewusstsein über die eigenen Bedürfnisse schon erweitert, und das Wissen über das, was in einer Partnerschaft gesucht wird, ist weitgehend vorhanden. Dennoch werden die Bedürfnisse verleugnet, wenn ein Partner auftaucht.
- *Drittes Modell:* Bei einigen Menschen besteht kein Bewusstsein der eigenen Bedürfnisse, aber eine hohe Erwartungshaltung, wie der Partner zu sein hat, der die eigenen Wünsche erfüllen soll.

Auch heute gibt es nur wenige Menschen mit einem Bewusstsein der eigenen Bedürfnisse, Fähigkeiten und Schwächen. Darüber hinaus benötigt man auch eine klare Vorstellung von dem Entwicklungsstand, den der Partner braucht, um gemeinsam in einer ausbalancierten Beziehung leben zu können. Das Bewusstsein, von dem wir sprechen, fordert eine Wahrnehmung über den jetzigen Entwicklungsstand der eigenen Persönlichkeit.

Zu diesem Zweck ist es hilfreich, sich folgenden Fragen zu widmen:

Wo stehe ich mit meinen eigenen Bedürfnissen?

Das Bedürfnis, zu überleben

Wie ist mein Überleben aus eigener Kraft abgesichert?

- Überwiegend durch mein eigenes Einkommen ❑ Ja ❑ Nein
- Überwiegend durch Unterstützung vom Staat ❑ Ja ❑ Nein

- Überwiegend durch meine Eltern ❑ Ja ❑ Nein

Wenn Sie ein- bis dreimal mit Ja geantwortet haben, dann ist das Bedürfnis nach Versorgung stark ausgeprägt, und es gilt, mehr Selbstversorgung zu entwickeln, damit Verantwortung für die eigenen Bedürfnisse übernommen werden kann.

Das Bedürfnis nach Sicherheit

- Ist mir die Harmonie und die Zugehörigkeit zu meinen Eltern wichtiger als eigene Entscheidungen? ❑ Ja ❑ Nein
- Gehe ich von Ausbildung zu Ausbildung, ohne mit dem Erlernten finanziell erfolgreich zu werden? ❑ Ja ❑ Nein
- Übernimmt mein Partner mehr finanzielle Verantwortung für meinen Lebensunterhalt als ich selbst? ❑ Ja ❑ Nein

Wenn Sie ein- bis dreimal mit Ja geantwortet haben, dann ist Ihr Bedürfnis nach Sicherheit ausgeprägter als der Wunsch nach Eigenständigkeit.

Das Bedürfnis nach Liebe

- Habe ich die Vorstellung entwickelt, es gibt nur einen Traummann bzw. eine Traumfrau für mich? ❑ Ja ❑ Nein
- Glaube ich daran, dass in einer Beziehung Liebe der wichtigste Wert ist? ❑ Ja ❑ Nein

Wenn Sie ein- bis zweimal mit Ja geantwortet haben, dann ist das Bedürfnis nach Liebe vorhanden, dennoch besteht die Herausforderung darin, noch weitere Bedürfnisse zu entwickeln.

Das Bedürfnis nach Achtung

- Neige ich dazu, mich in Beziehungen aufzuopfern? ❑ Ja ❑ Nein
- Fordere ich in Beziehungen von meinem Partner mehr als von mir selbst? ❑ Ja ❑ Nein

Wenn Sie ein- bis zweimal mit Ja geantwortet haben, dann ist Ihr Bedürfnis nach Achtung für sich oder Ihren Partner noch nicht voll entwickelt.

Das Bedürfnis nach Selbstverwirklichung

- Kämpfe ich für meine Ideale, auch auf die Gefahr hin, dass ich meine Beziehung verletze oder gar zerstöre? ❑ Ja ❑ Nein
- Ist mir meine Freiheit und Unabhängigkeit das Wichtigste? ❑ Ja ❑ Nein
- Fällt es mir schwer, mich an Regeln und Vereinbarungen zu halten? ❑ Ja ❑ Nein

Wenn Sie ein- bis dreimal mit Ja geantwortet haben, dann ist Ihr Bedürfnis nach Selbstverwirklichung Ihrer eigenen Persönlichkeit stark ausgebildet, jedoch ist der nächste Entwicklungsschritt, diese Selbstverwirklichung auch konstruktiv in Einklang mit einer Beziehung zu leben.
Dafür braucht es nicht nur den Vorsatz, sondern auch ganz konkret die Fähigkeit, Kontakte knüpfen zu können.

Die Kontaktfähigkeit

Welche Fähigkeiten werden auf der praktischen Ebene gebraucht werden, um überhaupt eine Partnerschaft eingehen zu können? Bitte widmen Sie sich dazu wieder unseren Fragen.

Wo stehe ich mit meiner Kontaktfähigkeit?

- Fehlt mir eine innere Erlaubnis, auf Menschen zuzugehen, die als Partner für mich infrage kommen? ❑ Ja ❑ Nein
- Bin ich in meinem Leben bereits so gehemmt oder beschämt worden, dass es mir nur mit großer Überwindung meiner Schamgefühle gelingt, auf einen möglichen Partner zuzugehen? ❑ Ja ❑ Nein
- Habe ich Angst, wenn ich mein Interesse zeige, einen Korb zu bekommen? ❑ Ja ❑ Nein

Wenn Sie ein- bis dreimal mit Ja geantwortet haben, dann ist Ihre Kontaktfähigkeit gestört und Ihr Sicherheitsbedürfnis so groß, dass Sie diesem möglicherweise sogar Ihr Bedürfnis nach Liebe und Partnerschaft opfern. Trifft das auf Sie zu, dann steht bei Ihnen eine Entscheidung an: Wollen Sie Ihrem Sicherheitsbedürfnis Ihre Sehnsucht nach Liebe und Partnerschaft opfern und bewusst auf Partnerschaft verzichten – oder wollen Sie mit kalkulierbaren Risiken langsame Entwicklungsschritte wagen? Was ein kalkulierbares Risiko ist, hängt von der Schwere der erfahrenen Verletzungen ab. Wenn Ihnen das nicht allein gelingt, können Sie im Rahmen einer Therapie oder eines Seminars geeignete Schritte erlernen und ausprobieren.

Vielleicht fällt Ihnen die Kontaktaufnahme leicht und es macht Ihnen Spaß, dann haben Sie umso eher die Möglichkeit, einen »Magic Moment« zu erleben.

Der »Magic Moment« – die Anziehung beginnt

Für uns als Paartherapeutinnen ist ein »Magic Moment« der erste Augenblick, in dem eine spürbare Anziehung zwischen zwei Menschen beginnt. Manche Paare erleben diesen Moment gleichzeitig, bei anderen erlebt der Mann dieses prickelnde Gefühl in einer anderen Situation als die Frau.
Wenn Sie jetzt in Ihrer Erinnerung an diesen Moment zu Beginn Ihrer eigenen Partnerschaft zurückgehen, was war das Besondere, was Sie in diesem Augenblick zu dieser Frau bzw. zu diesem Mann hingezogen hat? Welche Gedanken gingen Ihnen durch den Kopf, ohne dass Sie diese unbedingt ausgesprochen haben?

- Zum Beispiel sieht sie ihn an und denkt: »Du bist der Mann, bei dem ich mich geborgen fühlen werde.«
- Und er sieht sie an und denkt: »Du bist die Frau, mit der ich Pferde stehlen kann.«

Diese unbewussten und unausgesprochenen Motivationen werden später verschiedene Formen der Partnerschaft kreieren. Die Motivation hinter dem Satz »Du bist der Mann, bei dem ich mich geborgen fühlen werde« ist das Bedürfnis nach Schutz und Sicherheit.
Die Motivation hinter dem Satz »Mit dir werde ich Pferde stehlen können« ist die Suche nach Kameradschaft. Hier kann das Bedürfnis, zu überleben, im Vordergrund stehen. Dieser größtenteils unbewusste Anfangskontrakt erschafft die spezi-

fische Basis, mit der die spätere Partnerschaft gelebt wird. Die Bedürfnisse nach Sicherheit und dem Überleben sind bereits vorhanden, andere Bedürfnisse können hinzuentwickelt werden.

An einem Beispiel wollen wir die Phasen einer Paarbeziehung von der Anziehung, der Kennenlernphase, der Beziehungsgründung, der Krise und den notwendigen Entwicklungsschritten beschreiben.

Die verschiedenen Modelle der Partnerschaft, ihre Ressourcen und ihre Entwicklungsschritte

Partnerschafts-modelle	Ressourcen	Entwicklungs-schritte
Partnerschaft als Schutz	Starke Verbindlichkeit, hohe Achtung, vorsichtiger Umgang, Treue, Harmonie, Liebesfähigkeit	Konfliktfähigkeit, Eigenständigkeit, Risikobereitschaft
Partnerschaft als Kameradschaft	Teamfähigkeit, Arbeitsteilung, Organisationstalent, soziale Fähigkeiten	Erotik innerhalb der Beziehung leben, Konfliktfähigkeit, Wahrhaftigkeit, das Einlassen auf tiefe Gefühle
Partnerschaft aus Dankbarkeit	Trost, gegenseitiges Helfen, Mitgefühl, Opferbereitschaft, Geduld, soziale Fähigkeiten	Erotik, Freude, Lust, Verhandlungsfähigkeit, Entwicklung von »Ich-Stärke«

Partnerschafts-modelle	Ressourcen	Entwicklungs-schritte
Partnerschaft als Geschäftsbeziehung	Gute Zusammenarbeit, Erfolgsdenken, Traditionsdenken, starke Verbindlichkeit, starke Wurzeln	Intimität, Gefühlstiefe, Freude, Erotik, eigener Standpunkt, Eigenständigkeit
Partnerschaft als Traumerfüllung	Romantik, Leidensfähigkeit, Harmonie, Symbiose, hohes Sozialverhalten, Geduld, Mitgefühl, Verständnis, Intimität	Konfliktfähigkeit, für die Bedürfnisse des realen Lebens sorgen, Eigenständigkeit, Selbstachtung
Partnerschaft als Elternschaft	Hohes Verantwortungsbewusstsein, Verbindlichkeit, Opferbereitschaft, soziale Fähigkeiten	Wahrhaftigkeit, Intimität, Gefühlstiefe, Freude, Erotik, Lebendigkeit
Partnerschaft als Triebbefriedigung	Erotik, Leidenschaft, Risikobereitschaft, Kreativität, Eigenständigkeit, Lebendigkeit	Verbindlichkeit, Achtung, Liebe, Sicherheit, Harmonie, Mitgefühl, Verhandlungsbereitschaft, soziale Fähigkeiten, Geduld
Partnerschaft als Versorgung	Verbindlichkeit, Opferbereitschaft, Geduld, gegenseitiges Brauchen, starke Bindung	Eigenständigkeit, Intimität, Liebe, Gefühlstiefe, Lebendigkeit, Risikobereitschaft
Partnerschaft als Heldenverehrung	Bewunderung, Verehrung, Geduld, Wissensvermittlung	Konfliktfähigkeit, Eigenständigkeit, Liebe, Verhandlungsbereitschaft

Fallbeispiel

Annette hat sich gerade mit einem Partyservice selbstständig gemacht und richtet bei Auftraggebern ein Fest aus. Kochen und Backen sind ihre Hobbys, und mit Freude und Kreativität dekoriert sie die zu Hause vorbereiteten Speisen. Sie bedient jeden Gast freundlich und zuvorkommend und kümmert sich um das leibliche Wohl jedes Einzelnen.
Thomas ist allein gekommen; und weil er etwas kontaktscheu ist, sitzt er allein an einem Tisch und beobachtet Annette. Er ist Junggeselle, und es gibt für ihn selten Gelegenheiten, in denen er aufmerksam und liebevoll umsorgt wird. Bei Annette erkennt er Eigenschaften, die er in seinem Leben vermisst.
Endlich fasst er sich ein Herz und geht direkt auf Annette zu. Er verwickelt sie in ein Gespräch über die Zubereitung einer italienischen Pastasauce. Annette ist sofort bereit, ihn auch von der Nachspeise, die sie noch im Hintergrund bereithält, probieren zu lassen. Sie ist erfreut über das Lob von ihm und strahlt diese Freude auch aus. Während sie Thomas das Schälchen mit dem Nachtisch reicht, treffen sich ihre Blicke, und Thomas denkt: »Das ist eine Frau, die würde mich wunderbar versorgen!«
Gleichzeitig denkt Annette: »Endlich ein Mann, der meine Leistung zu würdigen weiß!«
Thomas lobt Annette wegen ihrer Kochkünste; und sie bietet Thomas an, ihm das Rezept zu schicken, wenn er ihr seine Adresse gibt. Beide haben das Gefühl, eine interessante Bekanntschaft gemacht zu haben.

Kommentar

Beim Kennenlernen dieses Paares gibt es bereits einen unausgesprochenen Anfangskontrakt. Es wird deutlich, dass beide vom anderen versorgt werden wollen. Thomas imponiert die Tüch-

tigkeit von Annette, weil er dort seine eigene Schwäche hat. Er kann sich als Junggeselle nicht gut selbst versorgen und ist im Beruf auch nicht so erfolgreich wie Annette. Annette dagegen ist wirklich geschickt darin, für andere zu sorgen. Sie organisiert gern und hat in ihrem Beruf viel Erfolg. Ihre Schwäche ist der eigene Selbstwert. Innerlich wünscht sie sich nichts sehnlicher, als von anderen mit Anerkennung und Lob versorgt zu werden. Das glaubt sie endlich von Thomas bekommen zu können.

Aus dem Austausch der Adressen entwickeln sich weitere Treffen zwischen Thomas und Annette. Beide stellen viele Gemeinsamkeiten fest. Sie genießen gute Musik, lieben es, auf Flohmärkten zu stöbern und von Reisen in ferne Länder zu träumen.
Annette ist glücklich, so viele ihrer Interessen mit Thomas teilen zu können. Thomas ist glücklich, diese liebevolle Frau für sich gewonnen zu haben. Immer wieder lobt er sie und zeigt ihr seine Anerkennung.
Nach zwei harmonischen Jahren heiraten sie, und Thomas zieht in Annettes Haus. Annette trägt durch ihre Tüchtigkeit mehr Verantwortung im finanziellen Bereich, was sie gern hinnimmt, weil Thomas ihr viel Bewunderung und Anerkennung schenkt. Thomas ist stolz auf seine Frau und sein Heim. Sie verwöhnt ihn, und durch ihr Einkommen trägt sie sehr zum gemeinsamen Wohlstand bei. Es entwickelt sich eine starke Bindung zwischen den beiden. Annette braucht Thomas für ihr emotionales Wohlgefühl. Thomas braucht Annette für seine finanzielle Versorgung und sein häusliches Wohlbefinden.

Kommentar

Die Stärken von Annette und Thomas liegen in ihrer starken Bindung, in den gemeinsamen Interessen und in ihrer Fähigkeit, sich gegenseitig zu versorgen.

Sechs Jahre später hat Thomas überraschend seine Arbeit verloren; und es ist ihm nicht gelungen, sich wieder ins Berufsleben einzugliedern. Er stützt sich finanziell auf Annette.
Annette fordert immer dringlicher eine neue Berufstätigkeit von Thomas, weil ihr langsam die finanzielle Überverantwortung zu anstrengend wird. Thomas ist trotz des Einkommensverlustes nicht bereit gewesen, auf seine Annehmlichkeiten zu verzichten. Er reagiert erst mit Unverständnis – und als Annettes Forderung immer stärker wird, mit indirekter Verweigerung. Er vergisst viel, er verschiebt Dinge, die er sich fest vorgenommen hat, er braucht unendlich viel Zeit für sich selbst und engagiert sich dazu noch ehrenamtlich.
Annette weiß sich keinen anderen Rat, als den Druck auf Thomas immer weiter zu erhöhen. Es vergeht kein Tag mehr, an dem sie nicht wegen einer neuen Stelle für Thomas streiten. Aber Thomas hält ihr in seiner Verweigerung stand. Beide erstarren im Machtkampf. In dieser Situation kommen sie gemeinsam als Teilnehmer in eine Jahresgruppe zum Thema »Beziehung«.

Kommentar

In der Verliebtheit haben Annette und Thomas unbewusst einen Menschen gesucht, der ihre eigenen Defizite ausgleicht. In der Anfangsphase der Beziehung sind beide bereit, sich gegenseitig zu stärken. Später wird die Dauerunterstützung für die Schwächen des Partners sehr anstrengend. Jetzt wendet sich die Anziehung ins Gegenteil, und Vorwürfe entstehen. Dadurch beginnen die Krisensituationen. Welche Entwicklungsschritte stehen bei Annette und Thomas an? Für beide ist es am wichtigsten, ihre Eigenständigkeit zu entwickeln.
Annette wird ihre Sehnsucht nach Anerkennung und Lob erkennen müssen und beginnen, sich selbst zu verwöhnen. Sie muss auch von ihrer finanziellen Überverantwortung für Thomas loslassen. Sie könnte z. B. darauf bestehen, getrennte Kassen ein-

zurichten. Thomas wird lernen, Verantwortung zu übernehmen und für seine Bedürfnisse selbst zu sorgen.
Beide müssen von ihrer engen Paarbindung etwas loslassen und in ihrer Eigenständigkeit den Umgang mit Risiko und Distanz lernen. Diese neuen Aktivitäten bringen mehr Lebendigkeit in die Paarbeziehung. Über die Selbstversorgung und die Selbstliebe entwickeln sie mehr Liebesfähigkeit füreinander.
Im geschützten Rahmen des Seminars erlernen beide den Ausdruck ihrer Emotionen, und die Intimität zwischen ihnen beginnt zu wachsen. Mit ihrer neu erworbenen Selbstständigkeit steigt auch die gegenseitige Achtung.
Mit diesen teilweise nicht einfachen Entwicklungsschritten, auf die sie sich eingelassen haben, verändert sich ihr Anfangskontrakt von gegenseitiger Versorgung.
Der aus diesem Kontrakt entstandene Machtkampf wandelt sich in Achtung, Respekt und die Anerkennung ihrer Unterschiedlichkeit. Während des Prozesses haben beide gelernt, die eigenen Schwächen selbst zu verwandeln und die Partnerschaft nicht damit zu belasten.

Als Systemische Paartherapeutinnen widmen wir uns in der Paarkrise dem »Magic Moment« aus verschiedenen Gründen.
Wir wollen einmal die Verzauberung und alte Bewunderung der Anfangsbegegnung aktivieren, um diese mystische Atmosphäre wieder spürbar zu machen. Die damalige Kraft, die in der Krise verschüttet ist, stellen wir dem Paar damit wieder zur Verfügung.
Allerdings haben manche Paare keinen »Magic Moment« erlebt, oder sie erinnern sich nicht daran. Aber selbst wenn dieses kribbelnde Gefühl fehlt, kann dennoch herausgefunden werden, was das Besondere ihrer anfänglichen Anziehung war.
Darüber hinaus dient das Bewusstmachen des Anfangskontrakts auch dem Erkennen, welches Modell der Partnerschaft von dem Paar unbewusst gewählt wurde. Auch die Dynamik, die in den späteren Vorwürfen zum Vorschein kommt, wird hier schon deutlich.

Fazit
Bei dieser Betrachtungsweise wird klar, welche Bedürfnisse zu Beginn der Beziehung im Vordergrund standen, welche Ressourcen das Paar hat und welche Entwicklungsschritte anstehen.

Ressourcen
Siehe die Tabelle am Anfang dieses Kapitels.

Kosten beim Nichtbetrachten des Anfangskontrakts
- Illusionen werden aufrechterhalten.
- Die Verantwortung für die eigene Wahl wird verleugnet.
- Die Gründe der Wahl bleiben unbewusst und können als schicksalhaft dargestellt werden.
- Ein Opfergefühl kann aufrechterhalten werden.

Gewinn beim Betrachten des Anfangskontrakts
- Die Kraft aus der Faszination wird neu belebt.
- Der Wert der Anziehung wird erkannt, geschätzt und akzeptiert.
- Die Eigenverantwortung wächst.

Anleitung zu Entwicklungsschritten
Die entsprechenden Entwicklungsschritte richten sich individuell nach dem Modell der Partnerschaft. Bitte lesen Sie das in der Tabelle am Anfang dieses Kapitels nach.

Die Basis der Beziehung

Nachdem der Kontakt zwischen Mann und Frau geglückt ist, tritt das Paar in die Kennenlernphase ein, bis die beiden sich für eine feste Partnerschaft entscheiden.

Jede Partnerschaft hat eine Basis, auf der sich die Beziehung entwickelt. Die Basis besteht aus den Vereinbarungen, die ein Paar miteinander trifft. Halten sich beide Partner an die Vereinbarungen, dann entstehen zwischen ihnen Verbindlichkeiten. Verbindlichkeiten in Paarbeziehungen sind etwa die folgenden:

- eine gemeinsame Wohnung,
- ein gemeinsamer Besitz, z. B. ein Auto, ein Haus,
- eine gemeinsame Haushaltskasse,
- die gemeinsame Selbstständigkeit, z. B. eine eigene Firma,
- sexuelle Treue,
- gemeinsame Urlaube,
- gemeinsame Projekte,
- der gemeinsame Haushalt oder
- die Ehegemeinschaft.

Je mehr Vereinbarungen ein Paar hat, die beide Partner verbindlich einhalten, desto stärker ist die Bindung zwischen ihnen. Daraus entsteht ein geschützter Rahmen für die Beziehung und eine tragende Basis für das Bedürfnis nach Sicherheit. Wir möchten mit der Abbildung »Verbindliche Partnerschaft« den geschützten Rahmen, den eine solche Beziehung besitzt, verdeutlichen:

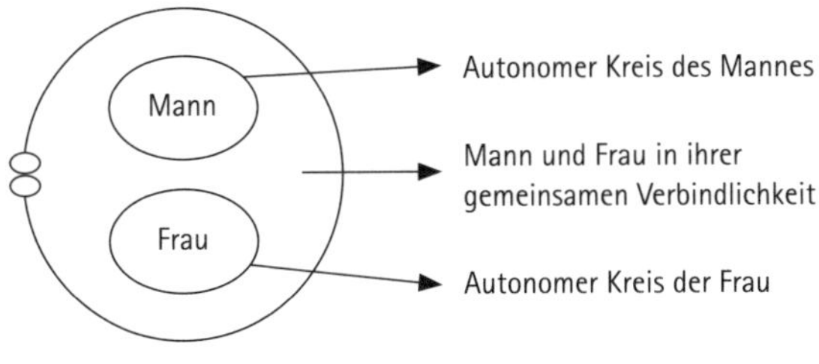

Verbindliche Partnerschaft

Wenn ein Mann, der sich auf derartige Vereinbarungen einlässt, sich eine Frau wählt und auch die Frau ja zu diesem Mann sagt, dann schließen sie den Kreis um ihre Beziehung und haben eine Basis für eine verbindliche, geschützte Beziehung geschaffen. Mit dem Jawort füreinander trägt jeder Partner seinen Teil zur gemeinsamen Verbindlichkeit bei.

Genauso wie es Partnerschaften mit hoher Verbindlichkeit gibt, sind in unserer Gesellschaft Partnerschaften mit geringer Verbindlichkeit vorzufinden. Geringe Verbindlichkeiten in Paarbeziehungen sind gekennzeichnet etwa durch Folgendes:

- getrennte Wohnungen,
- getrennte Kassen,
- weit entfernte Wohnsitze,
- Ambivalenzgefühle zum Partner,
- einen großen Wunsch nach Unabhängigkeit,
- keine gemeinsamen Rituale,
- wenig Vereinbarungen,
- sexuelle Offenheit für andere Partner,
- getrennte Urlaubsreisen oder
- wenig gemeinsame Freizeit.

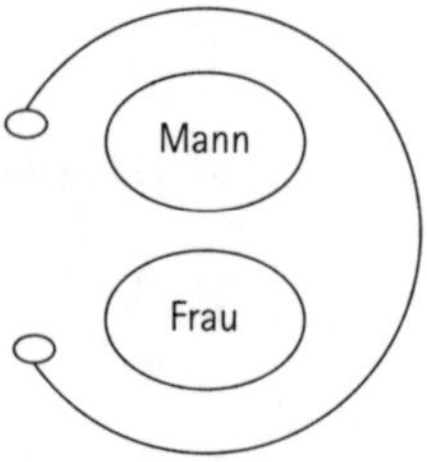

Unverbindliche Partnerschaft

Der Rahmen um das Paar, der Schutz geben soll, ist nicht geschlossen, sondern geöffnet.
Je weniger verbindliche Regeln und Vereinbarungen ein Paar miteinander trifft und einhält, desto schwächer ist die Basis ihrer Beziehung. Diese offene Basis entspricht eher dem Bedürfnis nach Freiheit und Unabhängigkeit. Je ambivalenter die Partner mit ihrer Entscheidung füreinander sind, umso weniger schließen sie den Kreis um sich, vielmehr halten sie sich eine Tür offen.
Es gibt natürlich auch die Möglichkeit, dass sich ein Paar mit unterschiedlichen Bedürfnissen trifft. Das ist z. B. der Fall, wenn die Frau für ihr Sicherheitsbedürfnis eine hohe Verbindlichkeit und der Mann für sein Freiheitsbedürfnis die offene Tür braucht. In diesem Fall kommt es bei einem Paar zu folgender Dynamik: Der Wunsch der Frau, einen geschützten Rahmen und eine verbindliche Beziehung zu haben, kann groß sein, dennoch fordert sie das Schließen der Tür nicht ein, weil sie glaubt, auf seine Freiheitsbedürfnisse Rücksicht nehmen zu müssen – obwohl diese Forderung für eine verbindliche Partnerschaft notwendig ist. Als Ersatzhandlung versucht sie, für ihr Sicherheitsbedürfnis zu sorgen, indem sie sich an ihren Mann klammert und in seinen autonomen Kreis eindringt.

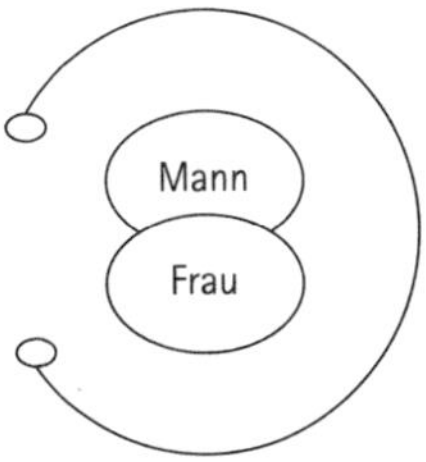

Die Frau dringt in den autonomen Kreis des Mannes ein

Paar mit unterschiedlichen Bedürfnissen

Der Mann kennt auf einer tiefen Ebene das Sicherheitsbedürfnis seiner Frau, deshalb zieht er keine Grenze, wenn seine Frau in seinen autonomen Kreis eintritt und sich an ihn anklammert. Obwohl die Grenzziehung von ihm angebracht wäre, kommt es auch von seiner Seite zu einer Ersatzhandlung. Statt eine Grenze zu ziehen, öffnet er den Wir-Kreis noch weiter.
Wir möchten diese Dynamik wieder an einem Beispiel verdeutlichen.

Fallbeispiel

Ottmar und Christa treffen sich beim Tanzen auf einer Party. Christa ist eine Frau mit einem sehr weiblichen, schönen Körper, und beide spüren schnell ihre erotische Anziehung zueinander. Ottmar fühlt sich von Christas Schönheit und ihrem Temperament sofort angezogen.
Er ist charmant und macht ihr Komplimente über ihre Figur und die Art, wie sie sich zur Musik bewegt. Er wünscht sich insgeheim ein erotisches Erlebnis mit ihr. Christa ist schon seit einiger Zeit auf Partnersuche, denn sie lebt ungern allein. Sie hofft insgeheim bereits, dass sich mit Ottmar wieder die Chance für eine feste Partnerschaft ergibt. Am Ende des Abends bringt Ottmar Christa nach Hause. Sie bittet ihn in ihre Wohnung, und sie verbringen die Nacht miteinander.

Kommentar

Christa wünscht sich eine feste Beziehung, in der ihr Sicherheitsbedürfnis befriedigt wird. Sie überprüft aber nicht, ob Ottmar auch diesen Wunsch hat, bevor sie sich auf ihn einlässt. Ottmar hat einen großen Freiheitsdrang. Er sucht eher ein Verhältnis als eine feste Bindung. Er teilt seinen Wunsch aber Christa ebenso wenig mit.

Ottmar und Christa sind von ihrem gemeinsamen erotischen Erleben begeistert. Beide fühlen sich euphorisch und verlieben sich ineinander.
Doch ziemlich bald wird ihnen auch bewusst, dass ihre Wohnungen ja eine beträchtliche Strecke voneinander entfernt liegen. Ottmar ist selbstständig und durch seinen Handwerksbetrieb ortsgebunden. Christa lebt in ihrem eigenen Haus, das sie gerade liebevoll renoviert hat.
Ottmar ist mit dieser Situation zufrieden. Während der Woche kann er sich ganz seinem Betrieb und seinen Hobbys widmen, am Wochenende fährt er zu Christa und erlebt erotische Stunden mit ihr. Christa erwartet diese Wochenenden sehnsüchtig. Am liebsten würde sie Ottmar aber öfter sehen. Wenn ihre Sehnsucht sehr groß ist, ruft sie ihn abends an. Leider erreicht sie ihn nur selten. Ottmar erklärt ihr, dass er abends oft noch Kunden besuchen müsse. Christa bemüht sich um Verständnis.

Kommentar

Christa hat Ottmar bisher noch nicht mitgeteilt, dass sie sich eigentlich eine verbindliche Partnerschaft wünscht, obwohl sich etwas anderes ergeben hat. Sie hofft darauf, dass sich bei Ottmar auch der gleiche Wunsch einstellt.
Ottmar spricht nicht aus, dass er sich nur auf eine Wochenendbeziehung einlassen will, und hofft, dass Christa sich damit zufrieden geben wird. Weil beide ihre Wünsche nicht aussprechen, beginnen sie damit, den Partner zu manipulieren.

Christa ist sehr enttäuscht, aber sie glaubt, Ottmar durch Verständnis für seine vermeintliche Lage immer noch für sich gewinnen zu können. Sie gestaltet die Wochenenden besonders liebevoll und gibt ihm Tipps für die Führung seiner kleinen Firma.
Ottmar glaubt, Christa mit Ausreden weiter hinhalten zu kön-

nen. Er bietet ihr verlängerte Wochenenden und Kurzreisen an, aber die Verpflichtungen im Betrieb machen es ihm oft nicht möglich, seine Zusage zu halten.
In dieser Dynamik vergehen zwei Jahre. Christa wird ungeduldig und beginnt damit, Ottmar während der Woche unerwartet zu besuchen. Sie verlangt von ihm, dass er seine abendlichen Kundenbesuche aufgibt.
Ottmar wird ärgerlich, aber er spricht seinen Ärger nicht aus und zieht auch keine Grenze, indem er Christa bittet, ihn nicht unerwartet zu besuchen. Stattdessen begibt er sich innerlich auf den Rückzug vor Christa und beginnt damit, auch am Wochenende mit seinen Freunden Sportveranstaltungen zu besuchen und Christa warten zu lassen.

Kommentar

Ottmar und Christa haben unterschiedliche Stärken, die für eine Paarbeziehung wichtig sind. Ottmars Stärke ist seine persönliche Selbstständigkeit. Christas Stärke ist das Wissen um den Schutz und den Rahmen einer festen Partnerschaft. Während Christa für die Verbindlichkeit arbeitet, arbeitet Ottmar für die Autonomie in ihrer Beziehung. Wenn beide das erkennen könnten und es aneinander wertschätzten, hätte ihre Partnerschaft eine Chance.
Christa könnte zu ihrem Bedürfnis nach Sicherheit auch das Bedürfnis nach Eigenständigkeit entwickeln. Ottmar könnte zu seinem Bedürfnis nach Freiheit sein Bedürfnis nach Sicherheit entwickeln.

Mit unserem Beispiel sollte deutlich werden, dass für eine verbindliche Beziehung ein geschützter Rahmen und die Autonomie der einzelnen Partner erforderlich sind.
Eine Voraussetzung für die erfüllte Partnerschaft ist, dass beide Partner ihr autonomes Selbst ausgebildet haben; und sie

sollten es auch nicht verlieren, wenn sie in eine verbindliche Beziehung eintreten.
Die Basis für eine erfüllte Beziehung ist also die folgende:

- Mann und Frau vergessen sich selbst nicht *(Ich)*.
- Sie verlieren sich nicht im anderen *(Du)*.
- Sie sind gleichzeitig in der Lage, sich und den Partner mit seinen Bedürfnissen zu sehen.

Wenn beide es schaffen, ihr *Ich* zu spüren und das *Du* des anderen zu sehen, und miteinander eine verbindliche Beziehung eingehen, dann entsteht ein *Wir*.

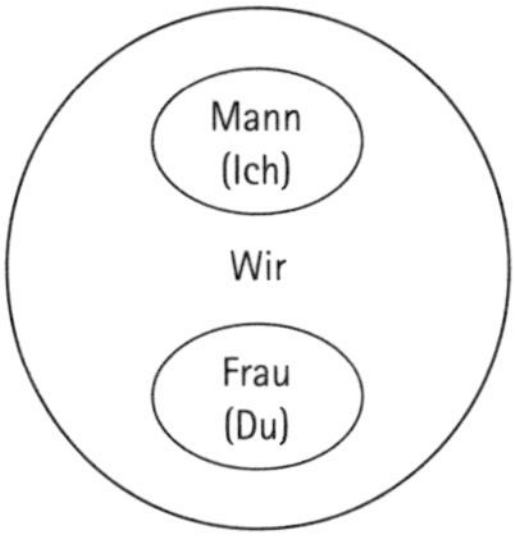

Autonomie im geschützten Rahmen

Fazit

Wir haben dem Thema »Verbindlichkeit« einen hohen Stellenwert gegeben, weil ohne Verbindlichkeit keine Beziehung entsteht, sondern das Paar ein Verhältnis miteinander lebt.

Ressourcen

- Den Wert von Verbindlichkeit als Basis einer Beziehung erkennen,

- die Autonomie zu leben und dennoch zur Verbindlichkeit zu stehen.

Kosten bei Beziehungen ohne Verbindlichkeiten
- Die Illusion, in einer Beziehung zu leben, wird aufrechterhalten.
- Es entstehen Unehrlichkeiten, Frustrationen, Enttäuschungen und Leiderfahrungen.

Gewinn in Beziehungen mit Verbindlichkeiten
- Es entsteht Klarheit über das Maß der Verbindlichkeit zueinander.
- Der gegenseitige Halt, den Paare in dem geschützten Rahmen einer verbindlichen Beziehung erfahren, gibt Kraft.

Anleitung zu Entwicklungsschritten
- Dem Partner verbindliche Zusagen geben und diese dann einhalten.
- Weitere Lernschritte sind das Sorgen um die eigene Autonomie und das Vermeiden, sich an den Partner zu klammern.
- Eigene Grenzen sollten liebevoll gesetzt werden, ohne den Partner zu verletzen.

Gefühlstiefe und Gefühlsausdruck in Partnerschaften

Mit der verbindlichen Basis einer Partnerschaft ist es so, als hätten wir ein stabiles Fundament für ein Haus. Aber ein Haus benötigt außer einem Fundament natürlich noch vieles mehr. Eine erfüllte Beziehung braucht neben einer stabilen Basis etwas, was wir »Gefühlstiefe« und »Gefühlsausdruck« nennen.

Gefühlstiefe erleben wir in gemeinsamen Momenten, in denen wir uns mit dem Partner tief berührt fühlen und miteinander in einer Einheit schwingen. Das kann z. B. folgendermaßen geschehen:

- Das Paar hört gemeinsam ein Musikstück, schaut sich an; und beide sind von der Stimmung tief berührt.
- Sie erleben Gefühlstiefe beim Sitzen am offenen Kamin, ohne dass sie miteinander sprechen müssen.
- Oder sie fühlen es beim gemeinsamen Kochen und Essen exotischer Gerichte,
- bei der Planung und Vorbereitung von Fernreisen,
- oder bei der Ausübung des gemeinsamen Hobbys entsteht große Begeisterung und tiefe Zufriedenheit.

Diese Gefühlstiefe, welche die Partner erleben, erfüllt beide. Und sie ist ein Ruhepol, aus dem sie Kraft, Freude und Lust schöpfen können. Diese Momente werden zu einmaligen Erinnerungen und tiefen sinnlichen Erfahrungen, die mit keinem anderen Partner wiederholbar sind.

Fehlt eine gemeinsame Gefühlstiefe, weil die Partner diese auf einem anderen Gebiet getrennt voneinander erleben, dann fehlen der Beziehung die Seelennahrung und die Tiefe. Obwohl eine gute Basis vorhanden ist, scheitern manche Paare am Mangel an Gefühlstiefe.

Die Entwicklungsarbeit besteht darin, in Unternehmungen gemeinsame Momente zu finden, die beide in der Tiefe begeistern. Es ist möglich, sich bewusst auf seinen Partner einzulassen, sich von ihm anstecken zu lassen, wenn er bereits seine Gefühlstiefe auf einem speziellen Gebiet stark erlebt. Gefühlstiefe ist ein seelisches Miteinander-Schwingen und braucht nicht unbedingt den verbalen Ausdruck.

Ein weiterer Bestandteil des Beziehungslebens ist der Gefühlsausdruck, der unbedingt der Sprache bedarf. Intimität zwi-

schen Partnern ist dann vorhanden, wenn sie über ihre eigenen Gefühle sprechen und auch ihre inneren Erlebnisse schildern können. Die Offenheit und Ehrlichkeit, seine Bedürfnisse und Wünsche auszusprechen und sich mit allen Gefühlen zu zeigen, sorgt für eine innere Nähe in der Beziehung.
Der Gefühlsausdruck wird gepflegt, wenn es einen regelmäßigen Austausch über die Gefühle gibt, die den Einzelnen bewegen und beschäftigen, z. B.:

- die Angst, den Arbeitsplatz zu verlieren,
- die Traurigkeit, weil die Aufmerksamkeit des Partners nachlässt,
- die Eifersucht auf die Freundin der Frau,
- der Schmerz über die Abwertung, die vom Partner kommt,
- der Ärger darüber, was der Partner macht bzw. was er nicht macht,
- die sexuellen Wünsche an den Partner,
- die Ehrlichkeit darüber, dass ein anderer Mensch im Augenblick anziehender ist, oder
- die Schwierigkeiten des Älterwerdens.

Der Ausdruck der eigenen Gefühle bringt die Partner miteinander in einen sozialen Kontakt, er schafft Nähe zueinander, fördert das Mitgefühl füreinander, und Wahrhaftigkeit kann entstehen. Der Mut zu diesem intimen Ausdruck bringt ein authentisches Wachstum der eigenen Persönlichkeit. Wenn diese Intimität in der Beziehung fehlt, kann sich eine Scheinharmonie einstellen, in der körperliche Nähe durchaus vorhanden ist, aber die emotionale Bindung fehlt.
Auch an dieser Stelle scheitern viele Paare, obwohl die Basis der Beziehung gegeben ist und sie eine gemeinsame Gefühlstiefe verbindet. Die Fähigkeit, sich in intimen Gefühlen auszudrücken, ist für jede Partnerschaft lebensnotwendig. Fehlt diese Fähigkeit einem Partner, dann sollte sie unbedingt erlernt werden, auch dann, wenn es in der Herkunftsfamilie nicht üb-

lich war, seine Gefühle auszutauschen, und es in der Kindheit kein Vorbild für diese Fähigkeit gegeben hat. Niemand braucht in seiner eigenen Entwicklung dort stehen zu bleiben – der Gefühlsausdruck kann in Therapiesitzungen oder in Seminaren geübt werden.
Allein die Erkenntnis des Mangels reicht jedoch in keinem Fall aus.

Fazit
Wenn einer Partnerschaft Gefühlstiefe und Gefühlsausdruck fehlen, bleibt die Beziehung in einem oberflächlichen, eher organisatorischen Miteinander stecken.

Ressourcen
Bei der Betrachtung von Gefühlstiefe und Gefühlsausdruck entdecken die Partner versteckte Qualitäten und Werte, die ihre Beziehung bereichern.

Kosten bei Nichtbeachtung von Gefühlstiefe und -ausdruck
Wenn ein Partner eine tiefe Beziehung sucht und der andere auf der organisatorischen Ebene stehen bleibt, dann erleben beide eine ständige Unzufriedenheit in ihrer Beziehung.

Gewinn bei Beachtung von Gefühlstiefe und -ausdruck
Die Auseinandersetzung mit diesem Thema fördert eine tiefe, ehrliche, wahrhaftige Partnerschaft.

Anleitung zu Entwicklungsschritten
Es gilt, sich einander mit den eigenen Gefühlen zuzumuten und sich die Wünsche nach Verschmelzung in gemeinsamen Aktivitäten mitzuteilen.

Die Balance von Verbindlichkeit, Gefühlstiefe und Gefühlsausdruck

Nachdem wir die Wichtigkeit von Verbindlichkeit, Gefühlstiefe und Gefühlsausdruck beschrieben haben, bringen wir nun einige Beispiele dafür, wie groß die einzelnen Anteile in den Paarbeziehungen vorhanden sind und wie sich dies auf die Beteiligten auswirkt.
Es gibt Paarbeziehungen, in denen eine große Verbindlichkeit miteinander gelebt wird. Die gemeinsamen Vereinbarungen und Regeln können aber auch zu starr werden; d.h., im negativen Fall dienen sie dem Paar nicht mehr, sondern sie engen es ein. Das Bedürfnis des Einzelnen wird außer Acht gelassen, und Spontaneität ist nicht mehr möglich: Es müssen z.B. immer feste Essenszeiten eingehalten werden, die Urlaubsreisen führen grundsätzlich an die bekannten Ziele, und Feste haben einen bestimmten Ablauf. Der Wunsch nach einer Ausnahme von der Regel wird nicht gehört. Trotz der hohen Verbindlichkeit, die dem Sicherheitsbedürfnis entspringt, wird die Beziehung kalkulierbar, langweilig – und das Paarsystem rigide.

Die starre Beziehung

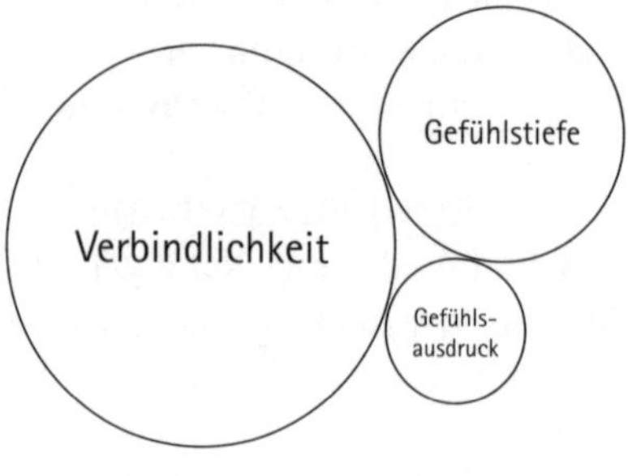

Erstes Modell: übergroße Verbindlichkeit

Ein anderes Paar verbindet eine starke Gefühlstiefe, in der sie eine leidenschaftliche Sexualität leben. Vielleicht ist es auch ein gemeinsames Hobby, das sie tief begeistert. Ihnen fehlt jedoch eine Verbindlichkeit, denn ihre Vereinbarungen sind von der Lustempfindung entweder auf Sex oder ihr gemeinsames Hobby abhängig. Trotz der starken Gefühlstiefe kann es bei diesem Paar zu Frustrationen kommen, weil die Zuverlässigkeit und die verbindlichen Absprachen fehlen. Das Paarsystem neigt zu Grenzenlosigkeit.

Die leidenschaftliche Beziehung

Zweites Modell: übergroße Gefühlstiefe

Wieder ein anderes Paar verbindet ein intensiver Gefühlsausdruck miteinander. Sie haben die Fähigkeit, sich sprachlich und emotional auszutauschen. Ihre soziale Kompetenz ist stark, sie können sich zuhören und nehmen aufeinander Rücksicht. Ihnen fehlen jedoch Ruhephasen, in denen sie nonverbal miteinander im Einklang schwingen, und die gemeinsame Begeisterung für ein tiefes Erleben. Dem Paarsystem fehlt trotz des sozialen Verhaltens die Gefühlstiefe.

Die soziale Beziehung

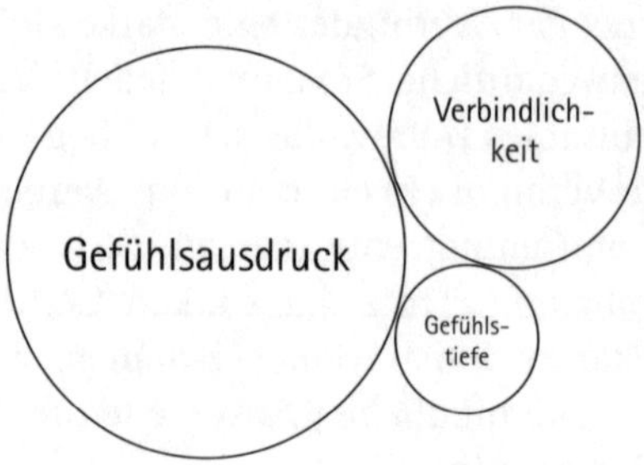

Drittes Modell: übergroßer Gefühlsausdruck

In einer erfüllten Partnerschaft sind alle drei Anteile gleich stark entwickelt, und sie halten sich deshalb im Gleichgewicht. Ein Paar, das diese Balance entwickelt hat,

- lebt in einer gegenseitigen Verbindlichkeit, die auch Spontaneität und Lebendigkeit zulässt,
- in einer Gefühlstiefe, in der miteinander Begeisterung und Harmonie erlebt werden, und
- jeder Partner kann dem anderen seine intimen Gefühle mitteilen.

Die ausbalancierte Beziehung

Viertes Modell: Balance

Wozu sollen Ihnen diese Modelle dienen?

Bei der Selbsterforschung können Sie sich fragen, wo die eigenen Stärken und Schwächen liegen. Darüber hinaus können Sie sich auch die Frage stellen, welches Modell Ihre Eltern gelebt haben.
Habe ich mein Elternmodell übernommen oder lebe ich heute das Gegenteil ihres Modells und will ich auf gar keinen Fall eine Partnerschaft so leben, wie es meine Eltern getan haben? Das kann z.B. heißen, dass die Eltern eine hohe Verbindlichkeit gelebt haben und ihre Beziehung dadurch starr und langweilig geworden ist; das Gegenmodell könnte sein, dass jemand nicht heiraten will, sondern leidenschaftliche Beziehungen sucht.
Wenn sich zwei Partner treffen, die unterschiedliche Modelle aus ihren Herkunftsfamilien mitbringen, dann kämpft ein Partner für mehr Leidenschaft und der andere für mehr Verbindlichkeit.

Fazit

Alle drei Anteile sind gleichwertig und gleich wichtig für eine erfüllte Partnerschaft; und es ist wünschenswert, die Stärke des Partners anzuerkennen und diese auch selbst zu entwickeln.

Ressourcen

Die Fähigkeit, diese Anteile bewusst zu betrachten und sie auszubalancieren.

Kosten der unausgeglichenen Anteile

- Der kleinste Anteil bringt der Beziehung Schmerz, Mangel, Frustration oder Enttäuschung.
- Der größte Anteil bestimmt die Beziehung, indem er viel Raum nimmt und ständige einseitige Wiederholungen braucht.
- Das Paarsystem bleibt in der Erstarrung stecken.

Gewinn der ausbalancierten Anteile
Paare gewinnen Lebendigkeit, Kreativität, Halt, Sicherheit und tiefe Seelenverbindung.

Anleitung zu Entwicklungsschritten

- Nach der Erkenntnis, dass die verschiedenen Anteile noch nicht ausbalanciert sind, wird ein besonderes Bemühen um eine Balance erforderlich.
- Zu große Anteile fordern zum Verzicht auf, zu kleine Anteile brauchen vermehrte Aufmerksamkeit und ein Üben dieser Fähigkeiten.

Die Loyalität zur Herkunftsfamilie und die Partnerschaft

In früheren Zeiten war es üblich, potenzielle Partner sofort seiner Familie vorzustellen. Heute warten die Paare häufig damit, bis sie sich für eine feste Partnerschaft entschieden haben. Dann findet zum ersten Mal eine Begegnung mit weiteren Mitgliedern des Familiensystems statt, die mit dem Leben des Partners eng verwoben sind.
Den meisten Paaren ist nicht bewusst, dass es jetzt zu einem kritischen Moment in ihrer Partnerschaft kommen kann. Denn die Loyalität zum Partner kann die Basis der neuen Beziehung von Anfang an stärken, während zu viel Loyalität zur Herkunftsfamilie die Partnerschaft eher schwächt.
Bei dieser ersten Begegnung mit der Herkunftsfamilie können sich drei verschiedene Modelle mit unterschiedlichen Wirkungen auf die Partnerschaft zeigen.

Erstes Modell

Ein Mann stellt seiner Familie die neue Partnerin vor. Innerlich plagen ihn Ambivalenzgefühle, ob sie die Richtige für ihn ist. Er möchte die Meinung der Familie für seine Entscheidungsfindung einholen. Egal, ob der Mann seiner Familie diesen Wunsch verbal mitteilt oder nicht, die Mitglieder haben ein feines Gespür für seine Ambivalenz und werden deshalb seiner Partnerin noch kritischer gegenüberstehen.

Die Freundin hat ein ebenso feines Gespür für den Verrat, den ihr Freund an ihr begeht. Sie spürt bei ihm keine Loyalität ihr gegenüber. Dieser Verlust der Paarloyalität kann bereits eine Schwächung oder Verletzung ihrer Bindung hervorrufen.

Wenn die Frau nach dem Familienbesuch ihrem Freund mitteilt, dass sie sich verletzt gefühlt hat, ist es möglich, dass sie bei ihm kein offenes Ohr für ihre Gefühle findet. Statt dass er Mitgefühl mit ihr empfindet, versteht er sie nicht, sondern sieht ihre Klage eher als Angriff auf seine Familie. Beginnt er, seine Familienmitglieder zu verteidigen, fühlt sich die Frau von ihm vollkommen allein gelassen.

Zweites Modell

Ist der Mann sich seiner Entscheidung sicher und stolz auf die Frau, die er gewählt hat, dann wird seine Kraft und Klarheit auch für die Familie fühlbar. Egal, ob seine Familie seine Partnerin in ihren Kreis aufnimmt oder nicht, er zeigt durch seine Sicherheit, dass er zu seiner Entscheidung steht.

Die Frau fühlt sich an seiner Seite geborgen, und seine Loyalität verstärkt ihre Paarbindung, gleich, wie sich die einzelnen Familienmitglieder verhalten.

Möglicherweise versucht die Familie, diese Loyalität der Beziehung auf die Probe zu stellen. Wenn beide diese »Prüfung« gemeistert haben, wird ihre Gemeinschaft fühlbar stärker.

Drittes Modell

Manche Paare oder Partner wollen diese »Prüfung« vermeiden, indem sie die Vorstellung des Partners in der eigenen Familie hinauszögern oder ganz vermeiden.
Wenn es sich dieser »Inaugenscheinnahme« nicht stellt, erleidet das Paar einen Verlust. Es verzichtet auf den erwachsenen Ablösungsprozess aus der Herkunftsfamilie. Dadurch erhält es sich den Platz und die Rolle in ihrer Familie, während es sie »erwachsene Kraft« kostet.

Fazit

Das Vorstellen des Partners in der eigenen Familie erfordert ein vorausgehendes Gespräch mit dem Partner, Bewusstheit, Vorbereitung und Achtsamkeit.

Ressourcen

- Um eine Partnerschaft und eine eigene Familie zu gründen, bedarf es des Ablösungsprozesses von der Herkunftsfamilie.
- Eine gelungene Loyalität zum Partner unterstützt den Prozess.

Kosten bei Unachtsamkeit

- Die Kränkung des Partners wird zu einem dauernden Konfliktstoff zwischen Partnerschaft und Herkunftsfamilie.
- Die Basis der partnerschaftlichen Beziehung wird geschwächt.
- Das Vertrauen zwischen den Partnern kann verloren gehen, und Misstrauen wächst.
- Die Partner fühlen sich ungeliebt, nicht dazugehörig und nicht um ihrer selbst willen gewählt.

Gewinn bei Achtsamkeit

- Das Vertrauen in den Partner wächst, die Basis der Partnerschaft wird weiter stabilisiert.
- Die verbindliche Gemeinsamkeit wird gestärkt.
- Der Partner fühlt sich geliebt, angenommen und zugehörig.
- Durch die Loyalität entsteht Sicherheit.

Anleitung zu Entwicklungsschritten

- Paaren, bei denen das Vorstellen des Partners in der Herkunftsfamilie noch bevorsteht, empfehlen wir, zuvor ein Gespräch miteinander zu führen, in dem sie ihre Wünsche äußern, wie sie sich die Loyalität des Partners vorstellen.
- Paaren, bei denen aus der ersten Begegnung mit der Herkunftsfamilie Verletzungen übrig geblieben sind, empfehlen wir zuerst die Anerkennung der Unachtsamkeit, dann Mitgefühl mit dem gekränkten Partner und das Eingehen auf einen Wunsch, den der verletzte Partner zum Ausgleich anbietet.

Kontaktpflege mit der Herkunftsfamilie

Unabhängig davon, wie der Erstkontakt zwischen Partner und Familie erlebt wurde, bleiben die Partnerschaft, die Eltern- und Geschwisterbeziehungen weiter bestehen.

Auch wenn Mann und Frau bereits in einer eigenen Partnerschaft leben, bleibt der Wunsch der Eltern, am Leben ihrer erwachsenen Kinder teilzunehmen, normalerweise aufrechterhalten. An sich ist das nichts Verwerfliches. Allerdings können manche Eltern ihre Kinder nicht in ihr eigenes Leben entlassen, sondern sie versuchen, sie weiterhin zu dominieren.

Zur eigenen Lebensbewegung gehört also ein gesundes Maß

an Eigenständigkeit der erwachsenen Kinder. Diese Eigenständigkeit müssen sie selbst entwickeln, und darüber hinaus sind sie auch für die adäquate Abgrenzung zu den Eltern verantwortlich. Selbst dann, wenn sie es sich sehr wünschen, dass die Eltern es sind, die sie loslassen.

Bei der Geburt wird unsere Nabelschnur durchgeschnitten, damit werden wir von der Mutter entbunden. Doch durch das Heraustreten aus der Herkunftsfamilie, etwa wenn wir eine Partnerschaft gründen, müssen wir uns selbst »entbinden«.
Wie weit die eigene Ablösung vollzogen ist oder die Dominanz der Eltern noch wirkt, können Sie z. B. an folgenden Punkten erkennen:

- *Die erwachsenen Kinder lassen nicht los:*
  - Sie haben immer noch einen Schlüssel zur elterlichen Wohnung.
  - Sie haben noch ein voll eingerichtetes Kinderzimmer.
  - Sie bringen ihre Wäsche zum Waschen nach Hause.
  - Sie lassen sich noch Post zu den Eltern schicken.
  - Bei Geldschwierigkeiten bitten sie regelmäßig die Eltern um einen Zuschuss.
  - Sie besprechen alle eigenen Lebensbelange zuerst mit den Eltern.
- *Die Eltern lassen nicht los:*
  - Die Eltern kommen unangemeldet bei ihren erwachsenen Kindern zu Besuch.
  - Sie geben ungefragt Ratschläge.
  - Sie wollen bei Urlaubsreisen dabei sein.
  - Sie halten ihre erwachsenen Kinder in finanzieller Abhängigkeit.
  - Sie sind krank und bedürftig und fordern ihre Versorgung ein.
  - Sie besorgen den erwachsenen Kindern Arbeit oder eine Wohnung.

- Sie putzen die Wohnung und waschen die Wäsche der erwachsenen Kinder.
- Sie kontrollieren die Post der erwachsenen Kinder.

Sich über dieses Verhalten der eigenen Eltern oder den Eltern seines Partners aufzuregen bringt Zündstoff in die Partnerschaft, ohne die Probleme zu lösen. Dabei besteht die Gefahr, dass die Eltern oder die Partner gegenseitig abgewertet werden.
Egal, wie die Eltern sich verhalten, davon unabhängig gehören sie zum Ursprung von Mann und Frau. Es ist zwar auf der äußeren Ebene möglich, verbal in die Kritik des Partners an seinen Eltern mit einzusteigen. Dennoch wird sich eine innere Ebene dagegen wehren, vom Partner wegen der eigenen Abstammung abgewertet zu werden. Die Ablösungsprozesse vom Elternhaus sind Entwicklungsschritte, und es schmerzt, falls sich die Part-

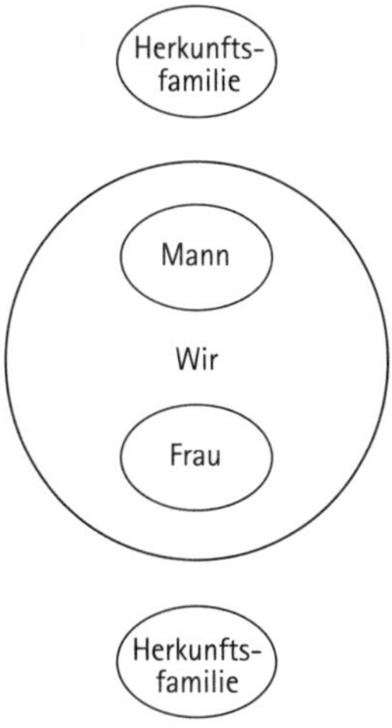

Gesunde Abgrenzung

ner während dieses Wachstumsprozesses gegenseitig verletzen. Auch wenn über diesen äußeren und inneren Vorgang kein Bewusstsein vorhanden ist oder diese innere Kränkung nicht angesprochen wird, wirkt es sich im Beziehungsuntergrund trotzdem aus. Kränkungen und Verletzungen bringen das Paar in eine innere Distanz zueinander. Die aufgestauten Verletzungen kommen manchmal erst Jahre später als gegenseitige Vorwürfe wieder ans Licht.
Ein Schutz für den Paarkreis würde bedeuten, dass das Paar gemeinsam darüber verhandelt, wie viel Raum und Zeit den eigenen Eltern und Schwiegereltern zur Verfügung gestellt werden soll. Diese gemeinsame Vereinbarung teilt jeweils der Partner seiner eigenen Herkunftsfamilie mit. Entscheidend ist dabei die Art der Mitteilung:

- *Negativbeispiel:* Der Mann teilt seinen Eltern mit: »Meine Frau will es nicht mehr, dass ihr jeden Sonntag zum Essen kommt!«
- *Positivbeispiel:* Der Mann teilt seinen Eltern mit: »Grundsätzlich freuen wir uns über euren Besuch, dennoch haben meine Frau und ich gemeinsam festgestellt, dass es uns zu viel ist, wenn ihr jeden Sonntag zum Essen kommt. Wir haben uns entschieden, dieses Familientreffen nur noch einmal im Monat zu veranstalten. Wir bitten dafür um euer Verständnis!«

Die Reaktion der Eltern auf die Mitteilung in unserem Positivbeispiel wird vom Paar gemeinsam getragen. Vielleicht werden die Eltern wütend, beleidigt oder gekränkt antworten: »Dann brauchen wir ja überhaupt nicht mehr zu kommen, wenn ihr uns nicht mehr wollt!«
Der Mann ist betroffen über die Reaktion seiner Eltern und fürchtet, die Zugehörigkeit zu seiner Herkunftsfamilie ganz zu verlieren. Darüber hinaus fürchtet er auch, dass seine Mutter sogar krank wird und den Schmerz über die vermeintliche Abweisung ihres Sohnes nicht überlebt. Während der Zeit, die sei-

ne Eltern brauchen, um sich auf die veränderte Situation einzustellen, bestärkt ihn seine Frau in seinem erwachsenen Recht auf ausreichende Zeit mit seiner Frau und seinen Kindern. Er darf seinen Eltern diese Veränderung zumuten. Diese Arbeit ist für beide Partner als Ablösungsprozess von den Eltern notwendig und stärkt ihr neu gegründetes Paarsystem. Besonders bei jungen Paaren ist das eine wichtige Lebensphase.

Fazit
Der Ablösungsprozess vom Elternhaus ist ein bewusster Vorgang, der viel Achtsamkeit erfordert.

Ressourcen
Durch die Übernahme der Eigenverantwortung wächst die erwachsene Persönlichkeit.

Kosten beim verzögerten Ablösungsprozess
Die pubertäre Abhängigkeit schwächt die erwachsene Kraft, und die Eigenständigkeit bleibt unterentwickelt.

Gewinn beim gelungenen Ablösungsprozess
- Der Selbstwert steigt.
- Durch die Übernahme der Eigenverantwortung wird Kraft für das eigene Leben gewonnen.

Anleitung zu Entwicklungsschritten
- Die Kontaktform zur Herkunftsfamilie sollte überprüft und hinterfragt werden.
- Hinweise von Partnern und Freunden sollten Beachtung finden.
- Vorsichtige kleine Veränderungen sollten ausprobiert werden.

Regeln und Rituale und ihre Auswirkungen

Zu dem Ablösungsprozess von den Eltern gehört auch das Hinterfragen der übernommenen Regeln und Rituale. Denn jeder Partner bringt aus seiner Herkunftsfamilie Rituale mit, die seine oder ihre innere Vorstellung geprägt haben. Wir erläutern das am Beispiel des Weihnachtsfestes.

Ein Partner hat Weihnachten immer im Kreis der Großfamilie gefeiert. Die Verwandten reisten schon einige Tage vorher an, und die Frauen bereiteten gemeinsam den Karpfen zu. Die ganze Familie ging in die wunderschön geschmückte Kirche des Ortes, und danach wurde die Bescherung mit Gedichten und Hausmusik gefeiert.

Beim anderen Partner fuhren Vater und Mutter mit den Kindern am Heiligen Abend in ein Ferienhaus. In letzter Minute wurde noch ein Weihnachtsbaum organisiert und bei Radiomusik mit selbst gebastelten Sternen geschmückt. Es gab Kartoffelsalat und Würstchen, und nach der Bescherung wurden bis tief in die Nacht die neuen Gesellschaftsspiele ausprobiert.

Solche oder andere Unterschiedlichkeiten in den Traditionen können sich so auswirken, dass die Frau sagt: »Nur im Kreise der Großfamilie mit Karpfen und Kirchgang am Heiligen Abend ist für mich erst so richtig Weihnachten!«

Der Mann sagt: »Nur in einer kleinen Hütte mit Radiomusik und Gesellschaftsspielen ist für mich so richtig Weihnachten!«

Wenn das Paar darüber streitet, ist es wichtig, die unterschiedlichen Rituale nicht abzuwerten, sondern gemeinsam eigene, neue Rituale zu kreieren. Ähnlich verhält es sich mit den Alltagsregeln, die beide aus der Herkunftsfamilie gewohnt sind, z. B.:

- Abendessen pünktlich um 18 Uhr.
- Abgewaschen wird sofort nach dem Essen.

- Der Hausputz findet am Samstagnachmittag statt.
- Die Straßenschuhe werden vor der Wohnungstür ausgezogen.
- Kein Wäschewaschen am Wochenende.

Es ist hilfreich, sich die unterschiedlichen Regeln mitzuteilen und sie dann auf ihren Sinn zu überprüfen. Manche Regeln möchten Sie dann beibehalten, und neue können dazukreiert werden.

Fazit

Damit ein neues Paarsystem bestehen kann, muss immer wieder von beiden Partnern auch Verzicht geleistet werden.

Ressourcen

Durch die neue Gemeinschaft entsteht eine Vielfalt von Regeln und Ritualen, die einen Reichtum darstellen.

Kosten beim Beharren auf unüberprüften Regeln und Ritualen

- Einseitigkeit und Erstarrung stellen sich ein, dadurch wird ein hoher Verzicht auf Lebendigkeit geleistet.
- Möglicherweise wird dem Partner mit seinen Qualitäten auch zu wenig Raum gelassen, und damit riskiert man Rückzug, Streit und Verletzungen.

Gewinn bei Flexibilität im Anwenden von Regeln und Ritualen

- Neue Regeln und Rituale, die vom Paar gemeinsam erschaffen werden, bringen Lebendigkeit und Einmaligkeit in die Partnerschaft.
- Werden Regeln und Rituale übernommen, erweitert sich das eigene Programm.

Anleitung zu Entwicklungsschritten

- Gibt es Regeln und Rituale, die einem Partner sehr wichtig sind, braucht es Kraft, seine Meinung und seinen Standpunkt zu vertreten und dennoch seinen Partner mit seiner unterschiedlichen Meinung zu hören und einen Kompromiss für beide zu suchen.
- Jeder Partner verzichtet auf einige Regeln, Rituale und Verhaltensweisen aus seiner Herkunftsfamilie zugunsten der neu gegründeten Gemeinschaft.

Der Machtkampf bei verschiedenen Ritualen

Ist das Paar z. B. bei Regeln und Ritualen, die ihnen sehr wichtig sind, unterschiedlicher Meinung, kommt es zwischen ihnen zu einem Konflikt. Wenn sie nicht wissen, wie sie mit einem Konflikt konstruktiv umgehen können, besteht die Gefahr, dass daraus ein Machtkampf wird.
Das Wort »Macht« löst häufig negative Empfindungen aus, deshalb möchten wir etwas Grundlegendes zum Thema »Macht« darstellen. Denkt man etwa an eine mächtige Frau, stellt man sich meist eine Furie vor; denkt man an einen mächtigen Mann, hat man einen Diktator vor Augen. Dabei muss »Macht haben« nicht gleichbedeutend mit »Macht missbrauchen« sein. Macht, die in Verbindung mit dem Herzen gelebt wird, kann viel Positives in der Welt bewirken. Frauen, die in schweren Notzeiten die Verantwortung für die Versorgung von anderen Familienmitgliedern übernommen haben, wussten ihre Macht zu leben. Männer, die mit ihrer kreativen Kraft neue Firmen gründen und Geschäftsideen durchsetzen, leben ihre Macht ebenfalls positiv.
Aber je mehr sich das Herz eines Menschen verschließt, desto größer wird die Gefahr des Machtmissbrauchs. Wenn wir zu

ängstlich mit unserer Macht umgehen und sie ablehnen und unterdrücken, dann tarnt sich die Macht und zeigt sich als Schwäche.

Fallbeispiel

Paul und Sibylle haben sich in einem Café kennen gelernt. Sibylle saß dort jeden Nachmittag in Bücher vertieft und lernte für ihre Heilpraktikerausbildung. Sie war erst vor kurzem aus Sri Lanka zurückgekommen, wo sie einige Monate bei einem ayurvedischen Arzt gelernt hatte. Sie war begeistert von der Spiritualität ihres Lehrers gewesen und hatte sich dort sehr wohl gefühlt. Zurück in Deutschland, fühlte sie sich anfangs etwas verloren, aber sie wollte weiterhin auf der Suche nach geistigem Wissen bleiben.
Paul ist Jurist und sitzt häufig in diesem Café. Ihm fiel schon öfter das zarte, geheimnisvolle Wesen von Sibylle auf, sodass er sich endlich entschließt, sie anzusprechen. Sibylle ist verwundert, aber auch erfreut, dass er sie bemerkt. Obwohl sie das selbstbewusste Auftreten von Paul etwas erschreckt, lässt sie sich auf einen weiteren Kontakt mit ihm ein. Er hört ihr gern zu, wenn sie ihm von ihrer Reise nach Sri Lanka erzählt, und Sibylle spürt sein echtes Interesse an Land und Leuten. Paul unterstützt Sibylle auch tatkräftig, indem er ihr hilft, eine neue Wohnung und einen gut bezahlten Nebenjob zu finden. Sibylles Unsicherheit und Unentschlossenheit hatten sie bisher daran gehindert, diese realen Alltagsprobleme zu lösen. Paul weiß meistens genau, was er will, und er übernimmt die Führung in der Beziehung.
Nach knapp einem Jahr stellt Sibylle erschrocken fest, dass sie von Paul schwanger ist. Paul ist begeistert und entwickelt sofort einen großen Tatendrang. Er macht Zukunftspläne, will Sibylle heiraten und plant weitere Kinder. Sibylle bricht ihre Heilpraktikerausbildung erst einmal ab, weil ihr Schwanger-

schaft und Ausbildung zusammen zu viel werden. Paul setzt den Hochzeitstermin fest, plant und organisiert den Umzug in ein Haus auf dem Lande.
Dort wird später ihr Kind geboren. Ein Jahr danach, als Sibylle langsam an eine Fortsetzung ihrer Ausbildung denkt, wird sie mit dem zweiten Kind schwanger.

Sie ist frustriert, denn sie fühlt sich von Paul schon seit einiger Zeit in ihrer spirituellen Suche behindert. Sie soll für ihn und die Kinder als Mutter und Hausfrau funktionieren, während sich ihr inneres Wesen nach geistigem Austausch sehnt. Paul ist ein bodenständiger Realist und für einen Austausch über esoterische Themen nicht offen. Doch Sibylle glaubt, Paul umerziehen zu können.
Während ihrer zweiten Schwangerschaft setzt sie sich ausführlich mit dem Thema »Ernährung« auseinander und beschließt für ihre Familie eine Ernährungsumstellung auf eine vegetarische Vollwertküche. Sie glaubt, Paul damit für eine andere Bewusstseinsebene begeistern zu können. Paul jedoch wertet ihr Bemühen ab und lehnt sich gegen die neue Ernährungsweise auf. Ihren Argumenten schenkt er keinen Glauben, sondern er besteht auf Hausmannskost und seinem Bier am Abend.
Sibylle ärgert sich sehr über Paul, sie ist aber nicht zu einem Kompromiss bereit. Wenn Paul Hausmannskost will, muss er sie sich abends selbst kochen, sie möchte damit nichts mehr zu tun haben. Der Machtkampf beginnt.
Sibylle trifft sich immer häufiger mit ihren Freundinnen und beklagt sich über Paul. Paul kämpft um sein Familienleben, er kümmert sich um seine Kinder und macht mit ihnen Verwandtenbesuche. Er schränkt das Haushaltsgeld ein – in der Hoffnung, dass Sibylle zur Vernunft kommt. Sie erlebt das als erneuten Angriff und geht in Rückzug. Sie zieht aus dem gemeinsamen Schlafzimmer aus und richtet sich ein eigenes Zimmer ein.
Wenn die Kinder im Bett sind, verbringt sie dort allein ihre

Zeit mit Bücherlesen, Meditieren und Musikhören. Unterdessen trinkt Paul sein Bier allein beim Fernsehen.

Kommentar

Sibylle fühlt sich als die Schwächere, die von Paul unterdrückt wird. Paul hat die äußere Macht dadurch, dass er Geld verdient, er ist aber im Kontakt mit Sibylle ohnmächtig.
Obwohl es von außen so aussieht, als würde Sibylle von Paul unterdrückt werden und er wäre der mächtige Mann in ihrer Beziehung, weisen wir auf eine zusätzliche Betrachtungsweise hin.

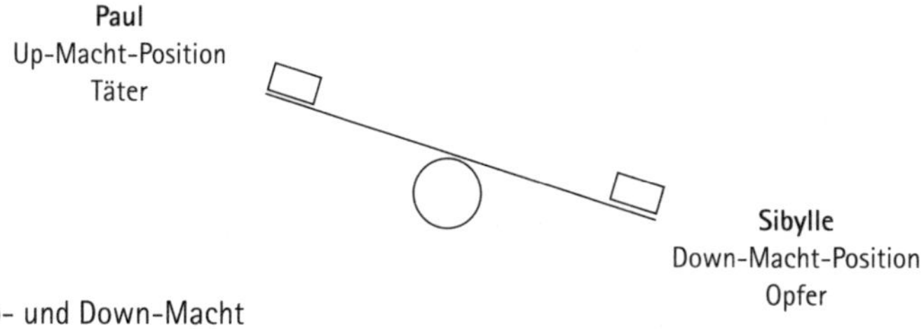

Up- und Down-Macht

Wir stellen uns das Paar auf einer Kinderwippe vor. Paul ist oben, in der »Up-Macht-Position Täter«, während Sibylle in der »Down-Macht-Position Opfer« verharrt. Der starke Wille von beiden nach Eigenständigkeit hat sie in ihrer Beziehung in diese Situation gebracht und lässt sie auch dort verharren. Das Rechthaben ist ihnen wichtiger, als miteinander in Beziehung zu sein. Das kann sich bis zu einem »Beziehungskrieg« steigern, bei dem die Wippe auch zum Kippen kommt. Dann ist Sibylle »oben als Täterin« und verweigert Paul den Kontakt, indem sie sich rigoros zurückzieht, während Paul dann leidet und sich in der unteren Position als Opfer sehr ohnmächtig fühlt.

Wenn der Schmerz des Machtkampfs zu groß wird, dann bereitet meistens mindestens einer von beiden die Trennung vor. Ein anderer Weg aus dieser Sackgasse wäre es, die Sinnlosigkeit des Rechthabenwollens zu begreifen und vom Kampf loszulassen. Wir werden Ihnen die notwendigen Veränderungsschritte und die Reihenfolge, in der sie gegangen werden, aufzeigen:

- *Zum ersten Schritt gehört:* die Akzeptanz der unterschiedlichen Ess- bzw. Lebensgewohnheiten.
- *Zum zweiten Schritt gehört:* Jeder Partner nimmt seinen Standpunkt ein, indem er dem anderen mitteilt, warum ihr oder ihm dieser Standpunkt so wichtig ist.
- *Zum dritten Schritt gehört:* Jeder lässt den anderen ausreden, es werden keine Kommentare abgegeben; jeder hört dem Gegenüber zu.
- *Zum vierten Schritt gehört:* Jeder betrachtet die eigenen Bedürfnisse und die des anderen.
- *Zum fünften Schritt gehört:* Die Bedürfnisse dürfen gleichwertig als zwei Standpunkte nebeneinander stehen, ohne dass sie beurteilt und abgewertet werden.
- *Zum sechsten Schritt gehört*: Es wird nach etwas Drittem, einem Kompromiss, gesucht.
- *Zum siebten Schritt gehört:* Beide müssen Abstriche von den eigenen Standpunkten machen. Es wird so lange verhandelt, bis beide mit dem Ergebnis gut leben können.

Für manche Situationen gibt es keine schnelle Lösung, deshalb gehören zum Verhandeln auch Geduld und Ausdauer. Und immer wieder die Bereitschaft, nachzugeben, ohne sich selbst aufzugeben.

Fazit
Das Paar verliert am Ende ein Stück »Rechthaben«, aber es gewinnt den Beziehungskontakt zurück.

Ressourcen
Bei beidseitigem Verzicht profitiert die Beziehung, und die Persönlichkeit gewinnt an sozialer Kompetenz.

Kosten des Machtkampfs
- Die Distanz wird vergrößert oder aufrechterhalten.
- Das Rechthaben ist wichtiger als die Nähe zum Partner.
- Der Machtkampf kostet die einzelnen Partner viel Kraft; diese Kraft fehlt für positive Aktivitäten.
- Gegenseitiges Verletzen wird in Kauf genommen.

Gewinn beim Aufgeben des Machtkampfs
Mit der Fähigkeit, nachzugeben, ohne sich dabei selbst aufzugeben, wird es möglich, Selbstverwirklichung in einer Partnerschaft zu leben.

Anleitung zu Entwicklungsschritten
Sollte das Paar trotz des Bemühens, die von uns angegebenen Schritte einzuhalten, scheitern, ist es zu empfehlen, Unterstützung durch eine Paartherapie in Anspruch zu nehmen.

Die Verteilung von Geben und Nehmen

Während es beim Machtkampf um das Nachgeben, das Suchen von Kompromissen und ums Verzichtüben geht, wollen wir uns nun dem Thema »Geben und Nehmen von Aufmerksamkeit, Gefühlen und Geschenken in einer Beziehung und wie es verteilt ist« widmen. Für die Beziehungspflege ist es von au-

ßerordentlicher Wichtigkeit, beim Geben und Nehmen in einer gesunden Balance zu sein.
In den nachfolgenden drei Modellen zeigen wir verschiedene Dynamiken auf.

Erstes Modell

Ein Partner ist sehr bemüht, den anderen mit Aufmerksamkeiten und Geschenken zu überschütten. Dabei wartet er oder sie nicht ab, ob vom anderen ein Ausgleich dafür kommt.

Kommentar

Wenn ein Partner dem anderen etwas von sich gibt, dann bekommt der Beschenkte für eine gewisse Zeitspanne bewusst oder unbewusst das Gefühl, dem anderen etwas zu schulden.
Wenn der/die Schenkende nicht abwartet und dem Partner keine Gelegenheit für einen Ausgleich gibt, dann wird beim Beschenkten das Gefühl »Ich bin etwas schuldig« mit der Zeit immer größer.
Weil dieser Vorgang meistens unbewusst verläuft, ist der Gebende sehr erstaunt, wenn er z.B. völlig überraschend vom Partner verlassen wird. Obwohl er doch großzügig war und dem anderen oft und viel gegeben hat. Doch es ist so, dass der Beschenkte eine zu große Belastung auf dem Schuldenkonto fühlt und unter Umständen die Trennung vorzieht.
Es besteht kein Bewusstsein über die Dynamik, in der dieser Impuls zur Trennung gewachsen ist. Der Gebende in der Beziehung bleibt mit Opfergefühlen zurück, weil er keine Verantwortung übernimmt, dass er oder sie den Ausgleich nicht abgewartet hat. Zu viel geben von Aufmerksamkeiten, Gefühlen und Geschenken, ohne den guten Ausgleich abzuwarten, ist beziehungsfeindlich.

Zweites Modell

Ein Partner nimmt alles an, was er geschenkt bekommt; er spürt und zeigt jedoch keinen Impuls zum Ausgleich.

Kommentar

Die Selbstverständlichkeit, mit welcher der Beschenkte nimmt, ohne den Impuls, etwas zurückzugeben, könnte aus einem kindlichen Nachholbedürfnis kommen, oder es hat seinen Ursprung in einem so genannten kindlichen Verwöhnprogramm. Auch wenn dieses Modell aus einem kindlichen Verhalten kommt, ist es unter erwachsenen Partnern beziehungsfeindlich.

Drittes Modell

Ein Partner bekommt eine Aufmerksamkeit, freut sich darüber und möchte seinem Partner mit einem Gegengeschenk eine noch größere Freude bereiten. In diesem gegenseitigen Ausgleich und der positiven Steigerung wachsen Nähe, Vertrauen, Liebe und das Gefühl »Der andere sieht mich mit meinen Wünschen und Träumen«.

Kommentar

Gelingt es einem Paar, diesen Ausgleich von Geben und Nehmen adäquat zu leben, dann verschönern die Partner sich ihre Beziehung und ihren Alltag. Die Steigerung von »Einer gibt – der andere gibt etwas mehr« bezeichnen wir als eine Treppe in den Beziehungshimmel. Deswegen ist dieses Modell das beziehungsfreundlichste.

So wie es ein Geben und Nehmen von Aufmerksamkeiten, Gefühlen und Geschenken gibt, so gibt es aber auch ein beziehungsschädigendes Geben:

- Ich gebe dir harte Worte.
- Ich lehne dich ab.
- Ich gebe dir Verweigerung, wenn du Nähe bei mir suchst.
- Ich betrüge dich.
- Ich belüge dich.

Diese negativen Gaben bereiten dem Partner Schmerzen. Eine Beziehung zwischen gleichwertigen Menschen strebt nach Ausgleich. Einmal im Positiven, wie wir es vorher beschrieben haben, aber auch in einem negativen Sinne. Deshalb kommen nach solchen Verletzungen normalerweise Rachegefühle und Distanzwünsche auf. Aus dem Rachegefühl kann der Impuls entstehen, dem anderen auch etwas anzutun. Manchmal geschieht das mit der gleichen Wucht, aber zuweilen sind die Auswirkungen auch noch schmerzvoller:

- Du wertest mich ab – ich betrüge dich.
- Du demütigst mich – ich belüge dich.

Es ist möglich, dass der zweite Impuls so zeitversetzt erfolgt, dass keine unmittelbare Verbindung zum ersten Impuls mehr sichtbar ist.
Auch wenn wir unsere Partner nicht verletzen wollen, die Beziehung ist ein Risikoland, in dem man Verletzungen grundsätzlich nicht vermeiden kann. Eine Beziehung zu leben, ohne zu verletzen, ist eine Unmöglichkeit. Aber die Steigerung von »Einer teilt aus, und der andere zahlt heim« sehen wir wieder bildlich als eine Treppe an. Dieses Mal allerdings abwärts in die Beziehungshölle, in der Schmerz, Rache und Distanz die Herrscher sind.
Möchte ein Paar dieser Beziehungshölle entrinnen, dann geht

es darum, dem anderen den erlittenen Schmerz nicht im gleichen Maß zurückzuzahlen, sondern das Maß bewusst zu reduzieren. Dieses Verhalten ist beziehungsfreundlich und führt auf der Treppe wieder nach oben.

Damit an dieser Stelle keine Missverständnisse entstehen: Wir meinen nicht, die Verletzungen sollen klaglos eingesteckt werden oder in kleinen Stichen immer mal ausgeteilt werden. Wenn ein Partner sich über den anderen erhebt und glaubt, er oder sie habe keine Rachegelüste, und die eigene aggressive Kraft wird verleugnet, dann ist auch das beziehungsfeindlich.

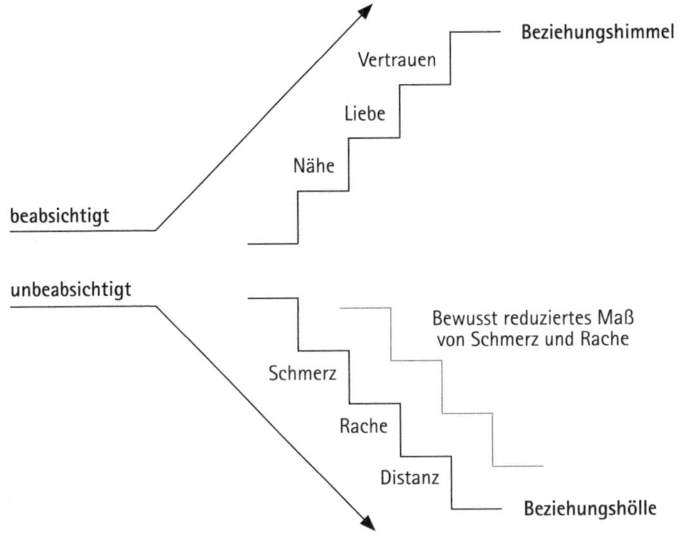

Beziehungshimmel und -hölle

Die bewusste Erkenntnis, dass wir uns in Beziehungen immer mal wieder in der Auf-und-ab-Bewegung von Opfern und Tätern befinden, kann uns milde für menschliche Schwächen stimmen. Wenn die Fähigkeit erworben wird, mit dieser Dynamik gut umzugehen, führt das stets in eine Balance der Beziehung zurück. Auch ein bewusster Ausgleich durch Angebot und Verhandlung kann dem Paar helfen, die Balance wieder herzustellen.
Es folgt ein Beispiel, wie ein Paar durch Verhandlung und bewussten Ausgleich die Stufen aus der Beziehungshölle wieder hinaufsteigen kann.

Eine Frau hat in Gegenwart von gemeinsamen Freunden ihrem Mann seine Schwäche vorgeworfen, dass er sich bei seinem Chef nicht durchsetzen kann. Er fühlt sich blamiert und zieht sich von ihr zurück.
Der Frau wird erst später bewusst, wie sehr sie ihn damit gekränkt hat. Sie möchte es wieder gutmachen und bietet ihm an, ihn und seine männlichen Kollegen zu einem Essen einzuladen. Er hört ihren Vorschlag und ist bereit, den Ausgleich anzunehmen. In diesem Fall muss er seine Gekränktheit aufgeben und seiner Frau verzeihen. Oder er ist noch nicht mit ihrem Vorschlag einverstanden, und sie prüfen gemeinsam, was für ihn als Ausgleich notwendig ist und was sie ihm geben kann und möchte.
Trotz gegenseitigen Bemühens um Ausgleich und Wiedergutmachung bleibt manches Paar an dieser Stelle in der Verletzung stecken. Beispielsweise dann, wenn eine Frau ihrem Mann immer wieder eine alte Verletzung vorwirft. Er kann ihren Schmerz nicht wahrnehmen, sondern hört nur ihren Vorwurf und Angriff.
Wie läuft diese Dynamik im Beziehungsalltag ab?

Fallbeispiel

Angela freut sich auf einen gemeinsamen Abend mit ihrem Mann Bernd. Sie hat ein besonderes Essen vorbereitet und sich auch die Zeit genommen, den Tisch schön zu dekorieren. Am Morgen hat sie Bernd das Versprechen abgenommen, an diesem Abend pünktlich um 19 Uhr zu Hause zu sein. Bernd ist Autohändler, und seine Geschäfte laufen im Augenblick nicht besonders, sie hatten in den vergangenen Wochen nicht viele gemeinsame Abende miteinander.
Angela ist voller Vorfreude, aber es wird immer später, ohne dass Bernd erscheint oder ein Anruf von ihm kommt. Angela mahnt sich zur Geduld, aber um 20.30 Uhr versucht sie verärgert, ihn auf seinem Handy anzurufen. Es ist abgeschaltet, und sie erreicht nur seine Mailbox.
Jetzt macht sie sich Sorgen, es könnte ihm etwas passiert sein; sie weiß, er liebt riskante Manöver beim Autofahren. Dann wird sie misstrauisch, dass er von seiner Exfrau aufgehalten worden sein könnte, die wieder Geld von ihm verlangt. Langsam wird sie richtig wütend, weil er sie nicht benachrichtigt.
Um 22 Uhr hört sie endlich seinen Schlüssel in der Tür, sie läuft in den Flur und geht gleich wütend auf Bernd los. Ihre Stimme ist schrill und laut: »Immer wenn ich mich auf einen ruhigen Abend mit dir freue, kommst du grundsätzlich zu spät! Es reicht mir jetzt mit dir, es ist doch immer irgendetwas wichtiger als unsere Beziehung, das lasse ich mir nicht mehr länger von dir bieten. Am besten, wir trennen uns endgültig, dann kannst du sehen, wie du allein mit allem fertig wirst.«
Bernd fühlt sich angegriffen, aber er versucht, Angelas Vorwürfe herunterzuspielen und ins Lächerliche zu ziehen: »Also, jetzt stell dich nicht so an. Du hättest ja mit deiner Freundin von nebenan essen können. Die ist abends sowieso meistens allein, da hättet ihr ausführlich Zeit zum Tratschen gehabt!«
Bernd fühlt sich schuldig, er hatte eine dringende Besprechung

mit einem unzufriedenen Kunden, die er nicht aufschieben wollte, um den Kunden nicht zu verlieren. Er ist gekränkt, weil er sich seiner Frau nicht mitteilen konnte und sie kein Verständnis für seine Situation hat. Beide sprechen erst einmal einige Tage nicht miteinander.
Dann versucht Bernd, Angela vorsichtig zu erklären, warum er aufgehalten wurde. Angela reagiert wieder ganz empört: »Nie hast du Zeit für mich, deine Arbeit geht dir immer vor!«

Kommentar

Das Paar ist mit dieser Verletzung in einer Pattsituation. Was Angela von Bernd gebraucht hätte, wäre, dass er ihre Gefühle von Angst und Sorge wahrgenommen hätte, die sie ausgestanden hat. Stattdessen machte er sie lächerlich, was ihre Wut auf ihn noch verstärkte. Bernd ist Angela auch den Respekt schuldig geblieben, weil er sie über seine Abwesenheit nicht rechtzeitig benachrichtigte.
Bernd hätte von Angela Zeit gebraucht, um sich zu erklären; er hörte die Drohung des Beziehungsabbruchs. Angela ist ganz in ihrem Schmerz versunken, von Bernd verletzt worden zu sein. Sie kann sich davon erst verabschieden, wenn Bernd, statt in Angriff, Verteidigung oder Bagatellisieren zu gehen, seine Betroffenheit zeigt und ins Mitgefühl mit Angela geht: »Ja, Angela, ich weiß, wie wichtig es für dich ist, dass ich mich rechtzeitig bei dir gemeldet hätte; und ich kenne auch deine Angst, mir könnte etwas zugestoßen sein. Aber es war mir wichtig, unsere Existenz nicht aufs Spiel zu setzen, indem ich es riskiert hätte, diesen wichtigen Kunden zu verärgern!«
Aus dieser Haltung heraus kann er zeigen, dass es ihm Leid tut. Wenn Bernd im Notfall seine Geschäftstermine den versprochenen Privatterminen vorzieht, muss ihm bewusst sein, dass er Angela damit etwas zumutet.
Angela sollte erkennen, dass Bernd es schwer hat, mit ihr ins

Mitgefühl zu gehen, wenn sie ihm nicht ihre verletzten Gefühle zeigt, sondern ihn mit Verallgemeinerungen und Drohungen empfängt. Sie muss es lernen, in Stresssituationen nicht mehr mit dem Ende der Beziehung zu drohen, sondern mit Bernd zu verhandeln. Ihre Drohung geschieht aus Hilflosigkeit und Ohnmacht, weil Bernd sie mit ihren Schmerzen nicht wahrnimmt. Bernd wiederum kann Angelas Schmerzen nicht erkennen, weil er auf ihre wiederholten Drohungen mit Gleichgültigkeit reagiert, da diesen Drohungen bisher noch keine Konsequenzen ihrerseits gefolgt sind.
Die Spirale des Teufelskreises beginnt sich zu drehen, weil Bernd und Angela sich beide in ihrer Personenwürde nicht wahrgenommen fühlen. Angelas Reaktion auf seine Gleichgültigkeit verstärkt ihre Ohnmacht und vergrößert die Drohung.

In Beziehungen, in denen die Partner schon viele Jahre zusammen sind, kommt es vor, dass sich eine große Zahl von gegenseitigen alten Verletzungen angesammelt hat. Daraus baut sich eine starke gegenseitige Distanz zum Partner auf. Eine Möglichkeit für Paare in solchen Verhärtungen ist es, in der Paartherapie wechselseitig die Verletzungen zu benennen.
Das ist der erste Schritt, um herauszufinden, ob das Verletzungskonto des Paares ausgeglichen ist oder ob ein Partner mehr Verletzungen aufgestaut hat als der andere. Wenn das bewusst geworden ist, kann im zweiten Schritt mithilfe des Therapeuten Mitgefühl und Betroffenheit mit dem Schmerz des anderen geweckt werden. Im dritten Schritt geht es um Hilfestellungen für Vergebung, Ausgleich und Anerkennung.

Fazit

Es ist wichtig, den Ausgleich von Geben und Nehmen im Positiven wie im Negativen zu beachten.

Ressourcen

- Mit einem ausgewogenen, positiven Geben und Nehmen

in der Beziehung kann sich ein Paar gegenseitig stark bereichern.
- Das Beachten der Negativspirale und das Anwenden von Vergebung und Ausgleich gibt Kraft für einen Neuanfang.

Kosten bei unausgeglichenem Geben und Nehmen
- Durch zu viel Geben entsteht Schuld zwischen den Partnern – genauso wie durch zu wenig Geben.
- Das Risiko einer Trennung wächst dadurch.

Gewinn bei ausgeglichenem Geben und Nehmen
Die Liebe, die Nähe und das Vertrauen zueinander wachsen.

Anleitung zu Entwicklungsschritten
- Der Ausgleich von Geben und Nehmen sollte ernst genommen und praktisch durchgeführt werden.
- Es sollte darauf verzichtet werden, Gleiches mit gleich Schlimmem zu vergelten.
- Stattdessen geht es um das Bemühen, seinen eigenen Schmerz zu zeigen, um einen Ausgleich ernsthaft zu verhandeln und zu vergeben.

Der Kinderwunsch

Ein ganz großes Geschenk, das sich manche Frauen oder Männer von ihrem Partner wünschen, ist es, Vater oder Mutter zu werden. Dabei können Geben, Nehmen und Ausgleich wieder eine wichtige Rolle spielen.
Unsere Gesellschaft hat sich stark gewandelt. Noch vor dem Zweiten Weltkrieg war es wichtig, in einer Ehe viele Kinder zu

bekommen, um die Familie mit Arbeitskräften zu versorgen und um später im Alter abgesichert zu sein.
Heute, kaum sechzig Jahre später, hat sich diese Situation grundlegend verändert. Die Selbstbestimmung der Frau und das Muttersein bei gleichzeitiger Berufstätigkeit prägt das Bild der heutigen Gesellschaft. Paare wählen nach ganz anderen Gesichtspunkten, ob und wie viele Kinder sie bekommen wollen.
Die Schwierigkeit liegt heute eher in der Unterschiedlichkeit des Kinderwunschs bei Mann und Frau. Die Situation ist nicht einfach, denn wenn sich die Frau ein Kind wünscht und der Mann ihr diesen Wunsch nicht erfüllen will oder umgekehrt, dann gibt es an dieser Stelle keinen Kompromiss. Hier ist nur ein Verzicht möglich, wenn die Beziehung zwischen den beiden weitergehen soll. Entweder verzichtet ein Partner auf seinen Kinderwunsch, oder der andere verzichtet auf seine Einstellung. Jeder Verzicht bedarf seiner Würdigung.
Wird dieses Thema zwischen dem Paar nicht klar ausgesprochen, sondern unterdrückt, um die Partnerschaft nicht zu gefährden, kommt es zu einem unterschwelligen Dauerkonflikt.
Möglich ist auch eine Konfliktverlagerung; das bedeutet, sie streiten sich erbittert um andere Themen und berühren das heikle Kinderthema nicht mehr. Dennoch schlummert z.B. bei der Frau die Verletzung darüber, dass ihr die Mutterschaft verweigert wird. Auch der Mann kann sich unter Druck gesetzt fühlen, weil er nicht zur Vaterschaft bereit ist. Oft ist der Schmerz groß, und einer fühlt sich vom anderen nicht verstanden.
In einem solchen Fall kann sich eine Paartherapie als große Unterstützung erweisen, um die Hintergründe zu erforschen. Es gibt viele mögliche Hintergründe, die im Einzelfall geklärt werden müssen. Wir möchten an dieser Stelle nur einige andeuten:

- Ein Hintergrund für den Kinderwunsch bei einer Frau kann ihr Gefühl sein, dass der Mann nicht sicher zu ihr steht. Sie versucht, ihn über ein Kind fester an sich zu binden.

- Ein anderer Hintergrund ist, dass ihr die eigene berufliche Auseinandersetzung Angst macht und sie in die Mutterschaft ausweichen will.
- Der Hintergrund beim Mann könnte sein, dass sein Freiheitsbedürfnis größer ist als die Verantwortung für die Vaterschaft. Die Angst, die finanzielle Verantwortung auf Dauer nicht tragen zu können, hindert ihn daran, seinen Kinderwunsch zu fühlen.
- Möglicherweise sind auch beide ambivalent in ihrem Kinderwunsch, allerdings ohne dass sie das wirklich voreinander aussprechen. In ihrer Beziehung leben sie diese Ambivalenz so, dass einer vordergründig für den Kinderwunsch ist und der andere ihn ablehnt.

Wir empfehlen, die notwendigen Entscheidungen erst dann zu treffen, wenn die Hintergründe und Motive des Kinderwunschs mithilfe eines Therapeuten erforscht worden sind.

Fazit

Kommt es beim Kinderwunsch zwischen dem Paar zu einem Konflikt, dann ist kein Kompromiss möglich, sondern nur der Verzicht.

Ressourcen

Es lohnt, sich der unbewussten Motive und Werte bewusst zu werden. Möglicherweise entsteht daraus eine Bereicherung oder eine Befreiung.

Kosten der Unterdrückung des Kinderwunschs

- Innerer Rückzug,
- Konfliktumleitung,
- depressive Stimmung,
- Unzufriedenheit und
- Selbstabwertung.

Gewinn der Auseinandersetzung mit dem Kinderwunsch

- Ehrlichkeit und Wahrhaftigkeit,
- Nähe durch Akzeptanz,
- bewusste Entscheidung,
- Selbstwertsteigung durch Stehen zum eigenen Standpunkt,
- Persönlichkeitswachstum durch bewussten Verzicht.

Anleitung zu Entwicklungsschritten

- Beim Verzicht auf den eigenen Kinderwunsch, sei es aus inneren (etwa psychischen) oder äußeren (z.B. wenn ein Partner schon mehrere Kinder hat) Gründen, tut es gut, den Kinderwunsch mit einem Ritual bewusst zu verabschieden.
- Für die Beziehung ist es förderlich, um einen adäquaten Ausgleich zu verhandeln.
- Wenn ein Partner jedoch nicht auf seinen Kinderwunsch verzichten will, dann sollte er oder sie die Konsequenzen ziehen, und die beiden sollten sich freigeben, um eine neue Partnerwahl zu treffen.

Die Auswirkungen von Abtreibungen

Ebenso wichtig wie das Hinterfragen des Kinderwunschs ist die Frage der möglichen Unterbrechung einer Schwangerschaft für das Paarsystem. Wenn eine Frau schwanger wird und ein Kind zur Welt bringt, schränkt sie sich erst mal in ihren persönlichen Möglichkeiten ein. Die Frau erwartet eine Belastung, wenn sie Beruf oder Studium weiterführen will; sie hat weniger Zeit für ihre Interessen und Kontakte, finanziell kann es erheblich knapper werden, und die persönlichen Pläne und Träume müssen aufgegeben oder verschoben werden.

Ist sie allein stehend, kann ihr die Vorstellung, für sich und das Kind über einen langen Zeitraum möglicherweise selbst sorgen zu müssen, große Angst bereiten. Ob ihr diese Ängste bewusst sind oder nicht, in jedem Fall wird sie überprüfen, ob der Vater des Kindes bereit ist, die Verantwortung für sie und das gemeinsame Kind zu übernehmen. Wenn der Vater des Kindes keine Bereitschaft zeigt oder er aufgrund seiner finanziellen Situation keine Möglichkeit dazu hat, dann fällt manche Frau die Entscheidung, das Kind nicht auf die Welt zu bringen.
Frauen in dieser Lage machen die verschiedensten schmerzhaften Prozesse durch:

- Sie erleben die Enttäuschung über die fehlende Bereitschaft des Vaters, für Frau und Kind zu sorgen.
- Oder sie empfinden Schmerz wegen der wahrscheinlichen Unmöglichkeit eines gemeinsamen Lebens als Mann und Frau.
- Vielleicht fühlen sie jetzt besonders die Abhängigkeit von ihren Eltern, sei es finanziell oder emotional.
- Sie empfinden Scham, wenn sie an eine potenziell jahrelange Abhängigkeit vom Sozialamt denken.
- Sie müssen ihre Lebensziele infrage stellen und sich unter Umständen von viel versprechenden beruflichen Möglichkeiten verabschieden.

Unabhängig davon, ob die Frau ledig ist oder nicht, durchlebt sie einen inneren Kampf. Während dieses Kampfes fällt sie irgendwann aus einem oder mehreren Gründen ihre Entscheidung.
Schauen wir in der therapeutischen Praxis mit unseren Klientinnen in diese Phase ihres Lebens zurück, dann spielt vor allem auch die Zeit, in der ein Schwangerschaftsabbruch noch strafbar war, eine erhebliche Rolle. Sie hatten schon Schuldgefühle und die Angst, der Eingriff könnte gesundheitliche Schä-

den hinterlassen. Erschwerend kam hinzu, dass die Frau die Last tragen musste, eine Straftat zu begehen.
Heute mag es für Frauen von außen betrachtet erheblich leichter geworden sein, in einen Schwangerschaftsabbruch einzuwilligen. Die inneren Prozesse haben jedoch nicht an Bedeutung verloren. Genauso wenig wie die körperlichen Schmerzen, die mit dem medizinischen Eingriff verbunden sind.
Darüber hinaus gibt es bei einer Abtreibung aber auch noch andere Fragen zu bedenken:

- Wer begleitet die Frau auf ihrem Weg?
- Kann sie sich mit ihren Gefühlen und Schmerzen dem Partner oder anderen Personen »zumuten«?
- Wird die Trauer über den Verlust ihres Kindes und ihr großes Schuldgefühl ihm gegenüber von ihr allein getragen, oder wird sie von ihrem Partner aufgefangen?

Für die Fortsetzung der Beziehung zum Vater des Kindes ist es entscheidend, ob der Mann und die Frau jene Prozesse gemeinsam durchleben. Allerdings trägt die Frau auch dann den größeren Anteil an diesem Schicksal. Das kann sich als bewusste oder unbewusste Belastung auf das Paarsystem auswirken.
In unserer Praxis erleben wir immer wieder, dass die seelischen Schmerzen zehn und mehr Jahre nach dem Schwangerschaftsabbruch erneut in der Frau wach werden. Ist die Frau älter geworden, kann es sein, dass sie ihre damals getroffene Entscheidung bereut und sie sich die Frage stellt, wie ihr Leben mit dem Kind anders verlaufen wäre. War es ihr später durch verschiedene Lebensumstände nicht mehr möglich, Kinder zu bekommen, sind die Selbstvorwürfe meistens noch stärker. Obwohl sie sich die Erfahrung, Mutter zu sein, selbst genommen hat, können Schmerzen entstehen, die sie dann in der Therapie mit Trauerarbeit und Abschiedsritualen lindern kann.
Paare können sich auch gemeinsam bei der Trauerarbeit therapeutisch begleiten lassen. Denn obwohl wir in diesem Zu-

sammenhang mehr über die Schmerzen der Frau sprachen, gibt es für die Männer ebenfalls ähnliche Fragestellungen und schmerzhafte Prozesse wegen ihrer verlorenen Kinder.

Fazit

Vollzogene Abtreibungen sollten auf alle Fälle emotional bearbeitet werden, weil sie sich sowohl auf das Paarsystem wie auch auf die Frau und den Mann persönlich auswirken.

Ressourcen

Das bewusste, emotionale Bearbeiten setzt unterdrückte Gefühle frei und befreit von Belastung.

Kosten bei unbearbeiteten Abtreibungen

- Schwächung durch belastende Schuldgefühle,
- Vertrauensverlust in der Partnerschaft, depressive Stimmung,
- Selbstanklage und Abwertung.

Gewinn bei bearbeiteten Emotionen

- Schuldgefühle anzunehmen und die Verantwortung für die Abtreibung zu übernehmen bringt den Einzelnen und die Paare wieder in ihre Kraft.
- Gemeinsam gelebte Trauer schafft Verbindung.

Anleitung zu Entwicklungsschritten

Ein Abschiedsritual beginnt mit einem Abschiedsbrief an das ungeborene Kind. Darin wird dem Kind mitgeteilt, in welcher Lebenssituation sich das Paar zur Zeit der Abtreibung befunden hat. Das verlorene Geschenk des Kindes wird wertgeschätzt, und ohne sich zu rechtfertigen, wird von der eigenen Unmöglichkeit, dieses Geschenk anzunehmen, berichtet. Mit einem Abschieds- und Trauerritual wird das ungeborene Kind losgelassen.

Fehlgeburten sind schwere Schicksale

Wenn ein Paar sich sehnsüchtig ein Kind wünscht und dann gemeinsam das schwere Schicksal einer Fehlgeburt erleidet, dann sind die damit verbundenen emotionalen Belastungen bedeutend.
Normalerweise sterben in der Generationsabfolge die Eltern vor ihren Kindern, deshalb ist es ein besonderer Schmerz für die Eltern, wenn das umgekehrt geschieht. Wenn sie auf ihre toten Kinder schauen, empfinden sie ein tiefes Bedauern, dass dieses Kind vor ihnen geht und nichts vom Leben genommen hat.
Der Tod eines werdenden Kindes hat auch Auswirkungen auf seine Geschwister. Haben diese sich auf einen Bruder oder eine Schwester gefreut, erleben nämlich auch sie einen schmerzhaften Verlust. Diese Enttäuschung und der Schmerz der Kinder darf von den Eltern nicht übersehen werden.
Das verstorbene Kind ist in der Geschwisterreihe zu berücksichtigen, weil sich – aus Sicht der Systemischen Therapie – bedeutende Unterschiede in der Rangfolge der Kinder ergeben können. Beispielsweise lebt das zweite Kind eines Paares, und es erfährt nichts von der Fehlgeburt vor ihm, so wächst es in dem Glauben auf, ein Einzelkind zu sein. Es wird besonders behütet, weil die Eltern große Angst haben, dieses Kind auch noch zu verlieren. Wird das Kind älter, versteht es die Eltern besser, wenn es von dem Verlust seines Geschwisters erfährt und mit ihm gemeinsam darüber getrauert wird.
Eine andere Problematik tut sich auf, wenn es zwischen dem Paar zu gegenseitigen Schuldzuweisungen kommt und die Frau unter den inneren Druck gerät, sie wäre mit ihrem Körper nicht in der Lage, ein Kind auszutragen.
Leider kehren Paare auch manchmal zu schnell in den Alltag zurück und unterdrücken die Trauerphase um ihr Kind und ihren Schmerz, dass der Kinderwunsch sich nicht erfüllt hat. Es

besteht dann die Möglichkeit, dass diese unausgedrückten Gefühle die Partnerschaft in eine Erstarrung treiben.
Wir möchten deshalb auf die Wichtigkeit hinweisen, diese Themen zu bearbeiten. Auch wenn es vordergründig den Anschein hat, dass seit dem tragischen Ereignis viele Jahre vergangen sind und die Zeit die Wunden geheilt hat.

Fazit

Emotional unbearbeitete Fehlgeburten können in eine große Dynamik geraten, wodurch die Gefahr besteht, dass die Beziehung in starke Konflikte gerät und sich sogar auflöst.

Ressourcen

Die gemeinsam durchlebte Trauer des Paares und in der Familie erlöst ein Stück des schweren Schicksals.

Kosten bei Nichtbearbeitung des Abschiednehmens

- Schuldgefühle und Vorwürfe können die Trauerarbeit blockieren.
- Die schicksalhafte Belastung kann sich nicht erleichtern.

Gewinn beim emotionalen Abschiednehmen

- Die große Belastung findet Erleichterung, wenn in der Familie die Verbindung durch das gemeinsame Tragen gestärkt wird.
- Nähe zwischen den Familienmitgliedern entsteht.
- Die Geschwisterreihenfolge ordnet sich.

Anleitung zu Entwicklungsschritten

Wenn das verstorbene Kind kein Abschiedsritual erhalten hat, kann dies nachgeholt werden. Das Paar oder die Familie sucht sich einen guten Platz in der Natur oder auf einem Friedhof, und sie verabschieden sich von dem Kind, ähnlich wie es auf einer Beerdigung gemacht wird.

Von sich sprechen und einander zuhören

In einer Paarbeziehung ist es wichtig, sich Zeit zu nehmen, um gemeinsame Gespräche zu führen. Es ist nützlich, dafür einen Rahmen zu finden, damit tiefe emotionale Mitteilungen möglich werden. Diese Öffnung kann sich nicht vollziehen, wenn andere Dinge im Alltagsstress im Vordergrund stehen. Es ist zu empfehlen, sich Zeit und Ruhe zu nehmen, um ungestört von Kindern, Fernseher, Telefon, Computer etc. miteinander sprechen zu können.
Der Form dieser Gespräche dient es, wenn einer der Partner von seinen persönlichen Empfindungen spricht und der andere ihm zuhört, ohne ihn zu unterbrechen. Es geht nicht darum, Diskussionen zu führen, sondern sich gegenseitig Raum zu geben, um in das eigene Innere zu schauen und von sich selbst zu sprechen. Ratschläge, Belehrungen oder Forderungen wirken sich dabei hinderlich aus.
Statt immer wieder darum zu kämpfen, den Partner zu verändern, ist die Möglichkeit dieser persönlichen Gespräche eine gemeinsame Herausforderung für Wachstum. Sich einander Zeit und Raum im Zuhören und Mitteilen zu geben ergibt für beide Partner neue und interessante Impulse. Jeder drückt seine Empfindungen aus, dadurch entsteht ein Energieaustausch. Beide treten in diesem Gespräch für sich ein, und das bringt mehr Energie und Stärkung in die gemeinsame Beziehung.
Der Austausch der eigenen Bedürfnisse ist beziehungsfördernd. Man sollte ihn unbedingt pflegen, weil er die Möglichkeit bietet, im intimen Kontakt miteinander zu bleiben. Es ist in einer Beziehung prinzipiell wichtig, die Wünsche und Bedürfnisse des anderen anzuhören, denn es dient dem tieferen gegenseitigen Kennenlernen.
Dabei ist es wichtig, das Ausgesprochene des Partners einfach so stehen lassen zu können und nichts damit zu »machen«.

Lösungen brauchen jetzt nicht unbedingt direkt angesteuert zu werden, denn die besten Lösungen kommen aus der gegenseitigen Liebe und Achtung. Gerade deshalb ist diese Form des Gesprächs mehr wert als eine Diskussion. In der Diskussion geht es eher um eine sachliche Debatte, während es hier das Ziel des Gesprächs ist, den Mut zu haben, sich emotional zu zeigen.
Die Überraschung für beide könnte darin liegen, dass sie erkennen, wie sich die Problematik zwischen ihnen nach außen hin zwar unterschiedlich darstellt, aber im inneren Gefühlsbereich gleiche Empfindungen bei beiden vorhanden sind.
Wenn ein Partner absolut nicht sprechen kann oder möchte, dann kann dies ein Spiegel der Beziehung sein. In dem Paarsystem hat sich etwas Destruktives installiert. Manche Menschen entziehen sich dem Gespräch, indem sie (physisch) den Raum verlassen, andere steigen aus dem Gespräch (psychisch) aus, indem sie schweigen, übertreiben, dramatisieren oder nicht mehr von sich selbst sprechen.
Die Kunst für das Paar ist es jetzt, wahrzunehmen, wo sie mit ihrer Kommunikation real stehen.
Stress entsteht dann, wenn ein Partner Druck erzeugt wegen etwas, was sich erst langsam beim anderen entwickeln kann. Wichtig ist es, die eigene Konstruktivität aufrechtzuerhalten, auch wenn der andere nicht mitmacht.

Zur inneren Haltung für diese Gespräche möchten wir Ihnen folgende Empfehlungen geben:

- Seien Sie ehrlich und offen in diesem Gespräch, auch wenn Ihr Partner seine Offenheit und Ehrlichkeit vermeidet.
- Verschließen Sie sich nicht, und werden Sie nicht unehrlich. Sonst geben Sie dem Partner eine Macht, die dazu führt, dass Sie durch sein Verhalten Ihre Position der Offenheit und der Ehrlichkeit verlassen und sich damit selbst verraten.
- Wenn Sie sich entschlossen haben, in allen Phasen konstruk-

tiv zu sein, die Beziehung wachsen zu lassen, lassen Sie sich nicht davon abbringen. Bleiben Sie konstruktiv. Lassen Sie die andere Art und Weise beim Partner.

- Geben Sie Ihre Opferrolle auf.
- Sie werben ... Sie motivieren ...
- Sie haben nicht das Recht, den anderen gewaltsam zu verändern!
- Sie geben die Täterrolle auf.
- Bleiben Sie in der Haltung: »Ich gebe dir Einblick in meinen Intimbereich. Ich bin ehrlich und gebe dir die Ehre, dass ich mich dir zeige!«

Fazit

Persönliche Gespräche fördern die Intimität zwischen Partnern.

Ressourcen

Die Chance dieser Gespräche besteht darin, dass trotz der möglichen Angst vor der Ehrlichkeit des Partners und der eigenen Angst vor Verletzung die Beziehung und die eigene Persönlichkeit ein großes Wachstum erfahren.

Kosten bei der Vermeidung tiefer Gespräche

- Die Beziehung bleibt oberflächlich.
- Der unbewusste destruktive Beziehungsteil kann einen oder beide Partner krank machen. Ersatzbefriedigungen werden gesucht.
- Sich nicht »verstanden zu fühlen« führt zu Frustrationen und zu Unzufriedenheit.

Gewinn bei der Aufnahme intimer Gespräche

Das vorurteilslose Erforschen des eigenen Wesens und desjenigen des Partners bedeutet eine persönliche Weiterentwicklung und es bringt:

- Toleranz,
- Mitgefühl,
- Akzeptanz,
- Wertschätzung und
- Intimität.

Anleitung zu Entwicklungsschritten
Wir empfehlen, diese Gespräche einmal in der Woche zu üben. (*Buchtipp:* Michael Lukas Moeller, *Die Wahrheit beginnt zu zweit. Das Paar im Gespräch,* Reinbek 1997.)

Das Ringen um Veränderung

Der Wunsch nach Veränderung in einer Beziehung ist legitim, weil die Partner in längeren Beziehungen verschiedene Lebensphasen durchleben. Jede Phase braucht andere Qualitäten, und die eigene Persönlichkeit will sich entwickeln. Ist der Wunsch nach intimen Gesprächen bereits erfüllt, gibt es durchaus noch andere Bereiche, in denen die Paare um Veränderung ringen können. Wünsche an die Veränderung von Gewohnheiten, Kleidung oder Verhaltensweisen tauchen auf. Die Attraktivität des Partners kann nach der Verliebtheitsphase nachlassen, und deshalb verleugnen wir manchmal, dass wir den Partner selbst gewählt haben.
Die Partnerwahl ist eine erwachsene Wahlbeziehung. Der Einzelne trägt die Verantwortung für seine oder ihre Partnerwahl auch dann, wenn er sich hat wählen lassen und er sich eher in einer passiven Rolle wähnt.
Wenn sie ihre Wahl für einen bestimmten Partner getroffen haben, freuen sich beide in der Verliebtheitsphase über die Ähnlichkeiten, die sie aneinander feststellen.
Sie begeistern sich für die Ergänzungen und ähnlichen Interes-

sen des Partners. Aber nach einiger Zeit des Zusammenlebens offenbaren sich auch die Unterschiedlichkeiten zwischen ihnen. Es kommen bestimmte Gewohnheiten des Partners ans Tageslicht, die sie nerven. Fast alle Menschen haben für diese Anteile des Partners dann auch eine scheinbare Lösung parat: Sie versuchen, die ungeliebten Verhaltensweisen des anderen durch Umerziehen zu verändern. – Dazu haben wir ein Beispiel.

Fallbeispiel

Bettina beobachtet, dass ihr Mann Heinz das Badezimmer nicht so hygienisch hinterlässt, wie sie es sich wünscht. In der ersten Zeit des Zusammenlebens nahm sie diese Angewohnheit wortlos hin und putzte hinter ihm her. Doch irgendwann wurde sie unwillig und begann damit, an ihm zu nörgeln: »Du hast schon wieder das Bad nicht sauber hinterlassen!«

Heinz wundert sich nun, denn er hat bisher gar nicht bemerkt, dass Bettina hinter ihm herputzte.

Er glaubt, sie habe einfach schlechte Laune, und ignoriert ihre Bemerkung erst einmal. Doch Bettina scheitert auch mit weiteren Versuchen, Heinz die Notwendigkeit von mehr Sauberkeit im Bad nahe zu bringen.

Das tägliche Nachputzenmüssen ärgert Bettina jedoch, und aus dem anfänglichen Nörgeln werden zunehmend schwerere Vorwürfe und Abwertungen. »Du nimmst auf meine Hygienebedürfnisse überhaupt keine Rücksicht, und du bist im Bad ein Schwein!«, empört sich Bettina beispielsweise. Doch auch damit erreicht sie bei Heinz keine Veränderung.

Kommentar

Woran scheiterte Bettina, obwohl sie doch einen ganz verständlichen Wunsch nach Hygiene äußerte? Sie hat ihren Ärger über

Heinz' Verhalten zu lange aufgestaut; und als sie ihn endlich ansprach, war es ihr nicht mehr möglich, angemessen respektvolle Worte zu finden.
Darüber hinaus kann es für ihr Scheitern an Heinz noch zwei verschiedene Hintergründe geben:

1. *Es besteht die Möglichkeit, dass Heinz aus seiner Kindheit von der Mutter oder älteren Schwester ein ständiges Bemängeln seiner Sauberkeit kennt, und er hat es deshalb frühzeitig gelernt, bei Erziehungsmaßnahmen von Frauen innerlich abzuschalten und nicht mehr hinzuhören.*
2. *Oder er war der verwöhnte Muttersohn, und er ist gekränkt, weil er sich von seiner Frau nicht so angenommen fühlt, wie er ist. Deshalb reagiert sein Inneres nach dem Motto: »Du musst mich schon so nehmen, wie ich bin.«*

Bettina möchte, dass Heinz sein Verhalten verändert, und sie kämpft inzwischen jeden Tag um ebenjene Veränderung!
Heinz wiederum kämpft an anderer Stelle genauso heftig mit Bettina um ihre Veränderung. Sie hat nämlich die Angewohnheit, die Fenster zum Dauerlüften zu öffnen, während sie die Heizung dabei auf höchster Stufe weiterlaufen lässt.
Jedes Mal, wenn Heinz die offenen Fenster bemerkt hat, hat er sie wortlos wieder geschlossen. Später, als diese Angewohnheit von Bettina für ihn immer deutlicher wurde, versuchte er, ihr die Zusammenhänge zwischen dem Lüften und dem Heizungsverbrauch zu erklären. Allerdings erreichte er sie damit genauso wenig wie sie ihn mit der Badezimmerproblematik, denn sie veränderte ihr Verhalten ebenso wenig.
Heinz wurde über Bettinas Unverständnis wütend, machte ihr Vorwürfe und wertete sie ab: »Du willst mich einfach nicht verstehen, obwohl ich es dir immer wieder vernünftig erklärt habe. Frauen sind einfach zu dumm im Kopf!«

Kommentar

Warum scheitert Heinz, obwohl auch sein Wunsch verständlich und vernünftig ist?
Heinz hat seinen Ärger ebenfalls zu lange angestaut. Obschon er Bettina eine logische Erklärung anbietet, schwingt in seinem Unterton ein Befehl mit. Bettina reagiert auf seinen Unterton. Darüber hinaus gibt es auch bei Bettina zwei Möglichkeiten, warum sie sich einer Veränderung verweigert:

- *Möglicherweise erfuhr Bettina in ihrer Kindheit wenig spielerischen Kontakt zu ihrem Vater. Wenn er mit ihr sprach, dann hauptsächlich, um sie zu belehren und zu verbessern. Deshalb lernte sie es früh, sich über Trotz gegen ihren Vater zu behaupten.*
- *Eine andere Möglichkeit ist es, dass sie zu Hause sehr verwöhnt wurde und deshalb wenig Grenzen gesetzt bekam. Sie fühlt sich persönlich gekränkt, weil ihr Bedürfnis nach frischer Luft und Wärme nicht erlaubt wird.*

Es zeigt sich, dass beide mit großer Hartnäckigkeit um die Veränderung des Partners kämpfen, aber dennoch nichts erreichen, weil die Umgangsformen miteinander und die Prägungen aus der Kindheit stärker sind.
Es stellt sich die Frage, ob Bettina oder Heinz dazu bereit sind, vom sinnlosen Kampf loszulassen und die bisher gewählten Methoden – wie aneinander nörgeln, belehren, befehlen, Vorwürfe austeilen und sich abzuwerten – einzustellen. Es wäre neu, jetzt eine Veränderung der eigenen Möglichkeiten anzustreben, um den Partner mit dem Wunsch nach Veränderung zu erreichen. Diese neuen Möglichkeiten sind die folgenden:

- *Erst sollten sie einmal die notwendige Verantwortung anerkennen, dass sie ihren Partner mit seinen Stärken und Schwächen gewählt haben.*

- *Dann ist weiterhin zu akzeptieren, dass es zwischen den beiden ein völlig unterschiedliches Verhalten gibt.*
- *Es gilt darüber hinaus anzunehmen, dass der Partner mit seinen Angewohnheiten und Marotten eine Zumutung sein kann, aber man selbst ebenfalls im gleichen Maße mit seinen Gewohnheiten eine Zumutung für den Partner ist!*

Mit dieser Akzeptanz ist eine gute Voraussetzung geschaffen, dass der Partner sich angenommen fühlt.

Menschen können sich dann am leichtesten verändern, wenn sie sich geliebt und in ihrer Person angenommen fühlen. Auf dieser neu geschaffenen Basis ist es dann möglich, einen Wunsch an den Partner zu richten. Dabei ist es wichtig, dass der Inhalt des Gesagten, der Ton und die Haltung mit dem Wunsch übereinstimmen. Der Partner hat ein feines Gespür für Unstimmigkeiten.
In diesem Sinne könnte Bettina z.B. sagen: »Heinz, ich bitte dich, nach der Benutzung der Toilette beim Spülen auch die Toilettenbürste zu benutzen und danach den Toilettendeckel zu schließen!«
Heinz könnte zu Bettina sagen: »Ich bitte dich darum, das Dauerlüften zugunsten einer anderen Möglichkeit zu verändern. Bitte öffne Fenster künftig mehrmals am Tag, aber nur kurz.«
Beide haben den Wunsch des anderen gehört und mögen sich jetzt entscheiden, wie weit sie diesem Ansinnen nachkommen wollen. Wenn sie einen Wunsch an den Partner richten, so muss ihnen bewusst sein, dass es sich auch wirklich um einen Wunsch handelt und dass darauf mit einem Ja oder einem Nein reagiert werden kann. Vielleicht braucht der Partner darüber hinaus Bedenkzeit, oder er ist bereit, nur einen Teil des Wunsches zu erfüllen. Selbst wenn es sich so verhält, können beide Partner dennoch darüber in Verhandlung bleiben.
In unserem Fall vereinbaren Heinz und Bettina einen Zeitraum von vier Wochen, in dem sie sich um eine Umstellung bemühen.

Fassen wir noch einmal zusammen: Was ist geschehen, was ist anders bei Heinz und Bettina?
Nach der eigenen Veränderung, die darin bestanden hat, eine neue Haltung zum Partner einzunehmen, und nachdem dann der Vorwurf in eine Wunschäußerung verwandelt wurde, ist es möglich, den Partner mit einem Veränderungswunsch zu erreichen.
Trotz all dieser Versuche gibt es Situationen im gemeinsamen Leben, in denen man den Partner dennoch nicht erreicht. In diesem Fall ist es hilfreich, den Partner zu fragen: »Bitte sag du mir, wie ich dich mit meinem Wunsch erreichen kann!«

Fazit

- Der Wunsch nach Veränderung ist legitim.
- Für das Ringen um Veränderung muss jeder Partner selbst Verantwortung übernehmen.

Ressourcen

Das Erkennen und Erlauben von Veränderungen bedeutet Fortschritt und ist eine Bereicherung.

Kosten bei der Verweigerung von Veränderungen

Den Menschen, die sich nicht verändern wollen, zwingt das Leben Veränderungen auf.

Gewinn bei der Bereitschaft für Veränderungen

Durch das Mitgehen mit dem Lebensfluss erreichen die Paare mehr Lebendigkeit, Kreativität, Flexibilität, und der Mut für weitere Veränderungen wächst.

Anleitung zu Entwicklungsschritten

Statt den Partner umerziehen zu wollen, sollte man lernen, Verhandlungen zu führen.

Kindliche und erwachsene Ansprüche an den Partner

Es gibt bestimmte Gewohnheiten, die ein Partner auch bei noch so viel Ringen um Veränderung beibehalten will. Manchmal wird es auch nicht sinnvoll sein, sich für den Partner so stark zu verbiegen, dass die Veränderung zu einer Eigenverletzung führt. Deshalb ist es empfehlenswert, die Ansprüche an sich selbst und an den Partner genauer zu betrachten.
Um stimmige Entscheidungen treffen zu können, ist es wichtig, zu wissen und zu beachten, dass in diesen Ansprüchen meistens eine Vermischung von kindlichen und erwachsenen Anteilen stattfindet.
Durch die ganz unterschiedlichen Lebensgeschichten sind die Ansprüche der einzelnen Menschen sehr verschieden entwickelt. Um hier Klarheit zu bekommen, ist es notwendig, sich die eigene Anspruchshaltung bewusst zu machen.

Bisher haben wir schon einiges aufgezeigt, was dazu führen soll, dass eine erfüllte Partnerschaft gelingt. Möglicherweise verzweifeln Sie an der Fülle der eigenen Arbeit an sich selbst, die dafür zu leisten ist. An dieser Stelle möchten wir Sie deshalb noch einmal auf den Titel unseres Buches verweisen: »Wir leben die Liebe in wachsenden Ringen.« Fassen Sie immer wieder Mut, und gehen Sie in Ihrem Tempo Schritt für Schritt voran.
Sie können die Informationen in diesem Buch nutzen, um zu erforschen, was Ihnen schon bekannt ist und was Ihnen bereits als Fähigkeit zur Verfügung steht.
Mit der Tabelle »Die eigene Anspruchshaltung« möchten wir Ihnen ein Raster zur Verfügung stellen, mit dessen Hilfe Sie herausfinden können, wo Sie persönlich mit Ihrer eigenen Anspruchshaltung anzusiedeln sind. Sie werden feststellen können, wie sich diese Anspruchshaltung in der Partnerschaft aus-

wirkt; und schließlich finden Sie Anregungen für die eigene Weiterentwicklung. Die Beschreibungen sind natürlich »idealtypisch«, in der Realität können die Übergänge auch fließend sein.

Aus der Tabelle wird ersichtlich, wie unterschiedlich Anspruchshaltungen sein können und warum sie sich so entwickelt und entfaltet haben. Wenn wir mit unseren Ansprüchen an den Partner im Unklaren oder verunsichert sind, so ist das nicht unsere »Schuld«, sondern das Ergebnis unserer Lebens-

Die eigene Anspruchshaltung

Wahrnehmen Ihrer eigenen Anspruchshaltung	Wie wirkt sich diese auf Partnerschaft und Beziehung aus?	Wo sind Sie in Ihrer kindlichen Entwicklung stehen geblieben, und was können Sie noch entwickeln?
Typ A kann schon mit dem Wort »Anspruch« nichts anfangen, weil ein tiefes Minderwertigkeitsgefühl vorhanden ist. Es besteht keine Vorstellung davon, dass sich Ansprüche jemals erfüllen könnten. Er lebt in großer Bescheidenheit.	**Typ A** macht sich keine Gedanken um seine erwachsenen Ansprüche an einen Partner, sondern ist dankbar, wenn er überhaupt gewählt wird. Die Scham darüber ist so groß, dass nicht nur keine Ansprüche gestellt werden, sondern er sich vieles vom Partner gefallen lässt.	**Typ A** ist in der kindlichen Angst vor Ablehnung stecken geblieben. Das hindert ihn daran, seine Ansprüche wahrzunehmen und zu äußern. Für ihn ist es wichtig, den Mut zu haben, für die seinem Wesen gemäßen Ansprüche ins Risiko zu gehen. Die Bescheidenheit muss aufgegeben werden.

Wahrnehmen Ihrer eigenen Anspruchshaltung	Wie wirkt sich diese auf Partnerschaft und Beziehung aus?	Wo sind Sie in Ihrer kindlichen Entwicklung stehen geblieben, und was können Sie noch entwickeln?
Typ B wurde sein Recht auf Ansprüche früh aberkannt oder aberzogen, darum hat er keine innere Erlaubnis, etwas für sich in Anspruch zu nehmen. Er lebt in großer Opferbereitschaft.	**Typ B** hat eine so große Anspruchslosigkeit, dass er sich dem Partner anbietet, um sich in der Beziehung aufzuopfern. Er nimmt Demütigungen und Abwertungen in Kauf.	**Typ B** ist im kindlichen Missbrauch stecken geblieben. Um zu überleben, hat er gelernt, sich aufzuopfern; und es fällt ihm schwer, später die kindliche Überlebensstrategie wieder aufzugeben. Er braucht einen therapeutischen Rahmen, um seine Traumatisierungen zu heilen.
Typ C ist voller übertriebener Ansprüche, weil er als Kind sehr verwöhnt worden ist.	**Typ C** kriegt entweder nur sehr schwer einen Partner, weil niemand seinen Ansprüchen genügen kann, oder er fordert in einer Beziehung übermäßig viel vom anderen.	**Typ C** ist in der kindlichen Grenzenlosigkeit und Anmaßung stecken geblieben, in der seine Wünsche grundsätzlich erfüllt werden müssen. Er muss lernen, seine Ansprüche auf ein gesundes Maß zu reduzieren.

Wahrnehmen Ihrer eigenen Anspruchshaltung	Wie wirkt sich diese auf Partnerschaft und Beziehung aus?	Wo sind Sie in Ihrer kindlichen Entwicklung stehen geblieben, und was können Sie noch entwickeln?
Typ D hat in seiner Kindheit kaum Ansprüche erfüllt bekommen und ist voller Nachholbedarf.	**Typ D** stellt sich vordergründig bescheiden und anpassungsfähig dar, später entpuppt sich sein unersättlicher Nachholbedarf als kaum zu befriedigen.	**Typ D** ist in seinen kindlichen Ansprüchen nach Versorgung stecken geblieben. Er muss lernen, die vordergründige Bescheidenheit und Anpassungsfähigkeit zugunsten von mehr Wahrhaftigkeit aufzugeben.
Typ E verleugnet, dass er selbst Ansprüche an den Partner hat.	**Typ E** erfüllt sich in erster Linie seine Ansprüche selbst; und weil er das gut macht, kann er sich auch ohne Partner einrichten. In einer Beziehung erfüllt er sich die eigenen Ansprüche selbst besser, als der Partner es könnte.	**Typ E** ist in der kindlichen Frustration stecken geblieben, weil die Ansprüche des Kindes weder gesehen noch erfüllt wurden. Er muss lernen, andere um Hilfe zu bitten.

geschichte. Deshalb fällt es uns auch so schwer, die kindlichen und erwachsenen Ansprüche auseinander zu halten. Kinder haben in ihren unterschiedlichen Entwicklungsphasen verschiedene Ansprüche an ihre Eltern. Es prägt sie, welche ihnen erfüllt und welche ihnen verweigert wurden. Später haben erwachsene Partner den Lebens- und Beziehungsphasen entsprechend unterschiedliche Ansprüche aneinander.

Fallbeispiel

Brunhilde hat von ihrem Mann Günther zu ihrem fünfzigsten Geburtstag als Blumengeschenk Alpenveilchen bekommen. Ihr Anspruch an ihren Mann war es, von ihm zu diesem besonderen Geburtstag fünfzig dunkelrote Rosen zu erhalten. Sie ist sehr enttäuscht von ihm. Den ganzen Tag ist sie traurig und hat immer wieder Tränen in den Augen. Günther weiß nicht, was los ist und was er falsch gemacht hat. Nachdem er mehrmals nachgefragt hat, was sie hat, beschwert sie sich bei ihm, dass er nie spürt, was sie sich wünscht. Günther versteht nicht, was Brunhilde meint.

Kommentar

Brunhilde hat ihrem Mann ihren Herzenswunsch nicht mitgeteilt. Zu ihrer romantischen Vorstellung von Liebe gehört, dass ein Mann, der sie liebt, es erahnt, was sie sich wünscht und erträumt. Diese Vorstellung, dass Günther ihre Wünsche erraten kann, könnte eine Erinnerung aus romantischen Jugendträumen sein, in denen die Liebhaber die Frauen mit roten Rosen umworben haben.
Vielleicht ist dieser Anspruch – wenn Günther sie wirklich liebt, dann müsse er wissen, was sie sich wünscht – auch ein alter Wunsch aus ihrer frühkindlichen Entwicklung, in der sich

Brunhilde noch nicht verbal äußern konnte und ihre Eltern erraten mussten, was sie sich gerade wünscht. Bei Babys, die ihre Bedürfnisse noch nicht äußern können, müssen die Eltern ja quasi hellseherische Fähigkeiten entwickeln, um herauszufinden, warum das Kind gerade schreit: Hat es Hunger? Muss es gewickelt werden? Will es auf den Arm genommen werden? Das geht so lange, bis die Eltern im Gesicht des Kindes seine Zufriedenheit erkennen.
Der Anspruch, dass Männer genauso »hellseherische« Fähigkeiten anwenden, wie Eltern es bei ihren Babys tun, ist für eine erwachsene Paarbeziehung nicht adäquat. Ebenso wie der Anspruch, dass Günther sich nach 25-jähriger Ehe noch wie ein zwanzigjähriger verliebter Liebhaber verhalten sollte. Jedoch wäre es Brunhildes erwachsenem Anspruch gemäß, wenn sie Günther ihren Wunsch, fünfzig rote Rosen zu ihrem fünfzigsten Geburtstag von ihm zu bekommen, rechtzeitig mitgeteilt hätte, auch wenn viele Frauen davon träumen, dass der Mann ihre Wünsche unausgesprochen erfüllt.

Günther hat ebenfalls Wünsche, die er nicht ausspricht. Wenn er von einer Geschäftsreise nach Hause kommt, stellt er sich, schon einige Kilometer bevor er ihren Wohnort erreicht, innerlich vor, wie Brunhilde ihn freudig an der Tür empfängt und für ihn etwas gekocht hat, was er gern isst und auf seinen Reisen vermisst hat.
Brunhilde ist auch berufstätig und hatte einen anstrengenden Arbeitstag hinter sich, deshalb konnte sie weder einkaufen noch etwas kochen. Während Günther in die Garage fährt, klingelt gerade das Telefon, und sie muss ein Gespräch führen, das dann länger dauert, als sie es will. Günther spricht seine Enttäuschung nicht aus, noch teilt er ihr mit, was er sich gewünscht hätte. Brunhilde ist ahnungslos. Allerdings spürt sie, dass etwas zwischen ihnen nicht stimmt. Sie fragt Günther mehrmals, ob er beruflich Ärger hat. Er verneint und zieht sich in den Garten zurück.

Kommentar

Auch Günther hat seiner Frau nicht mitgeteilt, wie er von ihr empfangen werden möchte, wenn er einige Tage auf Geschäftsreise war. Er fühlt sich von ihr dann geliebt, wenn sie ihn liebevoll empfängt und ihn mit einem guten Essen überrascht.
Zu Günthers Anspruch an seine Frau könnte im Hintergrund gehören, dass er es entweder aus seinem Elternhaus kennt, von der Mutter sehnsüchtig erwartet und dann mit Essen verwöhnt zu werden; oder er hat einen »kindlichen Nachholbedarf«, und seine Frau soll ihm diese kindlichen Wünsche nach guter Versorgung erfüllen.
Der erwachsene Anspruch Günthers, nach längeren Geschäftsreisen von seiner Frau liebevoll empfangen zu werden, muss ausgesprochen werden. Wie sich bei seiner Rückkehr das gemeinsame Essen gestalten soll, braucht Absprache und Planung.

Ohne dass es ihnen bewusst wird, schleicht sich die Vermischung von kindlichen und erwachsenen Ansprüchen in den Alltag ein. Zur besseren Unterscheidung sind in der Tabelle »Kindliche und erwachsene Ansprüche« noch einige Beispiele aufgeführt.

Wenn Sie in einer Paarbeziehung eine Enttäuschung darüber verspüren, dass Ihr Partner Ihren Ansprüchen nicht genügt, können Sie anhand solcher Beispiele hinterfragen, inwieweit sich Ihre kindlichen Ansprüche mit den erwachsenen Ansprüchen an den Partner vermischen. Nachdem Sie etwas über sich selbst erkannt haben, haben Sie die bessere Chance, dem Partner Ihren erwachsenen Anspruch mitzuteilen.
Leben Sie derzeit nicht in einer Partnerschaft, können Sie überprüfen, ob Ihre kindlichen Ansprüche Sie daran hindern, eine Beziehung aufzubauen, oder ob die Verdrängung Ihrer erwachsenen Ansprüche Sie in Beziehungen führt, in denen Sie immer wieder die gleichen schmerzvollen Erfahrungen erleben.

Kindliche und erwachsene Ansprüche

Kindliche Ansprüche an den Partner	Erwachsene Ansprüche an den Partner
Du musst mich nehmen, wie ich bin.	Anspruch auf Akzeptanz.
Du musst mir immer helfen, wenn ich etwas nicht kann.	Anspruch auf Unterstützung.
Du sollst mich versorgen.	Anspruch auf Selbstversorgung.
Wenn du mich nicht verwöhnst, dann liebst du mich nicht!	Anspruch auf Zuwendung.
Dein Äußeres muss meinen Träumen entsprechen.	Anspruch auf ein gepflegtes Äußeres.
Du sollst immer für mich da sein, wenn ich dich brauche.	Anspruch auf Kontakt.
Du musst verstehen, dass ich nicht so viele Gespräche brauche wie du.	Anspruch auf Auseinandersetzung.
Du musst mir alles verzeihen.	Anspruch auf Vergebung.
Dir muss alles gefallen, was mir gefällt.	Anspruch auf Toleranz.
Du und ich, wir sind immer eins.	Anspruch auf gemeinsame Interessen.
Du musst immer zu mir halten.	Anspruch auf Loyalität.
Du musst immer dann wollen, wenn ich Lust auf Sex habe.	Anspruch auf Sexualität.

Es folgt dafür ein Beispiel von einer Frau, die auf ihre kindlichen Ansprüche verzichtet und während der Partnersuche ihre erwachsenen Ansprüche kommuniziert.

Fallbeispiel

Petra ist eine gut aussehende, kluge Frau. Sie stammt aus einer kleinen Handwerkerfamilie. Ihr Vater wertete sie in ihrer Kindheit sehr ab und traute ihr wenig zu. Dennoch hat sie einen respektablen Beruf erlernt und außerdem noch ein Studium nachgeholt. Trotz alledem wirkt ihr tief sitzendes Minderwertigkeitsgefühl so nach, dass sie sich bisher nicht traute, erwachsene Ansprüche an Männer zu stellen, sondern froh war, wenn ein Mann sie angesprochen hat.

Diese Beziehungen brachten ihr immer die gleichen Schmerzen. Sie hat es gelernt, sich vordergründig anzupassen; und weil sie ihre Ansprüche ganz zurückgenommen hat, wurde sie ausgenutzt und schlecht behandelt. Wenn sie nach einem entsprechenden Zeitraum jedoch die Forderung nach einer verbindlichen Partnerschaft gestellt hat, dann haben sie ihre bisherigen Partner verlassen. Durch die Verleugnung ihrer erwachsenen Ansprüche und das angepasste kindliche Verhalten sandte Petra immer die gleichen Signale an Männer und wiederholte ihre Erfahrungen ständig.

Nachdem sie eine Seminarreihe bei uns besucht hatte und ihr das eigene Verhalten und ihre dazugehörigen Signale bewusst geworden waren, hat sie ihre Bescheidenheit aufgegeben. Jetzt stellt sie bereits beim Kennenlernen ihre erwachsenen Ansprüche: Sie fragt den Mann nach seiner Lebensgeschichte, wo er arbeitet und wie er sich die Zukunft vorstellt. Sie erforscht seine finanzielle Lage und überprüft, ob er zu seinem Wort steht. Sie erfragt, wie oft er schon in Beziehungen gelebt hat, ob er Kinder hat und, weil sie einen Kinderwunsch hat, ob er auch gemeinsame Kinder will.

Kommentar

Auf diesem Weg hat Petra die besten Chancen, den Mann zu finden, der ihren erwachsenen Ansprüchen entspricht. In der Phase des gegenseitigen Kennenlernens ist es wichtig, dass jeder Partner innerlich Bilanz zieht: Wie viel meiner erwachsenen Ansprüche erfüllt mir dieser Partner oder diese Partnerin?

- *Wenn der Partner zirka 30 Prozent meiner erwachsenen Ansprüche erfüllt, dann muss ich mich selbst überprüfen, ob ich meine Ansprüche loslassen will, um mit diesem Partner glücklich zu werden.*
- *Wenn der Partner mir 50 Prozent meiner erwachsenen Ansprüche erfüllt, dann habe ich mit viel Toleranz die Möglichkeit, in dieser Beziehung leben zu können.*
- *Wenn der Partner mir 70 Prozent meiner erwachsenen Ansprüche erfüllt, habe ich eine große Möglichkeit, zu einer zufrieden stellenden Partnerschaft zu kommen.*

Allerdings ist die Erwartung, dass mir ein Partner 100 Prozent meiner erwachsenen Ansprüche erfüllt, ein Rückfall in kindliche Ansprüche, weil es jene 100 Prozent zwischen erwachsenen Partnern nicht geben kann.

Auch für alle Paare, die schon länger in einer Beziehung leben, wird diese ehrliche Überprüfung wichtig, um Klarheit in folgenden Fragen zu erreichen:

- Wie viel Prozent meiner erwachsenen Ansprüche werden mir in meiner Beziehung erfüllt?
- Auf welche erwachsenen Ansprüche könnte ich verzichten, um mehr Zufriedenheit in dieser Beziehung zu erreichen?
- Auf welche erwachsenen Ansprüche will ich auf gar keinen Fall verzichten?

Wenn diese Klarheit erreicht wurde, eröffnen sich zwei Möglichkeiten:

1. Ich bitte meinen Partner in respektvoller Weise um Veränderung und steige damit auch selbst in den Prozess des Ringens um Veränderung ein.
2. Oder ich ziehe die Konsequenzen und trenne mich von diesem Partner.

Wurde respekt- und liebevoll um Veränderung mit sich selbst und dem Partner gerungen und ist es dennoch nicht geglückt, in der jetzigen Beziehung die erwachsenen Ansprüche erfüllt zu bekommen, dann wird es besser sein, die Beziehung zu beenden. In diesem Fall gilt, ehrlich zu sich zu stehen, statt faule Kompromisse zu schließen, die einen hohen Preis kosten.

Fazit

- Es ist wichtig, die Ansprüche zu erkennen und zu ihnen zu stehen,
- eigene Entscheidungen zu treffen,
- sich unter Umständen einzugestehen, dass der Mut fehlt, die Konsequenzen zu tragen.

Ressourcen

Die Möglichkeit, den eigenen Ansprüchen gerecht zu werden.

Kosten bei Unbewusstheit

- Dauerunzufriedenheit,
- Kraftlosigkeit,
- das Gefühl, Opfer zu sein,
- Selbstvorwürfe und
- Selbstabwertung.

Gewinn bei bewusstem Umgang
- Zufriedenheit,
- Kraft und Stärke,
- Selbstwertgefühl,
- Verantwortung,
- Selbstständigkeit,
- Selbstvertrauen.

Anleitung zu Entwicklungsschritten
- Sich Zeit nehmen für Selbsterforschung oder dazu therapeutische Hilfe in Anspruch nehmen,
- die Gelassenheit haben, auf bestimmte erwachsene Ansprüche verzichten zu können,
- den Mut haben, die Konsequenzen zu tragen, und die Weisheit, das eine (die kindlichen Ansprüche) vom anderen (den erwachsenen Ansprüchen) unterscheiden zu können.

Attraktiver/bedürftiger Partner

Durch das Erkennen der erwachsenen Ansprüche wächst das eigene Bewusstsein, und mehr Zufriedenheit stellt sich ein. Der nächste Schritt ins Beziehungsglück besteht darin, die eigene Partnerwahl näher zu untersuchen. Im Laufe unseres Lebens wählen wir uns einen Partner nach dem Kriterium der Attraktivität oder nach dem Kriterium der Bedürftigkeit.
Wir möchten mit Ihnen diese beiden Wahlmöglichkeiten nacheinander erforschen.
Normalerweise versteht man unter der Attraktivität eines Partners das äußere Erscheinungsbild. Wir wollen diese Definition noch etwas erweitern. Ein Partner kann auf verschiedene Weise attraktiv sein, z. B.:

- durch gutes Aussehen und eine gute Figur,
- durch Bildung, Intelligenz oder Titel,
- durch seinen gesellschaftlichen Status,
- durch sein Vermögen.

Einer oder mehrere bzw. ähnliche Gesichtspunkte lassen einen anderen Menschen in unseren Augen attraktiv sein. Was steht meistens hinter dem Anspruch, einen attraktiven Partner zu wählen? Bei dieser Wahl könnte es sich um Anteile handeln, die einem selbst noch nicht zur Verfügung stehen und deshalb beim Partner gesucht werden. In dem Fall wertet der Partner die eigene Position auf. Eine andere Möglichkeit besteht darin, dass in dieser Wahl die Sehnsucht nach Entfaltung der eigenen unterentwickelten Anteile versteckt ist.
Der Gewinn in der Wahl eines attraktiven Partners liegt in der äußeren Aufwertung, die persönlich, gesellschaftlich oder familiär zur Geltung kommt.
Auf der anderen Seite bekommt der attraktive Partner, den er oder sie bewundert, einen Sonderstatus. Der Partner wird damit erhoben, und durch das Anhimmeln der attraktiven Anteile fällt die Gleichwertigkeit der Partnerschaft aus der Balance. Außerdem kostet es die Partner Nähe, denn Bewunderung erzeugt Distanz. Um dennoch Nähe zu erreichen, beginnt der weniger attraktive Partner, dem anderen zu dienen.
Die Gefahr dieses Modells liegt in der Erstarrung einer Haltung des Dienens und Bewunderns, was in der Beziehung auf Dauer zur Belastung wird. Um diese Belastung aufzuweichen, wird der weniger attraktive Partner die Schwächen des anderen suchen und diese aufdecken wollen. Die ständigen Beschwerden über die Schwächen des erst so attraktiven Partners erschweren und belasten die Beziehung dann zusätzlich.
Das Paar kommt aus dieser Sackgasse nur heraus, wenn die Beschwerden losgelassen werden und jeder Partner in die eigene Verantwortung geht. Das bedeutet: Der weniger attraktive Partner entwickelt seine eigene Attraktivität, sei es durch ei-

nen Beruf, erweitere Kompetenz, gepflegtes Äußeres oder Ähnliches. Und der attraktive Partner entdeckt seine versteckten Schwächen und entwickelt seine eigene Attraktivität weiter. Wir möchten das wieder an einem Beispiel verdeutlichen.

Fallbeispiel

Jakob und Eva lernen sich auf der Hochzeit von Evas Freundin kennen. Eva ist eine attraktive Frau, die Jakob gleich auffällt. Weil ihn ihre Schönheit so anzieht, beginnt der sonst etwas behäbige Jakob, um sie zu werben. Dafür musste er sich ein bisschen Mut antrinken, aber er entwickelt dadurch einen gewissen Charme, der ihm sonst eher abgeht.
Eva ist zwar äußerlich schön und anziehend, aber innerlich eher schüchtern, und sie empfindet sich als minderwertig. Sie fühlt sich geschmeichelt und reagiert deshalb positiv auf das Werben des eher unscheinbaren Jakob. Als dieser sie später ganz für sich gewinnen kann, ist er stolz und genießt die Bewunderung, die er wegen seiner schönen Frau bekommt. Allerdings muss er sich immer wieder sehr um Eva bemühen. Eva hat lange Zeit ambivalente Gefühle für Jakob, gleichzeitig fühlt sie sich von seinem konstanten Bemühen geschmeichelt und aufgewertet.
Sie wird schnell schwanger, und die beiden heiraten. Die Sorge um den »Nestbau« lenkt Eva erst einmal von der Ambivalenz Jakob gegenüber ab. Jakobs Verantwortung für seine Familie nimmt zu. Er wagt deshalb einen Karriereschritt, den er sich vor der Heirat nicht zugetraut hat. Nachdem er die damit verbundene Gehaltserhöhung erreicht hat, glaubt er, für Eva gut genug zu sein. Durch seinen beruflichen Erfolg fühlt er sich ihr gleichwertig.
Jakob begehrt seine schöne Frau sexuell sehr. Er wird aber immer häufiger von ihr abgewiesen. Zu Beginn ihrer Beziehung war Eva noch fasziniert von Jakobs Werben um sie, und dadurch konnte sie sich für die Sexualität öffnen. Da sich Jakob

mittlerweile Eva gegenüber gleichwertig fühlt, fordert er die Sexualität nun ein, ohne lange um sie zu werben.
Weil er immer häufiger abgewiesen wird, sucht Jakob nach den Schwächen Evas und hält ihr diese permanent vor. Sie wiederum ist gekränkt, weil sie von dem Podest, auf dem sie aufgrund der Bewunderung stand, grob heruntergerissen wurde. Jakob ist enttäuscht, weil sich Evas sexuelle Attraktivität für ihn als Täuschung herausstellt. Jakob glaubt, durch seine neu gewonnene berufliche Position das Ungleichgewicht zu Eva ausbalanciert zu haben. Aber Eva bemängelt seine innere Behäbigkeit und seine Phantasielosigkeit. Weil ihr jedoch durch ihre eigene innere Unsicherheit der Mut fehlt, diese Punkte bei Jakob anzusprechen, geht sie in eine Verweigerungshaltung und schließlich in eine Krankheit.

Kommentar

Manchmal wünschen sich Menschen einen attraktiven Partner, aber sie haben Angst vor Ablehnung, oder sie sind schon einmal von einem attraktiven Partner verlassen worden. Um mehr Sicherheit in einer Beziehung zu erreichen, wenden sie sich einem bedürftigen Partner zu.

Ein bedürftiger Partner ist ein Mensch, auf den eines, mehrere oder ähnliche der folgenden Kriterien zutreffen:

- jemand, der wenig Geld verdient oder zur Verfügung hat,
- der arbeitslos ist oder keine Berufsausbildung hat,
- der schwere Schicksalsschläge erlitten hat,
- der mit sehr widrigen Umständen in seinem Leben zu kämpfen hat,
- der Kinder allein zu versorgen hat,
- der krank oder psychisch belastet ist,
- der physisch behindert ist,

- der eine kriminelle oder Suchtvergangenheit hat,
- der Schwierigkeiten durch eine andere Muttersprache oder Kultur hat.

Was sind weitere unbewusste Motive, einen bedürftigen Partner zu wählen?
Eine Verbindung mit einem bedürftigen Partner »lohnt sich«, weil damit soziale Kompetenz nach außen gezeigt werden kann. Der eigene Selbstwert wird gesteigert, weil man sich als »guter Mensch« fühlt und von seinem Umfeld auch als solcher wahrgenommen wird, als einer, der sich für andere einsetzt und der soziale Werte hat. Es besteht allerdings die Möglichkeit, dass sich darunter ein tiefes Minderwertigkeitsgefühl verbirgt und außerdem der Glaube, einen attraktiven, stabilen Partner könnte man nicht bekommen oder dieser würde nicht in einer gemeinsamen Beziehung bleiben. Stattdessen nimmt man mit einem bedürftigen Partner eine hohe Arbeitsleistung oder eine starke psychische Belastung in Kauf, denn der Bedürftige muss ständig unterstützt werden. Das kostet viel Geld, Kraft oder sogar beides.
Wieder haben wir ein Beispiel.

Fallbeispiel

Markus ist Heilpädagoge in einer Behinderteneinrichtung. Seine sehr attraktive Ehefrau hat ihn nach fünf Ehejahren verlassen. Den gemeinsamen Sohn ließ sie bei Markus, weil sie künftig im Ausland leben würde. Seitdem zieht Markus seinen Sohn allein auf.
Bei einem Sonntagsausflug ins nahe Schwimmbad lernt er Ruth kennen, die als allein erziehende Mutter ihren Sonntag ebenfalls dort verbringt. Ruth ist arbeitslos. Der Vater ihres Kindes bezahlt keinen Unterhalt, und sie fühlt sich emotional von ihrem Schicksal überfordert. Markus weiß um seine Hel-

ferqualitäten und kümmert sich um die beiden. Ruth fühlt sich von Markus verstanden und getröstet und nimmt deshalb seine Unterstützung gern an.
Schon bald bittet sie ihn um Hilfe, wenn sie mit den Behörden oder mit der Erziehung ihres Kindes nicht zurechtkommt. Markus kennt immer einen Weg. Er nimmt Ruth sogar mit in die soziale Einrichtung, in der er arbeitet, und zeigt ihr seinen Verantwortungsbereich. Ruth ist voller Bewunderung für sein soziales Engagement und seine Intelligenz und Bildung. Sein eher unscheinbares Äußeres spielt für sie keine Rolle. Markus fühlt sich mit Ruth sicher, weil er spürt, dass sie ihn nicht verlassen wird, denn sie macht sich von seiner Unterstützung sehr schnell abhängig. Ruth zieht bald mit ihrem Kind in seine Wohnung ein, und beide heiraten. Markus sorgt finanziell und emotional für sie und ihr Kind.
Ruth hat durch die Geburt ihres Kindes ihre berufliche Ausbildung als Schneiderin unterbrochen und möchte diesen Beruf auch nicht wieder aufnehmen. Da sie zu Hause mit den Kindern oft unzufrieden ist, rät Markus ihr, eine andere Ausbildung zu machen, die ihr Freude und berufliche Anerkennung bringen soll. Ruth ist lange Zeit unschlüssig, was ihr wirklich Spaß machen würde. Endlich finanziert ihr Markus eine Ausbildung zur Kosmetikerin. Während der Ausbildung passt er auf beide Kinder auf und versorgt auch den Haushalt. Allerdings findet Ruth nach Beendigung der Ausbildung keine Stellung, und sie wagt es auch nicht, sich im kleinen Rahmen selbstständig zu machen.
Markus wird die Bedürftigkeit seiner Frau inzwischen zur Belastung. Er hatte sich von ihrer neuen Berufstätigkeit eigentlich eine finanzielle Entlastung erhofft.

Kommentar

Paradoxerweise bleibt Ruth in ihrer Bedürftigkeit, und zwar um die Beziehung in der einmal gewählten Form aufrechtzuerhal-

ten, obwohl es sie ihre persönliche Weiterentwicklung kostet. Markus stöhnt über die Belastungen, aber er bleibt in der Beziehung, weil sein Gewinn als »edler Ritter« immer noch größer ist als die Belastung. In der erstarrten Beziehung »schützen« sich beide vor einer Weiterentwicklung.
Markus müsste an seinem Selbstwert arbeiten und den Mut besitzen, nicht nur über das Helfen einen Kontakt zu seiner Frau zu bekommen. Für ihn ist es wichtig, ihr seine eigenen Bedürfnisse nach Entlastung kundzutun. Er müsste es lernen, sich selbst etwas zu gönnen, statt immerzu andere zu unterstützen. Ruth müsste mehr an ihre eigenen Talente glauben und Verantwortung für ihren finanziellen Beitrag zur Familie übernehmen.

Fazit

Meistens findet die Wahl entweder eines attraktiven oder eines bedürftigen Partners unbewusst statt. Deshalb ist es interessant, zu reflektieren, sich eventuell zu korrigieren und zu entwickeln.

Ressourcen

- Die Selbsterkenntnis durch die Spiegelung des Partners.
- Die eigene Attraktivität kann erhöht werden.

Kosten bei Selbstverleugnung der Partnerwahl

- Man bleibt im kindlichen Bedürftigsein stecken.
- Die Opfermentalität wird gepflegt.
- Schwäche stellt sich ein.

Gewinn bei der Verantwortung für die Partnerwahl

- Die Verantwortung für die Selbstförderung kann übernommen werden.
- Die eigene Attraktivität steigert sich.
- Das Selbstbewusstsein steigt.

Anleitung zu Entwicklungsschritten
- Loslassen von der Auffassung, dass meine Partnerschaft eine schicksalhafte Verbindung ist,
- die Verantwortung für die Partnerwahl übernehmen.

Die Sexualität in der Partnerschaft

Der Partner, der für die gemeinsame Beziehung gewählt wurde, bringt seine eigene sexuelle Entwicklungsgeschichte mit, die in seiner Herkunftsfamilie entstanden ist. Damit treffen zwei unterschiedliche sexuelle Entwicklungen aufeinander. Es gibt Familien, in denen die Sexualität tabu ist, und andere, die sehr offen und freizügig Sexualität leben.

Je extremer und unterschiedlicher die Einstellungen zur Sexualität in den Familien des Paares waren, desto schwieriger wird sich auf Dauer die Sexualität in der Beziehung gestalten.

Beispielsweise wird in der einen Familie kaum Sexualität gelebt, aber es bestehen viele Tabus. Das äußert sich möglicherweise darin, dass alles, was mit der Sexualität zusammenhängt, nicht benannt werden darf. Die körperliche Entwicklung des Kindes wird nicht wahrgenommen, die Pubertierenden werden beschämt, Kontakte zum anderen Geschlecht unterbunden, oder die Aufklärung im Elternhaus findet nicht statt. Selbstbefriedigung wird verboten, bestraft, und die Sexualität wird als schmutzig und ekelhaft abgewertet, manchmal geht das sogar bis zur Verteufelung.

Kinder aus solchen Familien entwickeln im Extremfall entweder ein vollkommenes Gegenprogramm, d.h., sie werden viel Sexualität mit wenigen Tabus leben wollen; oder sie verhalten sich angepasst und verdrängen ihre eigenen sexuellen Bedürfnisse (Zeichnung 1).

In anderen Familien wird die Sexualität offen, z.B. auch in

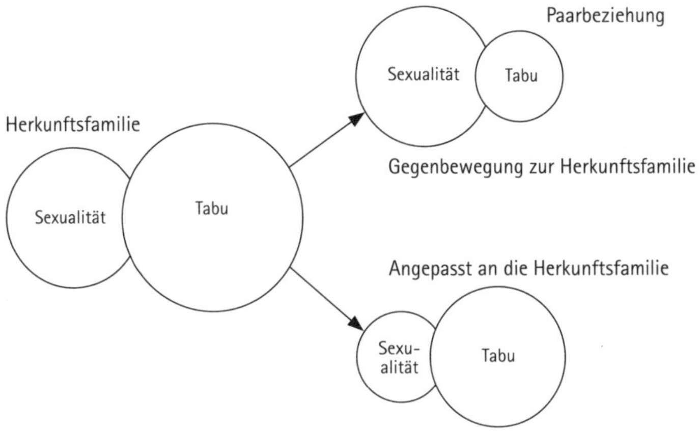

Zeichnung 1

sexistischen Witzen und Bemerkungen, gelebt. Es gibt für die einzelnen Mitglieder kaum eine Intimsphäre, sondern eher eine Grenzenlosigkeit. Manchmal wird die Sexualität in Gegenwart des Kindes ausgelebt.

Wieder können Kinder aus solchen Familien entweder ein Gegenprogramm entwickeln, d. h., sie unterdrücken ihre sexuellen Bedürfnisse und werden sehr moralisch; oder sie übernehmen das Modell ihrer Eltern und geben einer starken, triebhaften Sexualität viel Gewicht (Zeichnung 2).

Als erwachsene Menschen streben wir nach Ausgleich, auch wenn uns das nicht bewusst ist. Genauso strebt das Paar nach Ausgleich und Balance. Deshalb wird als Partner manchmal ein Mensch gesucht, der das eigene sexuelle Gegenmodell verkörpert. Dadurch wird durch die Anziehung des anderen eine äußere Balance hergestellt, jedoch nicht in uns selbst (Zeichnung 3).

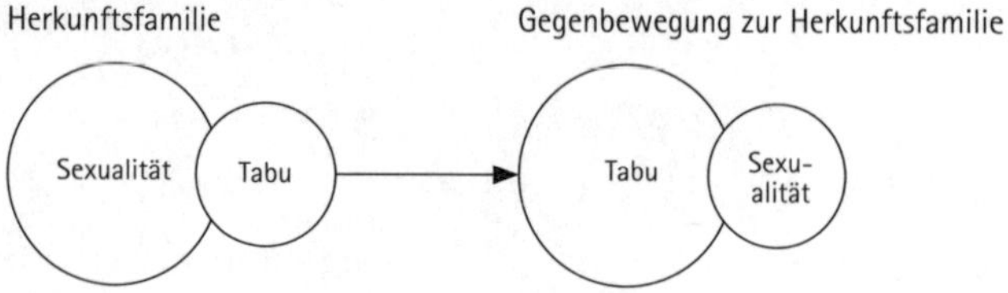

Zeichnung 2

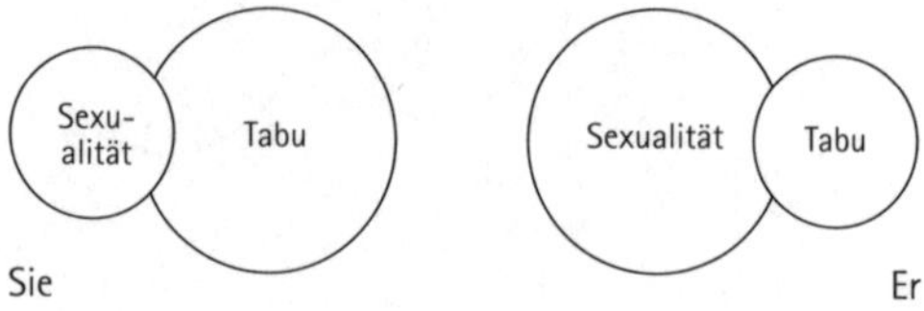

Zeichnung 3

Werfen wir einen Blick auf die Anteile der verschiedenen Formen wie Tabus und Triebhaftigkeit, in denen Sexualität gelebt wird, dann stellen wir etwas Erstaunliches fest. In der Herkunftsfamilie kann das Tabu eher in der übertriebenen Form als negative Entwicklung gelebt worden sein. Dennoch finden wir im Tabu auch wertvolle Anteile wie Vorsicht, Feinheit, Schutz, Sinnlichkeit und Einfühlungsvermögen, wenn es in dem stimmigen Maß gelebt wird. In der Triebhaftigkeit stecken ebenfalls wertvolle Anteile wie natürliche sexuelle Kraft, Kreativität und lustvolle, leidenschaftliche Erotik. Auch hier geht es um das stimmige Maß. Wenn die einzelne Persönlichkeit noch nicht alle Anteile wie Vorsicht, Feinheit, Schutz, Sinnlichkeit, Einfühlungsvermögen sowie die natürliche sexuelle Kraft, die Kreativität und die leidenschaftliche Erotik in sich integriert hat, dann zieht sie einen Partner an, der das

Gegenprogramm verkörpert; d. h., der eine Partner drückt in seiner Sexualität mehr das »Nein«, sprich Tabu, aus, während der andere sich mehr mit dem »Ja« für die Sexualität einsetzt (Zeichnung 4).

Zeichnung 4

Nach der Anziehung, die das Paar als Faszination in der Verliebtheitsphase erlebt hat, treten jedoch wegen der Unterschiedlichkeit aus der Herkunftsfamilie Spannungen in der Paarbeziehung auf. Die Gegensätze, die sich vorher angezogen haben, bekämpfen sich jetzt. Ohne sich dessen bewusst zu sein, wird dem Partner die eigene sexuelle Entwicklung aus der Herkunftsfamilie als die bessere aufgedrängt. Das führt zu dauerhaften Machtkämpfen, sexuellen Verweigerungen und Frustrationen. Als Folge dieser Auseinandersetzungen findet kaum noch Sexualität statt (Zeichnung 5).

Wenn sich zwei Menschen gegenseitig anziehen, die beide starke, triebhafte Kräfte in ihrer Sexualität entwickelt haben, dann kommt es meistens zu einem sehr leidenschaftlichen Beziehungsmodell. Dabei wird weniger Wert auf die soziale Bindung gelegt, sondern es findet eine Überbetonung der Erotik statt. Die sexuelle Leidenschaft wird von beiden als größter Wert in der Beziehung angesehen. Für andere Werte wie Verbindlich-

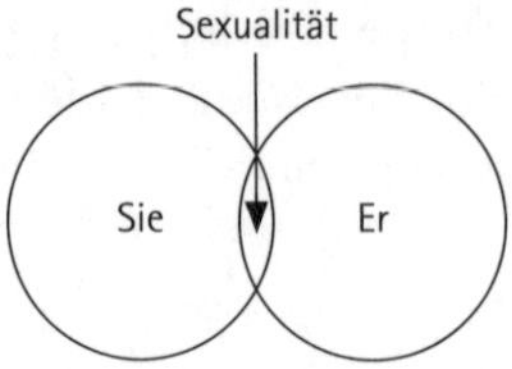

Paarleben mit wenig Sexualität

Zeichnung 5

keit, Sicherheit, Selbstständigkeit oder Achtung besteht wenig Bewusstsein. Diese werden eher unterbewertet oder gar missachtet.

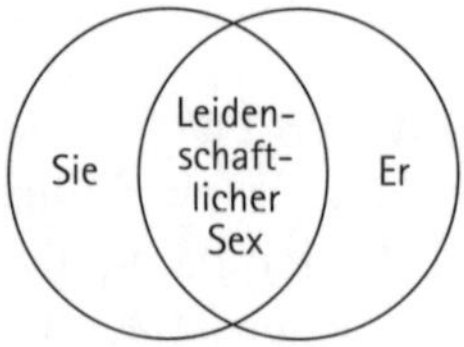

Paarleben mit Überbetonung der Sexualität

Zeichnung 6

Bisher haben wir die Modelle betrachtet, in denen die Partner sich für das Gegenprogramm oder die gleiche sexuelle Schwingung zur Verfügung stellen.
Es besteht aber auch die Möglichkeit, dass sich in einer Person gleichzeitig das Ja und Nein zur Sexualität manifestiert. Das geschieht auf eine interessante Weise. Ein Kind hat in der Herkunftsfamilie z. B. viele Tabus erlebt, es nimmt die unterdrückte

sexuelle Energie seiner Eltern dennoch wahr, und das bewirkt in seinen Körperzellen eine hohe sexuelle Aufladung. Diese starke Schwingung möchte sich entspannen und zur Entladung kommen. Deshalb sucht das Kind, später ebenso als Erwachsener, nach Ausdrucksmöglichkeiten, welcher Art auch immer. Manche derart geprägte Kinder werden besonders frühreif oder leben dann als Erwachsene ein starkes Gegenprogramm. Allerdings wurden in der Familie durch das gelebte Tabu viele negative Botschaften vermittelt. Diese wurden im Kopf ähnlich wie in einem Computer gespeichert, und es entsteht ein innerer Kampf zwischen übersteigerter Sexualität und Verbot. – Im Alltag kann das dann so aussehen:

- Die Sexualität wird extrem ausgelebt, der Mensch straft sich aber mit Krankheitssymptomen.
- Oder es findet kaum eine sexuelle Praxis statt, doch es gibt extreme sexuelle Phantasien.
- Oder man empfindet große Lust und wählt einen Partner, der sich der Sexualität verschließt.

In all diesen Fällen findet sich die Ambivalenz zwischen dem Ja und dem Nein zur Sexualität wieder.

In dem Zusammenhang möchten wir auch das Thema »Missbrauch« kurz aus einem interessanten Blickwinkel beleuchten. Frauen, die als Kinder missbraucht worden sind, haben in der Regel eine körperliche Überreizung erlebt, die ihre Körperzellen auch mit einer starken sexuellen Energie aufgeladen hat. Trotz der Aufladung, die natürlicherweise nach Entladung strebt, findet bei der erwachsenen Frau dann eine totale innerliche Abwehr statt. Dadurch können sich Frauen in einer tiefen Verwirrung befinden. Einerseits senden ihre Zellen, für sie unbewusst, Signale aus, und gleichzeitig spüren sie ihre Abwehr. Diese Verwirrung wirkt sich auf die Partnerschaft und die sexuelle Gemeinsamkeit störend aus. Es ist wichtig, dass

Frauen ihren Missbrauch nicht nur im Bewusstsein, sondern auch mithilfe z.B. einer Körpertherapie heilen.

Wie auch immer die individuelle Problematik angesiedelt ist, wenn sowohl Tabu als auch Triebhaftigkeit innerlich bei jedem Einzelnen ausgeglichen integriert sind, dann erst hat das Paar eine gute Voraussetzung, in sexueller Zufriedenheit miteinander zu leben.
Aus der Sexualtherapie ist bekannt, dass 10 Prozent der eigenen sexuellen Möglichkeiten mit dem Partner ausgelebt werden können. Meistens bleiben 90 Prozent ungelebt in den Phantasien der Sexualität. Wenn in dem Beziehungsleben 10 Prozent Sexualität gelebt werden, hat das Paar eine gute Basis miteinander. Weniger als 10 Prozent gelebte Sexualität, wie auch ein höherer Prozentsatz, wirken sich eher als Erschwernis in der dauerhaften Partnerschaft aus (Zeichnung 7).

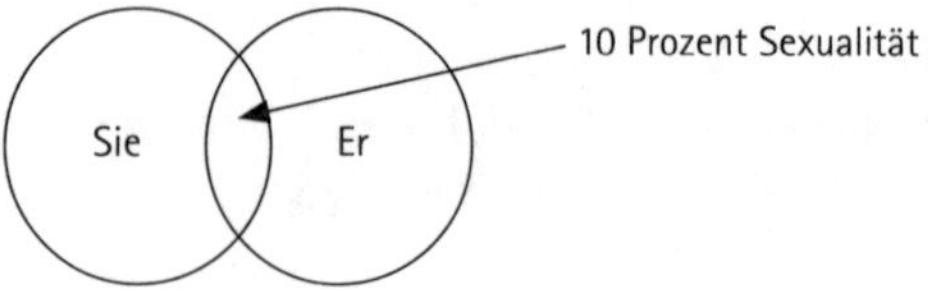

Zeichnung 7

Fallbeispiel

Dirk stammt aus einer evangelischen Pfarrersfamilie. Die Familie hat in einer kleinen, sehr dörflichen Gemeinde gelebt. Auch Dirks Mutter nahm in der Gemeinde eine wichtige Position ein, indem sie sich sehr für die Bedürftigen einsetzte.
Über Sexualität wurde in der Familie nicht gesprochen, das

Thema war tabu. Dirk hat seine Eltern niemals nackt gesehen, noch kam er in seiner kindlichen Entwicklung in Berührung mit gleichaltrigen Kindern. Ein Austausch von kindlichen oder pubertären sexuellen Reizen, z. B. durch harmlose Doktorspiele, fand nicht statt.
Dirk hat es gelernt, Mädchen nur aus der Ferne zu betrachten. Als junger Mann war er eher schüchtern und tat sich schwer, eine junge Frau anzusprechen.
Als er Ende zwanzig ist und noch keine feste Beziehung hat, entschließt er sich, eine Kontaktanzeige aufzugeben. Dabei lernt er Sonja kennen. Sonja ist, ähnlich wie Dirk, im Elternhaus streng erzogen worden. Sie hat bisher kaum sexuelle Erfahrungen gesammelt. Von Anfang an erleben sie ein starkes Mitgefühl füreinander, und dieses Verstandenwerden wirkt sehr anziehend auf beide. Sie fühlen sich bald für eine Ehe miteinander geschaffen.
Das schüchterne, vorsichtige Annähern an eine gemeinsame Sexualität bestärkt sie füreinander und trägt das Paar eine Weile. Sonja ist zufrieden mit dieser vorsichtigen Form der Sexualität, weil dabei ihre Schüchternheit und Unerfahrenheit nicht zum Vorschein kommt. Dirk entwickelt dabei allerdings immer mehr Neugierde und den Wunsch, seine Sexualität freier zu leben. Seine diesbezüglichen vorsichtigen Impulse werden von Sonja aber abgelehnt, und diese Ablehnung erzeugt bei beiden Partnern eine Spannung, die jedoch nicht ausgesprochen wird. Beide haben Angst, den anderen durch das, was sie aussprechen möchten, zu verletzen oder sogar zu verlieren. Sie fühlen sich nicht mehr wohl.

Während einer Geschäftsreise nimmt Dirk die Gelegenheit wahr, seine sexuellen Spannungen bei einer Prostituierten abzureagieren. Er glaubt fest an ein einmaliges Erlebnis und verschweigt es Sonja. Stattdessen wird sein sexuelles Begehren immer stärker. Er geht in seinem Verlangen vermehrt auf Sonja zu, die sich aber desto stärker gegenüber seiner Sexualität verschließt.

Dirk kommt in Not und beginnt, regelmäßig heimlich in Bordelle zu gehen, um seine sexuellen Bedürfnisse zu befriedigen. Dafür plagt ihn ein großes, aber verstecktes Schuldgefühl, das er nur sehr ungern wahrhaben möchte. Er will sich von seiner Schuld entlasten, indem er anfangs innerlich und später auch direkt Sonja Vorwürfe macht und damit ihr die Schuld gibt.
Nachdem sich Sonja von Dirk massiv unter Druck gesetzt fühlt, beginnt sie eine Therapie. Dort kommen ihre Beziehungsschwierigkeiten zur Sprache. Dirk wird gebeten, an der Therapie teilzunehmen; und nachdem Dirk in einer Einzelsitzung dem Therapeuten gesteht, dass er öfter heimlich Bordelle besucht, drängt der Therapeut auf die Offenlegung des Geheimnisses. In einer Sitzung zu dritt offenbart sich Dirk seiner Frau.
Sonja reagiert entsetzt. Sie ist von Dirk total enttäuscht, weil sie sich dieser Beziehung und der innigen Verbindung so sicher war.

In dieser unsicheren Zeit findet sie an dem Therapeuten Halt, und es gelingt ihnen gemeinsam in der Therapie, die sexuelle Entwicklungsgeschichte und die Dynamik in ihren Herkunftssystemen zu bearbeiten.
Dabei wird deutlich, dass Dirk und Sonja beide aus Familien stammen, in denen die sexuellen Energien unterdrückt wurden. Gerade weil die sexuelle Energie der Eltern nicht ausgelebt, sondern in den Untergrund verdammt worden ist, werden diese Kräfte im Untergrund stärker und suchen sich ein Ventil. Als Ventil stellen sich die Kinder Dirk bzw. Sonja zur Verfügung. Die Kinder nehmen die Schwingung auf und können sie auch früher oder später im Becken fühlen, gleichzeitig haben sie aber ebenso das Verbot ihrer Eltern im Kopf. Aus dieser Zwickmühle kann die Neigung entstehen, sexuelle Lust heimlich auszuleben.
Im Laufe der therapeutischen Arbeit lernt Dirk, Sonja ehrlich seine Gefühle mitzuteilen. Sonja lernt zu verstehen, dass Dirks Besuche im Bordell als Wiederholung seiner Kindergeschichte

entstanden sind. Sie sieht allmählich, dass Dirk sie durch sein starkes sexuelles Begehren auf ihre eigene, unterdrückte Sexualität hinweist.
Immer mehr können sie über ihre unterschiedlichen sexuellen Gefühle sprechen. Alte Verletzungen werden emotional ausgetragen, und beide können sich selbst und einander verzeihen.
Die neue Sexualität, die zwischen ihnen entsteht, ist kreativer und intimer. Nach ihrer schmerzhaften Erfahrung ist das ein echter Gewinn für beide.

Kommentar

Unsere Erfahrung ist sehr eindeutig. Wenn Paare sich die Chance geben, ihre persönlichen Geschichten in dieser Tiefe zu bearbeiten, dann erleben sie eine Heilung der alten aufgeladenen sexuellen Schwingung und kommen in sich und miteinander in eine gesunde Balance.
Können sich Paare diese Chance nicht geben, weil entweder einer die Bearbeitung verweigert oder jemand eine schnelle Lösung herbeiführen will, dann zerbricht die Beziehung früher oder später.

Fazit

Die eigene sexuelle Geschichte ist zu entdecken.

Ressourcen

Die Fähigkeit, die Sexualität so zu verwandeln, dass sie in die momentane Lebensphase integriert werden kann.

Kosten bei Nichtbetrachtung der sexuellen Lebensgeschichte

- Verdrängung der eigenen Entwicklungsmöglichkeiten.
- Verschiedene Formen der Sexualität können nicht mehr frei gewählt werden.

Gewinn bei Betrachtung der sexuellen Lebensgeschichte

- Veränderungen und Korrekturen sind als Entwicklung möglich.
- Freiwerden von erstarrten Konzepten, alte Botschaften können befreit werden.
- Mehr Kontakt zur eigenen, ursprünglichen Sexualität.
- Die Sexualität zwischen dem Paar kann sich frei entfalten.

Anleitung zu Entwicklungsschritten

- Für die gemeinsame Sexualität ist es wertvoll, die sexuellen Entstehungsgeschichten von Mann und Frau zu erforschen und diese miteinander auszutauschen.
- Beide sollten offen sein oder werden für Wahlmöglichkeiten.

Der Seitensprung als Ausweichmanöver

Wir weisen immer wieder darauf hin, dass durch die Persönlichkeitsentwicklung beider Partner die gemeinsame Beziehung eine Erweiterung erfährt. Erstarrungen werden aufgeweicht, die Lebensphase des Paares wird dadurch intensiver und reifer, und das Zusammenleben gestaltet sich leichter.

Wenn dieser Persönlichkeitsentwicklung jedoch ausgewichen wird und die Krise des Paares sich noch steigert, dann findet bei manchen der Versuch statt, durch einen Seitensprung wieder Lust, Freude, Leichtigkeit und eine Anfangsfaszination zu erleben.

In der bisherigen Partnerschaft sind beide durch die angestauten Verletzungen, Missverständnisse und Enttäuschungen nicht mehr offen genug, um dem Partner Liebe zu geben und von ihm Liebe zu empfangen. Manche Paare haben sich auch

für die gemeinsame Sexualität verschlossen. Während des Seitensprungs findet dieser Austausch von Liebe und Sexualität jedoch wieder statt.
Die Belastungen des Alltags und die unausgesprochenen Frustrationen der Partnerschaft vermindern die Lust auf Sexualität. Statt nun der Frage nachzugehen, warum das sexuelle Begehren im Laufe der Zeit abgenommen hat, und sich diesen Ursachen zu stellen, sucht einer der Partner bewusst oder unbewusst einen neuen Reiz. Das ist ein Modell, um den belastenden Alltag, der jedoch Verbindlichkeit und Sicherheit garantiert, wieder leichter zu ertragen. Die sicherere Beziehung braucht nicht aufgegeben zu werden, und die eigenen Wachstumsschritte können vermieden werden.
Wenn ein Paar in einer belasteten Situation lebt und scheinbar unerwartet von außen eine Versuchung an einen der Partner herantritt, dann wird die Möglichkeit, wieder Freude und ein sexuelles Vergnügen zu leben, besonders leicht angenommen. Aus der Versuchung können sich unterschiedliche Modelle entwickeln, wie die Situation von den Beteiligten gelebt wird.

Modell 1

Es bleibt bei einer einmaligen Begegnung, und das Erlebnis wird nicht offenbart.

Kommentar

Der Lustgewinn aus dieser Affäre könnte die feste Beziehung kurzfristig neu beleben. Die möglicherweise dabei entstandenen Schuldgefühle tragen zu einer erneuten Hinwendung zum Partner bei. Das Paar wird dennoch früher oder später von seinen unbearbeiteten Konflikten eingeholt werden.
Die Kosten einer Affäre sind paradoxerweise auch die entstan-

denen Schuldgefühle. Der Partner, der einer Versuchung erlegen ist, bleibt mit ihnen zurück und muss sie allein im Geheimen tragen. Wird ihm dieser innere Druck zu stark, so versucht er, diese Schuldgefühle loszuwerden. In den meisten Fällen bieten sich dafür zwei Strategien an:

1. *Entweder es besteht das Bedürfnis nach einer Erleichterung des Gewissens, und der Seitensprung wird dem Partner gebeichtet. Dabei herrscht der Wunsch vor, der Partner möge alles verzeihen, besonders weil man den Seitensprung ehrlich eingestanden hat.*
2. *Oder die Schuld wird so verwandelt, dass der feste Partner zur Ursache für die eigene Untreue wird. Das Motto lautet dann: »Wenn du anders wärest, wäre ich nicht auf Abwege geraten!«*

Während es am Anfang den Anschein hatte, dass die Beziehung durch den Seitensprung entlastet wird, folgt jetzt eine schmerzliche Auseinandersetzung. Die bereits vor dem Seitensprung angespannte Situation des Paares konnte nur aufgeschoben, jedoch nicht aufgehoben werden. Stattdessen drängen die Konflikte verstärkt in Richtung Bearbeitung oder Lösung. Wenn sich das Paar an dieser Stelle für die Bearbeitung der Konflikte entscheidet und sogar Hilfe in einer Paartherapie sucht, dann braucht der anstehende Prozess große Geduld von beiden Seiten. Paare, die sich diese Zeit und Geduld nicht gegenseitig geben, trennen sich auch während einer Paartherapie, um der schnellen Lösung den Vorzug zu geben.

Modell 2

Hier wird aus der Affäre eine geheime Liebschaft.

Kommentar

Der Gewinn aus dieser Liebschaft sind die Träume, in denen der oder die Geliebte herbeigesehnt wird, die phantasievollen Vorstellungen romantischer Situationen zu zweit und leidenschaftliche Begegnungen. Durch das erneute Begehrtwerden steigt das Selbstwertgefühl, und die Erfüllung der eigenen Begierden bringt innere Ausgeglichenheit.
Manchmal besteht der Gewinn auch darin, eine besondere Form der Rache am Partner gefunden zu haben. Die Kosten entwickeln sich erst im Laufe der Zeit, wenn durch Lügen und Betrügen Stresssituationen entstehen und sich eine innere Zerrissenheit einstellt. Möglicherweise werden auch Entscheidungen von der oder dem Geliebten verlangt, und der Druck wächst.
Während anfangs Verständnis und Rücksicht herrschten, stellen sich jetzt Forderungen und Vorwürfe ein, die sich in Äußerungen wie z.B. »Du hast zu wenig Zeit für mich!« Ausdruck verschaffen. Oder die Offenlegung des Verhältnisses wird von der oder dem Geliebten verlangt. Vielleicht deckt auch die oder der feste Partner das Geheimnis auf – und daraus entstehen dann dramatische Situationen auf beiden Seiten.

In der Systemischen Paartherapie wird den Partnern geholfen, diese Situationen zu erforschen und genauer zu betrachten. Bei manchen Paaren bewirkt die noch nicht abgelöste Elternbeziehung jedoch eine starke Neigung zu Dreiecksbeziehungen. Es ist wichtig, den Sinn der entstehenden Dynamik einer Dreiecksbeziehung bei allen Beteiligten zu suchen. Ausführlicher werden wir auf diese Thematik in den Kapiteln »Der Vater und seine Tochter, die Prinzessin« und »Die Mutter und ihr Prinzensohn« im Teil 3 dieses Buches eingehen.
Die Verstrickung aus der Kindheit kann alle Beteiligten immer wieder in schmerzhafte Liebesbeziehungen treiben. Die verschiedenen Formen der Liebe, die in einem Kind als Erfahrungen gewachsen sind, müssen entdeckt und bewusst werden.

Fazit
Der Seitensprung wird als Ausweg für ungelöste Konflikte gesucht.

Ressourcen
Es können alte Verstrickungen aus der Herkunftsfamilie aufgedeckt und gelöst werden.

Kosten des Dreiecksverhältnisses
- Stress,
- Schuldgefühle,
- Vertrauensverlust,
- Manipulationen,
- dramatische Lebenssituationen.

Gewinn bei der therapeutischen Bearbeitung
- Auflösung alter Verstrickungen aus der Herkunftsfamilie,
- erlernen, die Konflikte auszutragen,
- Wachstum der Wahrhaftigkeit.

Anleitung zu Entwicklungsschritten
Suchen Sie Hilfe in einer Systemischen Paartherapie.

Die Liebe und ihre »Anhänger«

Vielleicht wundern Sie sich, dass wir »die Liebe« in unserem Buch über Beziehungen nicht als größten Teil der Beziehungsfähigkeit schon in den ersten Kapiteln behandelt haben, denn für viele Menschen scheint sie das Wichtigste in einer Partnerschaft zu sein, obwohl sie möglicherweise das Gefühl Liebe mit Gefühlsduselei verwechseln. Weil es so schwer ist, Liebe

zu definieren, wollen wir sie in ihren verschiedensten Formen betrachten.
Es gibt die Liebe zu den schönen Dingen des Lebens. Der Mensch kann alles Mögliche lieben: Bücher, Tiere, die Natur, die Kunst, seine Heimat, die Hobbys. Sprechen wir jedoch von der »echten« Liebe unter Menschen, dann kann man sich auch leicht verirren, z.B. in Abhängigkeit, Selbstverleugnung, Aufopferung oder auch Besitzergreifung und starkes sexuelles Begehren. Die ganze Vielfalt der Liebesformen möchten wir als »menschliche Liebe« bezeichnen und in diesem Kapitel genauer betrachten.
Eine höhere Form begegnet Ihnen in der bedingungslosen göttlichen Liebe, die Sie immer versteht, Ihnen alles verzeiht, keine Erwartungen an Sie hat und Sie so liebt, wie Sie sind.
Wenn Sie sich an eine göttliche Instanz wenden, dann können Sie diese Form der Liebe erfahren. Unter den Menschen – in ihren Beziehungen, in Freundschaften oder mit ihren Eltern – ist diese bedingungslose göttliche Liebe nur zum Teil vorhanden, und Sie können sie nicht als Selbstverständlichkeit voraussetzen. Dennoch lebt diese Idealform als großer Wunsch in uns allen, und ohne es zu wollen, ganz instinktiv, versuchen die Menschen, die geliebten Wesen so umzuformen, wie sie sie gern hätten. Sie versuchen das, auch wenn sie sich selbst dabei unglücklich machen. Sie erwarten von ihrem Partner, dass er ihrem Ideal entspricht, und verweigern ihm manchmal das Recht auf Eigenständigkeit. Es handelt sich auch auf keinen Fall um die göttliche Liebe, wenn Sie dem Partner wie ein Sklave dienen, sich aufopfern und sich dabei nur unentbehrlich machen wollen.
Es ist eine allzu große Erwartung, wenn die Menschen die Stufe der göttlichen Liebe, die nichts verlangt, gleich in ihren Beziehungen verwirklicht haben wollen. Sofern sie die göttliche und die menschliche Liebe noch nicht unterscheiden können, entstehen aus dieser Haltung unerfüllte Erwartungen, Enttäuschungen und Schmerzen in Beziehungen. Im Irrgarten der

Liebe haben sie bestimmte Ansprüche; und werden diese nicht erfüllt, reagieren sie mit entsprechenden Schlussfolgerungen und ziehen sich möglicherweise sogar zurück und vermeiden es, die menschliche Liebe zu erfahren. Manchmal wird deshalb auf weitere Partnerschaften lieber verzichtet; und der Wunsch entsteht, die menschlichen Formen der Liebe zu umgehen, um sich nur noch der göttlichen Liebe zuzuwenden.
Früher gingen die Menschen ins Kloster, heute haben sie dafür moderne Formen gefunden. An das göttliche Ideal der Liebe haben sich durch Mutter- und Vaterliebe menschliche Liebeserfahrungen angehängt.
Um dies zu verdeutlichen, möchten wir ein Bild anbieten: Stellen Sie sich die reine göttliche Liebe als Lokomotive vor, die als große Antriebskraft dient. Die Liebesformen, die Sie als Kind möglicherweise von Ihren Eltern übernommen haben, hängen sich quasi als Anhänger hinter die Lokomotive. Das Dilemma dabei ist, dass sich die Anhänger so mit der Liebe verbinden, dass Sie diese womöglich nicht mehr getrennt betrachten können, sondern den gesamten Zug für die Liebe halten.

Während sich manche Menschen nach schmerzhaften Erfahrungen ganz aus Partnerschaften zurückziehen, scheitern andere an immer wiederkehrenden, gleichen Liebeserfahrungen. Wir möchten Ihnen deshalb die verschiedenen Liebesanhänger vorstellen.

Die ideale Liebe mit dem Anhänger »unerfüllte Sehnsucht«

Hat jemand in seinem frühkindlichen elterlichen Kontakt zu wenig Liebe bekommen und deshalb seine kindliche Liebeshinwendung zu den Eltern innerlich zurückgenommen, dann hat sich für das Kind die Sehnsucht nach Liebe nicht erfüllt.
Die Auswirkung im Erwachsenenleben wäre, sich in der Wiederholung immer wieder Partner zu wählen, mit denen sich die Sehnsucht nach Liebe nicht erfüllen kann.
Weil viele Menschen diese Kindheitserfahrung in sich tragen, wird diese unerfüllte Liebe in Filmen, Romanen und Schlagern romantisch verherrlicht. Wie es etwa in den Kultfilmen »Casablanca« und »Vom Winde verweht« dargestellt wird. Dort wird die unerfüllte als die ganz große Liebe gezeigt, und der Zuschauer fühlt sich bestätigt, dass ebenjene unerfüllte Liebe die einzig wahre ist.
Ganz deutlich wird dieses Muster, wenn solche Menschen auf mögliche Partner treffen, bei denen sich ihre Sehnsucht nach Liebe erfüllen könnte. Derartige Partner werden als unattraktiv empfunden und abgelehnt, weil die Dramatik fehlt, die in der unerfüllten Sehnsucht enthalten ist. Ohne Dramatik kann es für sie keine große Liebe sein. Hier wird deutlich, wie sich die ideale Liebe mit der unerfüllten Sehnsucht vermischt und missverständlicherweise als die erstrebenswerte Liebesform in der Partnerschaft gesucht wird.

Kindheitserfahrung: *Die ideale Liebe ist unerfüllt.*

Wenn ein Kind in seiner Entwicklung zu wenig stimmige Liebeserfahrungen mit seinen Eltern erlebt hat, muss es, um zu überleben, stattdessen Schutzmechanismen entwickeln.

Altersgemäße Liebeserfahrungen	Schutzmechanismen und Überlebensstrategien
Urvertrauen.	Misstrauen.
Die Liebe fließt mit offenem Herzen zwischen den Eltern und dem Kind.	Herzverschließen.
Sich angenommen fühlen.	Sich abgelehnt fühlen und als Reaktion beleidigt und gekränkt sein, Rückzug.
Die kindlichen Bedürfnisse nach Zärtlichkeit und Versorgung werden erfüllt.	Durch die Nichterfüllung der kindlichen Bedürfnisse bildet sich Resignation, Stolz und Überheblichkeit oder eine Phantasiewelt.
Regelmäßiger, zuverlässiger Kontakt.	Aus fehlendem Kontakt entsteht eine aggressive Grundstimmung, die Frustrationstoleranz ist gering. Die Einsamkeit wird kompensiert, es entsteht Selbstberuhigung und Ersatzbefriedigung.
Freudige Erfüllung des Nähebedürfnisses.	Aus der Leere entsteht eine Fixierung und Anspruchshaltung an geliebte Personen. (»Nur diese Person kann mein Nähebedürfnis erfüllen.«)

Grundstimmung im Erwachsenenleben:
Leere, Einsamkeit und Aggression

Die ideale Liebe mit dem Anhänger »Symbiose«

Hat jemand in seiner Kindheit von einem oder beiden Elternteilen erdrückende Liebe erfahren und sich deshalb nicht als eigenständige Person gefühlt, sondern eher als ein Teil von Mutter oder Vater, dann wird er wieder eine enge Beziehung suchen.
Die Auswirkung im Erwachsenenleben wäre, sich in der Wiederholung einen Partner zu wählen, mit dem man eine Dauerverschmelzung eingehen möchte. Der Wunsch nach Eigenständigkeit darf beim Partner möglichst nicht in Erscheinung treten und ist im eigenen Erleben nicht vorhanden.
Ohne Dauerverschmelzung fühlt sich dieser Mensch nicht wahrhaftig geliebt.
Es besteht auch die Möglichkeit, dass sich die symbiotische Liebeserfahrung der Kindheit ins Gegenteil umkehrt und keine enge Bindung mehr eingegangen werden kann.
Will man dies vermeiden, werden Unmöglichkeiten für eine verbindliche Partnerschaft kreiert. In dieser Umkehrung fühlt sich dieser Mensch paradoxerweise nur geliebt, wenn er viel Freiraum vom Partner erhält.

Kindheitserfahrung: *Die ideale Liebe ist dann die Liebe auf Distanz, oder die ideale Liebe ist eine symbiotische Dauerverschmelzung.*

Wenn ein Kind erdrückende Nähe erfahren hat, dann entwickelt sich entweder eine Sehnsucht nach Dauerverschmelzung oder ein großes Bedürfnis nach Distanz als Überlebensstrategie.

Altersgemäße Nähe und Eigenentwicklung	Schutzmechanismen und Überlebensstrategien
Das Kind erfährt Geborgenheit und emotionale Nähe, dennoch erhält es Raum, um sich allein zu beschäftigen.	Aus der übergroßen Nähe zu Mutter oder Vater entwickeln sich der Wunsch nach Dauerverschmelzung und die Angst vor dem Alleinsein oder im Gegenpol Ekel, Panik und die Flucht vor zu großer Nähe.
Das Gleichgewicht von liebevollem Kontakt mit freudigem Miteinander und dem eigenen lustvollen Erleben ist stimmig.	Das Kind erfährt im Erhalten von Nähe ein Nehmen seiner kindlichen Energien und kommt dadurch in eine Verwirrung von Geben und Nehmen. Es beginnt mit seiner Kinderliebe, den Eltern zu dienen, und es wird für sie wichtig. Dadurch entwickelt das Kind eine Kraft im Aushalten und Ertragen von Energievampiren. Es verliert dabei das gesunde Gefühl für Überforderung.

**Grundstimmung im Erwachsenenleben:
Trauer und Schmerz**

Die ideale Liebe mit dem Anhänger »Abhängigkeit«

Wenn jemand schon früh in seiner Kindheit seine hilflosen Eltern unterstützt hat, dann entsteht durch die zu große Nähe und die kindliche Selbstaufgabe Abhängigkeit. Die Eltern werden vom Kind abhängig, und das Kind wird davon abhängig,

dass es seinen Eltern gut geht. Es muss die eigenen Bedürfnisse aufgeben.
In der Wiederholung im Erwachsenenleben werden bedürftige Partner gesucht und die Bedürfnisse des Partners über die eigenen gestellt.
Wie in der Kindheit darf in diesen Partnerschaften zwar über die Schwere des Lebens geklagt und gejammert werden, aber die fehlende eigenständige Entwicklung wird ausgeblendet, und man verharrt trotz Unzufriedenheit abhängig in der Partnerschaft.

Kindheitserfahrung: *Ohne Selbstaufgabe wird die ideale Liebe nicht als große Liebe empfunden.*

Wenn ein Kind seine Selbstständigkeit nicht genügend entwickeln konnte, weil es sich schon früh für seine Eltern aufopfern musste, dann formen sich entsprechende Überlebensstrategien und Schutzmechanismen.

Altersgemäße Selbstständigkeit	Schutzmechanismen und Überlebensstrategien
Das Lösen selbstständiger kindlicher Aufgaben wird von den Eltern unterstützt.	Überverantwortung muss vom Kind allein übernommen werden, weil die Eltern ihre Verantwortung zu wenig übernehmen. Aus dieser Unmöglichkeit, die großen Aufgaben zu bewältigen, entsteht ein Grundgefühl von Schuld, das Kind lernt, alles auszuhalten, und ein schweres Leben wird erduldet. Es gibt sich selbst auf und lässt sich fremdbestimmen.

Altersgemäße Selbstständigkeit	Schutzmechanismen und Überlebensstrategien
Das Kind erfährt Schutz und gesunde Grenzen.	Aus der Schutzlosigkeit entsteht Ängstlichkeit und Unselbstständigkeit in einigen Lebensbereichen. Durch Grenzüberschreitungen der Eltern kann die Eigenständigkeit des Kindes nur mithilfe von Tricks und Raffinesse gelebt werden.
Das Kind erfährt einen zuverlässigen Halt im Elternhaus.	Anstatt gemäßem Halt erlebt das Kind ein erdrückendes Festhalten, und es kann sich nur mit Manipulation, Trotz, Verweigerung und Aggression selbst behaupten.
Dem eigenen Wesen des Kindes wird respektvoll begegnet.	Bei fehlendem Respekt für das Kind entsteht als Reaktion manchmal Machtkampf.

**Grundstimmung im Erwachsenenleben:
Schuld und Aggression**

Die ideale Liebe mit dem Anhänger »Leistung«

Hat sich ein Kind nur geliebt gefühlt, wenn es Leistungen erbracht hat, dann kommt es in eine permanente Anstrengung und möchte immer perfekter werden. Das kann so weit gehen, dass die dauerhafte Anstrengung zur Selbstverständlichkeit wird und nicht mehr körperlich gefühlt werden kann.
In der Wiederholung wählt man Partner, von denen man stark gebraucht wird. Die Betreffenden machen sich unentbehrlich,

und die Partner dürfen wenigstens auf einem Gebiet die eigene Überlegenheit nicht gefährden. Risiken, bei denen sich Schwächen zeigen könnten, werden vermieden.

Kindheitserfahrung: *Die ideale Liebe ist eine Liebe, in der die eigene permanente Leistung und Anstrengung vom Partner gebraucht wird.*

Das Kind, welches für Anerkennung und Liebe Leistung erbringen musste, entwickelt Schutzmechanismen und Überlebensstrategien.

Dauerhafte Liebeserfahrungen	Schutzmechanismen und Überlebensstrategien
Das Kind erfährt Anerkennung und Lob für sein Sein.	Wenn das Kind nur Liebe für Leistung bekommt, stellt es sich in einen Dauerdienst und übt sich im Perfektionismus. Dabei gerät es in Dauerüberforderung und Aktionismus.
Die liebevolle Zuwendung ist unabhängig von Leistung.	Wenn das Kind, statt Gefühle der Eltern zu spüren, mit ständigen Forderungen konfrontiert wird, dann entstehen Rigidität, Erstarrung und Abspaltung der eigenen Gefühle. Beziehungen werden zum Wettkampf, um Belohnungen zu erhalten, und bringen es zum Vergleichen und zur Konkurrenz mit anderen.

Grundstimmung im Erwachsenenleben:
Schuld, Scham, Minderwertigkeit

Die ideale Liebe mit dem Anhänger »Gewalt«

Hat ein Kind körperliche oder seelische Gewalterfahrungen gemacht, kennt es Liebe nur in Verbindung mit negativer Zuwendung. Wenn die einzige Form der Aufmerksamkeit die Gewalt ist, provoziert das Kind unter Umständen seine Eltern, um immer wieder diese Form der Zuwendung zu erfahren. In der Folge entsteht eine Opfer-Täter-Dynamik.
In der Wiederholung werden Partner gewählt, die Liebe nur mit negativer Zuwendung geben können, z. B. permanente Abwertung, Verurteilung, Demütigungen aller Art oder Zynismus bis hin zu körperlichen Übergriffen. Die Provokation wird auch mit dem Partner weitergelebt, dadurch bleibt die Liebesform der Opfer-Täter-Dynamik bestehen. Diese Dynamik kann als leidenschaftliche Liebe anfangs interessant sein, im Laufe der Zeit jedoch zerstörerisch werden. Eine Partnerschaft ohne diese Dramatik wird zwar gewünscht, dann aber als langweilig empfunden und abgewertet.

Kindheitserfahrung: *Die ideale Liebe ist dramatischer Kampf.*

Das Kind, welches Gewalterfahrungen gemacht hat, entwickelt entsprechende Schutzmechanismen und Überlebensstrategien.

Respektvolle Liebe	Schutzmechanismen und Überlebensstrategien
Das Kind wird geliebt und erfährt Respekt.	Ein Kind, das anstatt Respekt Demütigungen in Form von psychischer oder physischer Gewalt erfahren hat, entwickelt Hass, Wut, Rache und Trotz.

Respektvolle Liebe	Schutzmechanismen und Überlebensstrategien
Dem Kind werden liebevoll angemessene Grenzen gesetzt.	Hat das Kind massive Grenzüberschreitungen erlebt, reagiert es mit Rechtfertigungen, Kritik, Fluchttendenzen und Rückzug. Es kann sich eine Lust am Provozieren, am Machtkampf und auf negative Aufmerksamkeit entwickeln. Das erlernte Opfer-Täter-Modell wird zur Beziehungsform.

Grundstimmung im Erwachsenenleben: Misstrauen und Minderwertigkeit

Die ideale Liebe mit dem Anhänger »Missbrauch«

Ist ein Kind emotional oder sexuell missbraucht worden, haben sich zu der unschuldigen Kinderliebe Anteile von Manipulation und erotischer Aufladung gesellt. Weil das Kind diese Erfahrung verdrängen musste, glaubt es später wie selbstverständlich, dass diese Energien zur Liebe gehören.

Dadurch wird begreiflich, dass sexuell missbrauchte Mädchen in ihrem Erwachsenenleben mit Partnern in Berührung kommen, die sie ebenfalls in verschiedenen Formen missbrauchen. Die frühen starken sexuellen Erlebnisse können die spätere Sexualität bis zur Triebhaftigkeit aufladen.

Das kann sich auf zweierlei Weise zeigen: Entweder die eigene Sexualität neigt zur Triebhaftigkeit, oder es werden Partnerverbindungen eingegangen, in denen der Partner ständig mehr Sexualität einfordert, als man selbst leben möchte.

Bei emotional missbrauchten Kindern wird sich in der Wiederholung zeigen, dass sie leicht manipulierbar sind und auch ihre Partner unbewusst manipulieren. Dieses wird sich wie selbstverständlich in allen täglichen Beziehungen vermischen.

Kindheitserfahrung: *Die ideale Liebe ist gepaart mit Raffinesse und Missbrauch.*

Wenn ein Kind sexuell oder emotional missbraucht wurde, dann entwickelt es entsprechende Schutzmechanismen und Überlebensstrategien.

Achtsame Begleitung der sexuellen Entwicklung	Schutzmechanismen und Überlebensstrategien
Das Kind erhält einen geschützten Rahmen für seine sexuelle, körperliche und emotionale Entwicklung.	Wird das Kind durch Grenzüberschreitung vorzeitig sexualisiert, reagiert es entweder mit Frühreife und einer hohen sexuellen Aufladung oder mit Scham, Schuld und der totalen Verweigerung von Sexualität. Es entsteht eine Verwirrung über adäquates sexuelles Verhalten.

Grundstimmung im Erwachsenenleben:
Minderwertigkeit, Misstrauen, Scham, Schuld

Schutzmechanismen und Überlebensstrategien

Die Schutzmechanismen und Überlebensstrategien können im ersten Moment verwundern und paradox erscheinen. Vielleicht stellen Sie sich die Frage, wie scheinbar negatives Verhalten ein Schutzmechanismus sein kann. Es wird verständlicher, wenn Sie berücksichtigen, dass dieses kindliche Verhalten eine Reaktion auf das Fehlverhalten der Eltern ist. Dem Kind stehen keine unbegrenzten Wahlmöglichkeiten zur Verfügung, weil es von der Familie abhängig ist und die Zugehörigkeit zum System braucht. Da man als Kind mit diesen Schutzmechanismen in der Familie überlebt hat, ganz gleich, ob man diese heute als negativ oder als positiv bezeichnet, werden diese in der erwachsenen Liebesbeziehung übernommen. Es könnte für Sie interessant sein, herauszufinden, welche Überlebensstrategie Sie in Ihrer jetzigen Beziehung leben.

In der Liebe, die Sie von Vater und Mutter erhalten haben, befinden sich mehr oder weniger der dargestellten »Anhänger«. Diese sind in den verschiedenen Lebenssituationen unserer Eltern entstanden und an Sie weitergegeben worden. Das ist weder Ihre Schuld noch die Schuld der Eltern, sondern es ist der reale Teil der verstrickten menschlichen Liebe.
Als Kind konnten Sie nicht wählen, sondern mussten diese Vermischung als Liebe nehmen, weil in dieser Zeit keine andere Form der Liebe für Sie existent war. Im Erwachsenenalter jedoch ist es Ihnen möglich, die ideale Liebe von ihren Anhängern zu trennen, denn in ihrem Wesenskern sind wir der göttlichen Liebe nahe. Nach dieser Erkenntnis können Sie die Vermischung unterscheiden und die Anhänger abkoppeln. Damit korrigieren Sie sich und können neues Handeln einüben.
Allerdings muss Ihnen Folgendes bewusst sein: Wenn Sie die Anhänger loslassen und Ihr altes Verhalten aufgeben, dann entstehen zuerst eine Leere und Angst. Der Mangel an positiver Liebeszuwendung aus der Kindheit wird schmerzhaft spürbar. Dieser Zustand ist eine Durchgangsphase, dennoch halten manche Menschen trotz besserer Erkenntnis an ihren Anhängern fest, weil diese auftauchende Leere und die Angst ihnen schwerer erträglich erscheinen als ihre altbekannten Muster. Die Menschen, die es wagen, sich mit der Leere und ihrer Angst

in der Tiefe zu konfrontieren, tauchen nach einem Heilungsschmerz gestärkt und vom Wesenskern ihrer eigenen göttlichen Liebe berührt mit ihrer wahrhaftigen Identität auf.
Zur Erleichterung der Selbsterforschung bieten wir Ihnen die Übersicht in der nachfolgende Tabelle an. Mit dieser Hilfestellung wird es möglich, festzustellen, welche Anhänger sich in der Liebesentwicklung durch die Mutter oder durch den Vater an die ideale Liebe angehängt haben.
Auch wenn es jene schwere Durchgangsphase gibt und nicht jeder die Chance nutzen will, lohnt es sich, Schritt für Schritt voranzugehen.
Als ersten Schritt könnten Sie mithilfe der Tabelle die eigenen Erinnerungen aus Ihrer Kindheit wachrufen, um zu schauen, aus welchen »Anhängern« Ihr »Liebeszug« besteht.

Wenn Sie bis hierher mitgegangen sind, dann können Sie jetzt im nächsten Schritt noch mal Ihre momentane Partnerschaft tiefer betrachten und sich Ihre Wiederholungen bzw. Ihr Liebesmodell bewusst machen. Sollten Sie momentan nicht in einer Beziehung leben, dann können Sie Ihre letzte Partnerschaft nehmen.
Manche werden feststellen, dass sich die übernommenen Liebesanhänger von Vater und Mutter auch noch vermischen. Daraus sind Verhaltensweisen entstanden, die sich paradox oder sehr verwirrend zeigen. Wenn Ihnen diese Selbsterkenntnis gelungen ist, dann geht es im weiteren Schritt um die Kleinarbeit, sich selbst in Ihrem Alltagsbeziehungsleben aufzudecken und dann von alten Mustern bzw. den Anhängern gezielt loszulassen.
Weil wir in unserem eigenen Leben positive Erfahrungen mit diesem Prozess des Selbstaufdeckens und dem gezielten Loslassen gesammelt haben, wollen wir Ihnen persönliche Beispiele mitteilen.
Sicher kennen auch Sie mehr oder weniger kritische Zeiten in einer Beziehung; wir möchten Ihnen eine solche Situation aus dem gemeinsamen Leben von Helga und Peter schildern.

Beziehung mit der Mutter/dem Vater	Unerfüllte Sehnsucht	Abhängigkeit	Symbiose	Leistung	Gewalt	Emot. Missbrauch	Sex. Missbrauch	Meine Erfahrungen
Unerwünschtes Kind	×							
Unerwünschtes Geschlecht	×							
Verlassen werden durch Krankheit oder Tod	×							
Trennung von der Mutter, z. B. wegen Krankenhausaufenthalt	×							
Langes Warten, bis die kindlichen Bedürfnisse wie das Stillen und Trockenlegen erfüllt werden	×							
Versprechen werden nicht eingehalten	×							
Du bist mein »Ein und Alles«, und ohne dich kann ich nicht leben		×	×					

Beziehung mit der Mutter/dem Vater	Unerfüllte Sehnsucht	Abhängigkeit	Symbiose	Leistung	Gewalt	Emot. Missbrauch	Sex. Missbrauch	Meine Erfahrungen
Wenn es dich nicht gäbe, könnte ich es mit Papa/Mama gar nicht aushalten		×	×					
Du machst es viel besser als Papa/Mama		×	×					
Du bist mein Sonnenschein		×	×					
Du bleibst so lange am Tisch sitzen, bis du aufgegessen hast				×				
Wenn du nicht ..., dann				×	×			
Wehe, wenn du ...					×			
Pass auf, ich sperre dich ...					×	×		
Pass auf, ich schlag dich tot					×	×		

Beziehung mit der Mutter/dem Vater	Unerfüllte Sehnsucht	Abhängigkeit	Symbiose	Leistung	Gewalt	Emot. Missbrauch	Sex. Missbrauch	Meine Erfahrungen
Erst machst du deine Hausaufgaben, dann kannst du spielen				×				
Wenn die Noten nicht besser werden, bekommst du nichts zu Weihnachten				×				
Bevor du das nicht geschafft hast, brauchst du gar nicht erst zu mir zu kommen ...				×		×		
Du bringst mich noch ins Grab						×		
Gemeine Worte					×	×		
Mir geht's so schlecht, du musst mir helfen		×				×		
Bleib hier, ich brauch dich ...		×				×		

Beziehung mit der Mutter/dem Vater	Unerfüllte Sehnsucht	Abhängigkeit	Symbiose	Leistung	Gewalt	Emot. Missbrauch	Sex. Missbrauch	Meine Erfahrungen
Kranke(r) Mutter/Vater muss gepflegt werden		×				×		
Hilf du mir, Vater/Mutter ist nicht da		×				×		
Ohne dich macht mein Leben keinen Sinn mehr		×				×		
Unangemessene erotische Berührungen						×	×	
Grenzenlose, unangemessene Nacktheit						×	×	
Sexuelle Übergriffe					×	×	×	

Fallbeispiel

Ich mache mit meinem Mann Peter die erste Urlaubsreise in unserem Wohnmobil. Damit soll sich ein lang gehegter Traum von ihm erfüllen. Ich stehe dieser Reise eher etwas skeptisch gegenüber, weil ich aus meiner Kindheit schlechte Erinnerungen an Campingurlaube mit meinen Eltern habe. Trotz dessen will ich meinem Mann seinen Wunsch erfüllen und damit einen Ausgleich schaffen für das, was er für mich getan hat.
Das Experiment beginnt mit einer Fahrt nach Frankreich. Mein Mann hat die Reise sehr sorgfältig vorbereitet, unser Wohnmobil ist mit einem Navigationssystem ausgestattet, zusätzlich haben wir Berge von Landkarten, einen Führer für Wohnmobil-Stellplätze und einen für Campingplätze. So ausgestattet, gelingt es uns mühelos, das erste Etappenziel zu erreichen. Wir finden einen wunderschönen Stellplatz mit einer reizvollen Aussicht am Hafen von Dieppe. Meine inneren Zweifel lassen nach, ich bin zufrieden und glaube an einen schönen gemeinsamen Urlaub.
Auch am zweiten Etappenziel verläuft alles wunderbar. In nun schon gewohnter Weise bestimmen wir das dritte nach der Beschreibung, die wir im Stellplatzführer gelesen haben. Es wird dort ein Ort direkt am Meer beschrieben, der wieder genau meinen Vorstellungen entspricht. Das Navigationssystem, mit dem sich mein Mann ausführlich beschäftigt hat und das er selbst bedient, hilft uns sehr, und wir erreichen das dritte Ziel ohne Hindernisse. Allerdings entdecken wir bei unserer Ankunft sofort ein großes Schild, auf dem wir lesen: Das Abstellen von Wohnmobilen ist hier verboten!
Wir befragen andere Camper und erfahren, dass der Stellplatz verlegt wurde. Der neue Platz ist eine Wiese außerhalb des Ortes – ohne jegliche Aussicht auf das Meer und den Hafen. Ich bin enttäuscht und empört! Deshalb möchte ich sofort weiterfahren und einen anderen schönen Platz mit Atmosphäre suchen. Ich finde, dass wir auch noch genügend Zeit dafür

haben; denn es ist erst vier Uhr nachmittags. Mein Mann ist dagegen glücklich, einen offiziellen, sicheren Stellplatz gefunden zu haben. Eine besondere Atmosphäre braucht er nicht jeden Tag, und er ist gern bereit, sich mit diesem Ort zufrieden zu geben. Er möchte zur Ruhe kommen, sein obligatorisches Bier bei der Ankunft trinken und entspannen.
Die Unterschiedlichkeit unserer Bedürfnisse trifft aufeinander. Ich will ihn mit vielen Argumenten überzeugen, denn ich habe mich von dieser Gemeinde betrogen gefühlt und wollte dort auf gar keinen Fall bleiben. Mein Mann hat dieses Empfinden nicht. Je heftiger sich meine Enttäuschung und Wut entlädt, desto ruhiger wird er. Diese Ruhe ärgert mich noch mehr, und ich werte ihn dafür ab, dass er nicht ganz genauso empfindet wie ich.

Kommentar

Als ich mich wieder beruhigt habe und über mein Verhalten reflektiere, wird mir Folgendes bewusst. Tief in meinem Herzen wünsche ich mir, dass mein Mann mich in jeder Situation ganz versteht, mich mit meinem ganzen Verhalten liebt und annimmt. Bei genauerer Betrachtung erkenne ich, dass ich von ihm die göttliche, bedingungslose Liebe erwarte. Obwohl ich ihn abgewertet und von ihm verlangt habe, dass er meinen Wünschen folgt.
Die nächste Erkenntnis ist: Ich finde heraus, dass sich mein Liebesanhänger Symbiose gemeldet hat. Mein Mann soll die gleichen Bedürfnisse haben wie ich, damit wir in Harmonie miteinander sein können.
Um eine innere emotionale Befreiung zu spüren, unternehme ich mehrere Gedankenschritte. Zuerst denke ich darüber nach, was unsere gegenseitigen Stärken und Schwächen in dieser Situation sind. Mein Mann hat durch seine Bescheidenheit die Gabe, sich in vielen Gegebenheiten zurechtzufinden. Das ist

eine Stärke von ihm, dennoch kann ich die gleiche Stärke auch als seine Schwäche sehen. In diesem Fall hat er sich nicht mit der Enttäuschung konfrontiert, sondern er findet sich schnell ab und setzt sich nicht für das gemeinsam ausgewählte Ziel ein. Meine Stärke ist es, nicht schnell aufzugeben und mich für das Ziel einzusetzen. Mir fällt es jedoch schwer, die unerwarteten Gegebenheiten hinzunehmen. Daraus wird mir auch noch einmal bewusst, dass sich mein Liebesanhänger Leistung ebenfalls gemeldet hat.
Nachdem ich aus meiner Sicht innerlich unsere Stärken und Schwächen benannt habe, hat sich die Situation schon relativiert. Ich bin zufrieden, dass ich mich nicht unterwürfig verhalten und mich selbst aufgegeben habe, sondern meine Gefühle ehrlich zeigte und meinen Mann mit mir konfrontierte. Früher hätte sich mein Anhänger Abhängigkeit auch noch gemeldet, und ich hätte meinem Mann zuliebe die veränderten Gegebenheiten klagend hingenommen. Daraus kann ich erkennen, dass ich einen Anhänger schon losgelassen habe.

Mein nächster Gedanke, der sich auftut, geht in eine neue Richtung: Warum soll ich meinen Mann nicht auch mit seinen Schwächen lieben und ihm eigene Bedürfnisse zugestehen? Es muss zwischen uns nicht symbiotisch sein, denn eine kleine Distanz gefährdet unsere Liebe nicht.
Nachdem ich innerlich von dem symbiotischen Anhänger losgelassen und meinen Mann so, wie er ist, akzeptiert habe, kommt er wieder mit neuen Vorschlägen auf mich zu.

Eine ähnliche Szene hat sich auf der Reise noch einmal wiederholt, diese haben wir gemeinsam genutzt, um unser Verhalten differenziert zu betrachten. Nach unserer Reise sind bei uns beiden keine verletzten Gefühle übrig geblieben, sondern unsere Liebe füreinander ist gewachsen. Für uns hat es sich gelohnt, uns mit unseren Liebesanhängern auseinander zu setzen und sie loszulassen.

Wenn sich die Liebesanhänger, wie in unserem Beispiel, hintereinander zeigen, lassen sie sich relativ einfach entdecken. Dann liegt der Schwerpunkt mehr auf der Bereitschaft, sie loszulassen, um dem Wesenskern der Liebe näher zu kommen.
Es gibt auch die Variante, dass sich die Liebesanhänger gleichzeitig melden und damit verwirrende Gefühle erzeugen. Dazu wollen wir ein weiteres persönliches Beispiel aus der Lebensgeschichte von Ilona berichten.

Fallbeispiel

In meiner therapeutischen Selbsterfahrung wurden mir frühe Kindheitserfahrungen bewusst. Durch meine unerwünschte Ankunft war ich meinen Eltern eine Last, da sie in ihrer damaligen Lebenssituation stark mit der Frage beschäftigt waren, ob sie überhaupt zusammenbleiben wollten. Durch mein Gefühl, nicht angenommen zu sein, bildete sich in mir ein starker Liebesanhänger »unerfüllte Sehnsucht«.
Als ich anderthalb Jahre alt war und meine Schwester im Alter von drei Monaten verstarb, wurde ich stark vereinnahmt; und meine Mutter band mich ab diesem Zeitraum zu eng an sich. Nachdem sie noch ein weiteres Kind verloren hatte, erdrückte sie mich total mit ihrer Liebe. Da sich bereits der Anhänger unerfüllte Sehnsucht ausgebildet hatte, reagierte ich auf dieses Erdrücken von meiner Mutter mit Angst vor zu viel Nähe.
Ich habe die Symbiose ins Gegenteil gekehrt, dennoch wirkt sie im Untergrund, weil ich lange Jahre in einer sehr engen Beziehung mit meiner Mutter lebte.
In der Wiederholung in meinem Erwachsenenleben habe ich mir einen Mann gewählt, der mich auf keinen Fall erdrücken wird. Dennoch gibt es den Wunsch, symbiotisch mit ihm zu verschmelzen; und es wird deutlich, dass sich in mir zwei Botschaften gleichzeitig melden. Immer wenn er nicht auf meinen Wunsch nach Symbiose eingeht, z.B. ein Buch gemeinsam mit

mir liest oder meine Vorliebe für Filme mit Familiendramen teilt, dann meldet sich mein symbiotischer Anhänger aus dem Untergrund und gleichzeitig mein Anhänger unerfüllte Sehnsucht; und ich träume von einem anderen Mann, der bereit ist, ganz auf mich einzugehen. Beleidigt ziehe ich mich von meinem Mann zurück, oder ich mache ihm heftige Vorwürfe.

Kommentar

Für eine Weile bleibe ich in meinem Traum, mein Mann wäre nicht der richtige für mich, und ich schmücke den Traum geistig aus, bis meine Selbstreflexion einsetzt und mir deutlich wird, dass ich von meinem Mann genauso eine symbiotische Beziehung wie mit meiner Mutter erwarte. Ich habe diesen Mann gewählt, damit mir das ja nicht passiert, zumal er selbst an der Oberfläche zum Ausdruck bringt, dass er die Symbiose hasst.

Mir wird bewusst, dass ich eine Doppelbotschaft in mir trage und diese auch ausstrahle und zum Ausdruck bringe. Damit verwirre ich mich selbst und meinen Partner.

Außerdem wird mir deutlich, dass es mit dieser inneren Botschaft nie den richtigen Mann für mich gibt, denn hätte ich einen, der symbiotisch mit mir verschmelzen will, würde sich mein anderer Teil mit seinem Wunsch nach Distanz sofort melden. Dann wäre dieser neue Mann wieder nicht der richtige, und ich würde mit meiner unerfüllten Sehnsucht weiterträumen.

Wenn ich mich aus einem gewissen Abstand betrachten kann, wird mir der Kreislauf meiner verrückten Doppelbotschaften aus der Kindheit bewusst. Das holt mich in die Realität zurück; ich bin froh, einen Mann zu haben, der mir in meinem Alltag hilfsbereit zur Seite steht, und ich kann wieder freudig auf ihn zugehen. Entspannung stellt sich ein, und ich bin berührt davon, meinem wirklichen Wesenskern wieder ein Stück näher gekommen zu sein.

Hilfreich war für mich in der Systemischen Therapie, mit den Doppelbotschaften spielerisch umzugehen, um sie schneller aufzudecken; z. B. haben mir nachfolgende Sätze geholfen:

- *Erdrück mich bloß nicht, aber geh ja nicht aus dem Raum.*
- *Bleib mir von der Pelle, aber sei mit mir ganz innig verbunden.*

Wenn sich diese Liebesanhänger, wie in unserem Beispiel gezeigt, paradox verhalten, können sie auch nur als Paradoxie aufgedeckt werden. Es ist nicht möglich, sie zu verwandeln, sondern es geht darum, komplett aus den Botschaften auszusteigen und in die Realität zurückzukommen.

Es ist uns wohl bewusst, dass wir mit unseren persönlichen Beispielen zwei weibliche Verhaltensweisen aufgezeigt haben. Bei Männern findet sich häufiger der Leistungsanhänger; und sie fallen dann in eine Leere, wenn sie von den Frauen keine Anerkennung für ihre Leistungen bekommen, sondern stattdessen Kritik und Vorwürfe ernten. Wenn sie mit Gekränktheit darauf reagieren, dann könnten sie aus ihrem Verhalten lernen, dass ihre Frauen andere Wesen sind und die gut gemeinten Leistungen der Männer nicht immer für sie erfüllend sind.
Männer können lernen, sich für ihr starkes Bemühen, ihre Frauen zufrieden zu stellen, sich selbst Anerkennung zu geben.

Fazit

- Wir scheitern, weil wir die göttliche Liebe mit der menschlichen Liebe verwechseln ...
- Wir scheitern in der Liebe, weil wir das Ideal der göttlichen Liebe von *alles verstehen, alles verzeihen, bedingungslos angenommen sein* sofort in unseren Beziehungen haben wollen.
- Wir scheitern, wenn wir glauben, die menschliche Liebe

in ihren verschiedenen Formen wie Leidenschaft, Abhängigkeit etc. umgehen zu können.
- Wir scheitern, wenn wir mit paradoxen Botschaften eine Erfüllung anstreben.
- Wir scheitern, wenn wir in der menschlichen Liebe stecken bleiben und keine Weiterentwicklung anstreben wollen.

Ressourcen

Die Ressourcen sind die Fähigkeiten, im Erwachsenenalter zu unterscheiden und zu differenzieren: Was ist die Liebe aus unserem Wesenskern, und was sind unsere Liebesanhänger aus der Kindheit.

Kosten bei Nichtbetrachtung der Liebesanhänger

- Durch die Verwechslung der verschiedenen Liebesformen werden wir zu Wiederholungen gezwungen, auch wenn es in der Verliebtheitsphase mit einem neuen Partner noch nicht danach aussieht.
- Selbst wenn man ohne Betrachtung der Liebesanhänger in einer Partnerschaft oder als Single gleich die göttliche Liebe anstrebt, wird man nicht wirklich frei von den Liebesanhängern und erreicht seinen eigenen Wesenskern nicht, sondern man bleibt im Selbstbetrug stecken.

Gewinn bei Betrachtung der Liebesanhänger

- Wachstum unserer Liebesfähigkeit,
- Verbindung zum eigenen Wesenskern,
- Mitgefühl für sich und den Partner.

Anleitung zu Entwicklungsschritten

Die einzelnen Liebesanhänger lassen sich in verschiedenen Schritten verwandeln:
- Die unerfüllte Sehnsucht kann sich in erfüllte Sehnsucht verwandeln.

- Die Symbiose kann sich in adäquate Nähe und Distanz verwandeln.
- Die Abhängigkeit kann sich in Eigenständigkeit verwandeln.
- Die Leistung kann sich in Freude und Entspannung verwandeln.
- Die Gewalt kann sich in Würde verwandeln.
- Der Missbrauch kann sich in Respekt verwandeln.
- Der sexuelle Missbrauch kann sich in erfüllte Sexualität verwandeln.

Diese Verwandlung geschieht durch bewusstes Annehmen der kindlichen Anhänger und das Anstreben sowie die Bereitschaft, an dieser Veränderung zu arbeiten.
Bei den paradoxen Botschaften ist es schwer, ganz auszusteigen, weil eine eventuell jahrelange Suche nach dem Richtigen damit endgültig zu Ende geht. Es ist schmerzhaft, sich einzugestehen, dass die Qualen und die Dauerbeschäftigung mit dem Thema, das Richtige zu finden, umsonst gewesen ist. Dieses Modell kann sich nicht nur in der Partnerschaft zeigen, sondern ebenfalls bei der Berufswahl oder sonstigen Entscheidungen. Dennoch gibt es keine andere Befreiung, als aus dieser Verwirrung auszusteigen und die Realität anzunehmen.

Die Paarkultur

Wenn Sie gewillt sind, sich zu überprüfen und Ihre Liebesanhänger zu verwandeln, dann ist das schon eine große Wachstumsbereitschaft für Ihre Partnerschaft. Damit wächst Ihr Mitgefühl füreinander, und es fällt Ihnen leichter, Paarkultur im Alltag zu pflegen.
Im Folgenden wollen wir einige Anregungen geben.

In der Verliebtheit ist das gegenseitige Verwöhnen eine Selbstverständlichkeit, später, wenn Kinder kommen, wird das Paar zu Eltern, und sie kümmern sich vorrangig um die Bedürfnisse der Kinder. Wenn diese im Kindergartenalter sind, wird oftmals übersehen, dass das Paar wieder ab und zu gemeinsame Vergnügen ohne den Nachwuchs braucht. Es ist wichtig, zu berücksichtigen, dass die Kinder das Paar nur eine gewisse Zeit ihres Lebens in Anspruch nehmen werden. Das Paarsystem benötigt eine kontinuierliche Stärkung, damit die Partner mit gemeinsamer Kraft die Elternschaft gut meistern. Darüber hinaus bleibt das Miteinander noch bestehen, wenn die Kinder erwachsen sind. Deshalb sollte immer wieder Raum geschaffen werden für ein gemeinsames Erleben in der Partnerschaft.

Schön ist es, wenn die Unternehmungen, die das Paar am Anfang verbunden haben, nicht ganz aufgegeben werden und sie auch bereit sind, neue gemeinsame Hobbys zu entdecken. Dazu gehören ebenfalls das Feiern von Familienfesten und das Wertschätzen von wichtigen Ereignissen des gemeinsamen Paarlebens.

Bei Paaren mit der »klassischen« Rollenverteilung glauben manche Männer, wenn sie das Geld verdienen, um ihre Familie zu unterhalten, und ihrer Frau treu sind, dann müsste die Frau darin die Liebe ihres Mannes erkennen. Frauen brauchen von Zeit zu Zeit den Ausdruck von Dankbarkeit und Zuneigung mit Worten, Gesten und kleinen Geschenken. Männer brauchen dagegen von ihren Frauen die Anerkennung, dass sie für den Lebensunterhalt sorgen. Außerdem ist es wichtig, die Vorstellung, dass sie ein Liebespaar sind, nicht aus den Augen zu verlieren.

Das sollte nie als Selbstverständlichkeit angenommen, sondern immer wertgeschätzt und gepflegt werden. Das unaufhörliche Werben umeinander und das Bestreben, sich füreinander attraktiv zu halten, lässt die Beziehung weiter gut gedeihen.

Wenn diese Paarpflege vernachlässigt wird und das Paar z.B. nicht mehr miteinander ausgeht, sich keine Geschenke mehr macht, keine Zärtlichkeiten mehr austauscht, sich nicht mehr beieinander bedankt, sich in der Kleidung vernachlässigt, sich nicht mehr pflegt, dann erfährt die gemeinsame Beziehung eine Nichtachtung und eine Verletzung. Diese Verletzungen sind später häufig nur schwer wieder gutzumachen und führen manchmal sogar zur Trennung.

Fazit

Pflegen Sie Ihre Beziehung von Anfang an, sonst gefährden Sie das gemeinsame Zusammenleben!

Ressourcen

- Eine gute Basis erhalten Sie sich mit der Pflege gemeinsamer Interessen.
- Achten Sie darauf, den »Geliebtenstatus« zu erhalten.

Kosten bei Nichtbeachtung der Paarkultur

- Gleichgültigkeit,
- Rückzug,
- Aggressionen,
- Vorwürfe,
- Nörgelei,
- Schmerzen,
- Betrug.

Gewinn bei Beachtung der Paarkultur

- Lebendigkeit,
- Freude,
- Glück,
- ein abwechslungsreiches, ausgefülltes, gemeinsames Leben.

Anleitung zu Entwicklungsschritten

- Teilen Sie sich rechtzeitig mit, was Sie sich voneinander wünschen.

- Nehmen Sie die Wünsche Ihres Partners ernst und akzeptieren Sie die Unterschiedlichkeit. Achten Sie auf den Ausgleich, damit die gegenseitige Wunscherfüllung in der Balance ist.

Partner mit unterschiedlichen Kulturen

Die Inhalte aller bisherigen Kapitel berühren selbstverständlich eine Beziehung zwischen Partnern aus unterschiedlichen Kulturen genauso wie Paare, die vor dem gleichen kulturellen Hintergrund aufgewachsen sind. Der Einfluss verschiedener Kulturen kann darüber hinaus eine Bereicherung für das Paar sein und eine zusätzliche Belastung. Wir wollen hier einige wenige Anleitungen geben, wie sich die Unterschiedlichkeit leichter in die Paarbeziehung integrieren lässt.

Wenn jemand, aus welchen Gründen auch immer, längerfristig sein Heimatland verlässt, um in einem anderen Land zu leben, dann muss sich diese Person früher oder später Entscheidungen stellen. Anfänglich vermischen sich Sprache, Regeln, Rituale, Verhaltensweisen etc. fast automatisch. Die andere Kultur ist faszinierend, und die Anziehungskraft verbindet auch Menschen in Liebesbeziehungen miteinander. Diese gegenseitige Faszination des Fremden übt auf manche Menschen einen ganz besonderen Reiz aus. Was anfänglich etwas Besonderes ist, kann sich dann später im Alltag häufig als Erschwernis herausstellen.

Um mit diesen Schwierigkeiten besser fertig zu werden, ist es hilfreich, sich verschiedenen Fragen zu stellen und diese ehrlich für sich zu beantworten.

Wer sich entschieden hat, in einem fremden Land zu leben, muss sich der Vermischung zweier Kulturen stärker bewusst sein. Es besteht eine Wahl, sich für gewisse Teile aus der eige-

nen Kultur zu entscheiden und für andere Teile aus der fremden Kultur. Manchen Menschen ist diese Wahlmöglichkeit gar nicht bekannt, obwohl das eine besondere Bereicherung in ihrem Leben sein kann. Es ist sehr verwirrend, wenn sie die neuen Einflüsse lediglich in sich aufnehmen, ohne sich bewusst dafür oder dagegen zu entscheiden.
Später entwickeln sich daraus Probleme und innere Konflikte. Wenn die Betreffenden stattdessen bewusst in einen inneren Klärungsprozess gehen, dann können sie durch ihre bewussten Entscheidungen den neuen Partnern, ihren Freunden und Verwandten klar gegenübertreten.
Wir empfehlen deshalb, für diesen Klärungsprozess schriftlich eine ausführliche Liste zu erstellen. Diese Liste wird in zwei Spalten aufgeteilt, eine Spalte für die Heimatkultur und die andere für die fremde Kultur. Alles, was die Person sich auswählen möchte an Sprache, Regeln, Ritualen, Essgewohnheiten, Kleidung, Verhaltensweisen, Religion, Musik, inneren Werten und Haltungen, Freizeitgewohnheiten, Politik, Wohnungseinrichtungen, Familienkontakte etc., wird in diese Spalten eingetragen. Zu allen Lebensthemen ist es allerdings erst erforderlich, eine Entscheidung zu treffen, aus welcher Kultur ich das eine oder das andere leben will.
Manches kann sich auch schmerzlich anfühlen, weil ein Verzicht geleistet wird.
Sind alle Entscheidungen getroffen und ist man keinem Thema ausgewichen, kann sich die innere Zerrissenheit beruhigen und das innere Chaos ordnen.
Wenn diese Arbeit gelungen ist, dann fällt es leichter, seinem Partner und seinen Freunden und Verwandten genau mitzuteilen, welche individuelle Lebensform gewählt wurde und auf was sie sich im Kontakt einlassen müssen; z.B.:

- *Zum Partner aus der fremden Kultur:* »Wenn du mit mir leben willst, musst du damit rechnen, dass ich ...«
- *Zur eigenen Familie aus dem Heimatland:* »Mutter und Va-

ter, in Zukunft werde ich auch Teile aus der neuen Kultur übernehmen. Ich habe mich entschlossen ... in mein Leben aufzunehmen; und das bedeutet, dass ich mich von den Gewohnheiten unserer Familie auf diesem Gebiet entferne. Das geschieht nicht, um euch zu verletzen, sondern um mir mein persönliches Leben in zwei Kulturen zu erleichtern.«

Menschen, die sich einen Partner aus einer anderen Kultur wählen, müssen sich bewusst sein, dass sie mit äußeren Lebensgewohnheiten und inneren Werten konfrontiert werden, die ihnen unbekannt sind. In der Verliebtheitsphase scheint die gegenseitige Unterschiedlichkeit leicht überwindbar zu sein. Später wird eine klare Entscheidung gebraucht, wenn die Beziehung eine gesunde Basis haben soll.

Fazit

Eine Beziehung von Partnern aus unterschiedlichen Kulturen erfordert eine größere Bewusstheit von dem Paar.

Ressourcen

- Die Wahlmöglichkeiten werden bewusst genutzt.
- Der Reichtum beider Kulturen steht dem Paar zur Verfügung.

Kosten bei unbewusster Verbindung

- Viele Konfliktsituationen,
- viele Auseinandersetzungen,
- inneres und äußeres Chaos,
- schmerzhafte Verletzungen.

Gewinn bei bewusster Verbindung

- Klarheit auf beiden Seiten,
- Entspannung,
- kreatives und lebendiges, buntes Leben.

Anleitung zu Entwicklungsschritten
- In den inneren Klärungsprozess einsteigen und klare Entscheidungen treffen,
- die neuen Standpunkte vertreten.

Die gemeinsame Vision

Wir haben im letzten Kapitel beschrieben, wie Paare aus verschiedenen Kulturen herausfinden, was ihre gemeinsame Lebensform ist. Für alle Paare ist es jedoch wichtig, zu wissen, welche gemeinsamen Ziele sie anstreben wollen. Gemeinsame Ziele können die folgenden sein:

- zusammen alt werden,
- ein Haus bauen,
- reisen,
- einen Betrieb aufbauen,
- Kinder bekommen und großziehen,
- sich sozial engagieren,
- künstlerische Fähigkeiten kultivieren,
- auswandern,
- ein Alterswohnsitz im Süden,
- Buchprojekte.

Über die gemeinsamen Ziele oder Visionen, die wir beispielhaft aufgezählt haben, muss sich das Paar austauschen und erforschen, ob sie die gleichen Ziele verfolgen.
Die Dynamik von einem Paar, das gemeinsame Ziele hat, bringt den Partnern eine starke Verbindung und erleichtert ihnen auch die notwendigen Verzichtsleistungen, bis das Ziel erreicht ist.

Fallbeispiel

Ein Paar träumt von einem gemeinsamen Haus, und die beiden entschließen sich dazu, es zu bauen. In der Bauphase ist ihre finanzielle Belastung auch durch Unvorhergesehenes stark angespannt. Sie sind überlastet, bräuchten Erholung und können sich dennoch keinen Urlaub mehr leisten. Diese schwierige und angespannte Situation gemeinsam zu meistern und zu tragen stärkt ihre Verbindung.

Ist keine gemeinsame Vision oder eine unterschiedliche Vision vorhanden, dann schwächt das eher ihre Verbindung. Auch dazu folgt ein kleines Beispiel.

Fallbeispiel

Ein Mann ist selbstständig, er hat einen eigenen Handwerksbetrieb. Er widmet seine ganze Zeit dem Aufbau seiner Firma. Seine Frau hingegen hat eher die Vision, ihre künstlerischen Fähigkeiten zu entwickeln. Sie verbringen bald nur noch wenig gemeinsame Zeit miteinander.

Kommentar

Für den Verzicht auf ihre gemeinsame Freizeit gibt es keinen gemeinsamen Sinn in ihrem Leben. Die Gefahr besteht darin, dass sie sich gegenseitig vorwerfen, zu wenig Zeit füreinander zu haben. Es geht ihnen ein gemeinsames Erfolgserlebnis – »Das haben wir zusammen geschaffen!« – verloren. Der einzelne Selbstwert kann durch seine eigene Leistung steigen, aber das »Wir-Gefühl« wird geschwächt.

Fazit
Die gemeinsame Vision ist ein zentrales Thema für Kraft und eine starke Verbindung.

Ressourcen
Es liegt eine wertvolle Kraft in den gemeinsamen Träumen, die sich verwirklichen lassen.

Kosten bei fehlender Vision
Schwächung des »Wir-Gefühls«.

Gewinn bei gemeinsamer Vision
- Gemeinsame Erfolgserlebnisse,
- gegenseitige Unterstützung beim Anstreben des Ziels,
- gemeinsame Erfahrungen,
- wachsende Solidarität,
- Verhandlungsbereitschaft,
- Kompromissfähigkeit.

Anleitung zu Entwicklungsschritten
- Sich gegenseitig die eigenen Träume mitteilen,
- Unterhaltungen über die Träume pflegen,
- ehrlich sein in Bezug auf das, was man an den Träumen des Partners gut findet, und das, was man nicht mitmachen will.

Die Entwicklung der eigenen Persönlichkeit

Auch wenn sie sehr viele Paarthemen gemeinsam zu lösen haben, kommen die Partner an der Entwicklung der eigenen Persönlichkeit nicht vorbei. Die Paarbeziehung bringt sie immer genau an die wunden Punkte, bei denen sie in ihrer Eigenentwicklung stecken geblieben sind. Das öffnet ihre alten Wunden, die noch nicht geheilt sind.

Wenn sich in der Partnerschaft Enttäuschungen einstellen – der Partner z.B. etwas verspricht und sein Versprechen nicht einhält –, dann können sich dadurch ungute Gefühle auf verschiedenen Ebenen einstellen. Auf der erwachsenen Ebene empfinden Sie Bedauern und können sich missachtet fühlen. Aber wenn Ihnen in Ihrer Kindheit öfters von den Eltern Versprechungen gegeben wurden, welche diese dann nicht eingehalten haben, dann gibt es auf der kindlichen Ebene noch alte Wunden. Diese Erinnerung wird wachgerüttelt, wenn Ihr Partner Ihnen etwas verspricht und es nicht hält.
Meistens verhalten sich die Enttäuschten dann nicht der realen Situation adäquat, sondern es kommt zu einer Überreaktion, und alte Gefühle wie große Traurigkeit, Wutausbrüche und starke Vorwürfe entladen sich. In diesem Fall ist es wichtig, die kindlichen Gefühle von der erwachsenen Verletzung zu unterscheiden. Es ist richtig, den Partner auf angemessene Weise mit der erwachsenen Enttäuschung zu konfrontieren.
Mit den schmerzhaften alten Enttäuschungen und den dazugehörigen Gefühlen können Sie in die Selbstreflexion gehen und mit dem eigenen verletzten Kinderteil einen Dialog führen. Es ist hilfreich, sich vorzustellen, was das verletzte Kind in der damaligen Situation gebraucht hätte, um aus der Enttäuschung herauszukommen, z.B. Trost, das Angebot eines Ausgleichs, ein Bedauern darüber, dass es verletzt wurde, Zärtlichkeit.
Wenn das gefunden wurde, was das Kind sich damals gewünscht hätte, dann ist es durchaus möglich, dass der erwachsene Teil seinem kindlichen Teil diese Zuwendung gibt. Auf diese Weise lernt der Erwachsene, seine verletzten kindlichen Teile selbst nachzunähren und das nicht von seinem Partner zu verlangen.
Die Illusion treibt uns in den Wunsch, der Partner könnte alle alten Wunden heilen. Die Realität ist, dass der Partner damit

überfordert wird. Außerdem kennt niemand die eigenen Verletzungen und die daraus entstandenen Reaktionen so gut wie man selbst. Deshalb wissen Sie auch am besten, was Ihnen gut tut, und können lernen, Ihre Selbstheilungskräfte zu aktivieren.
Wenn sich ein Erwachsener zu wenig um seine alten Verletzungen aus der Kindheit kümmert, sondern sie versteckt und unterdrückt hat, verwandeln sich diese verletzten kindlichen Gefühle in Sabotageteile. Diese Anteile stören dann häufig die erwachsene Beziehung zum Partner.

Nehmen wir nochmal das Beispiel, in dem ein Partner sein Versprechen nicht gehalten hat.
Die Reaktion darauf könnte so heftig übertrieben ausfallen, dass der gekränkte und beleidigte kindliche Teil sich tagelang zurückzieht oder sogar die erwachsene Partnerschaft abbricht. In diesem Fall ist es wichtig, die störenden Anteile aus der Kindheit einzugrenzen und ihnen nicht so viel Macht zu verleihen.
Auch in dieser Situation können Sie mit Ihren Kinderanteilen umgehen wie eine gute Mutter oder ein guter Vater, der für die Bedürfnisse des Kindes sorgt und ihm auch zur rechten Zeit adäquate Grenzen setzt. Die Verantwortung für das eigene Wohlbefinden und die Zufriedenheit im eigenen Selbstwert können nicht an den Partner abgegeben, sondern müssen als persönliche Aufgabe angenommen werden. Dazu kann Folgendes gehören:

- den eigenen Beruf finden, der einen erfüllt,
- für die innere Ruhe und den Ausgleich sorgen können,
- für die eigene Gesundheit und seinen Körper Verantwortung übernehmen,
- für die eigenen erwachsenen Pflichten einstehen,
- sich selbst beschenken und verwöhnen.

Es geht auch um das Loslassen von dem Zwang in der Partnerschaft, alles nachholen zu wollen, was sich in der Kindheit nicht erfüllt hat.

Fazit

Die Partnerschaft dient zwar dem Wachstum, aber sie entlässt niemanden aus der persönlichen Verantwortung.

Ressourcen

Als erwachsener Mensch haben Sie die Fähigkeit, zu unterscheiden zwischen Ihren kindlichen und Ihren erwachsenen Anteilen. Die Fähigkeit, imaginär mit Ihrem kindlichen Teil in Dialog zu treten, hilft Ihnen dabei.

Kosten bei Nichtentwicklung der eigenen Persönlichkeit

Die verletzten kindlichen Anteile können sich zu störenden oder tyrannischen Anteilen entwickeln, die sogar die Paarbeziehung und die Eigenentwicklung im persönlichen Leben verhindern.

Gewinn bei Entwicklung der eigenen Persönlichkeit

- Eine gesunde Basis für Partnerschaft wird geschaffen.
- Alltagssituationen werden erfolgreich gemeistert.
- Die innere Zufriedenheit wächst, und der Selbstwert steigt.

Anleitung zu Entwicklungsschritten

- Selbstreflexion,
- Dialoge mit dem inneren Kind führen,
- die inneren kindlichen Bedürfnisse selbst nachnähren,
- den kindlichen Sabotageteilen Grenzen setzen,
- Selbstverantwortung für die erwachsenen Pflichten übernehmen,
- für das eigene Wohlbefinden selbst sorgen.

Teil 2:

Die Ebene der ungelösten Bindungen an frühere Partner

Im zweiten Teil unseres Buches möchten wir uns dem Thema der früheren Partnerschaften zuwenden. In der Vergangenheit haben wir wichtige Erfahrungen gemacht, und diese wirken sich auf die Gegenwart aus. Wenn die aktuelle Beziehung nicht die erste ist, kommt niemand daran vorbei, sich auch mit seinen früheren Liebesbeziehungen zu beschäftigen.

Die Geschichte der bisherigen Partnerschaften

Für die Bearbeitung der Vergangenheit ist es notwendig, sich Zeit zu nehmen, sich zu besinnen und die Namen der früheren Partner chronologisch zu notieren.
Bitte unterscheiden Sie dann, ob es sich um eine Verliebtheit, Schwärmerei, ein Verhältnis oder eine feste Beziehung gehandelt hat. Für die Betrachtungsweise ist es wichtig, diese unterschiedlichen Verbindungen nicht zu bewerten, sondern sie mehr rückblickend zu erforschen. Interessant wäre es darüber hinaus, die Zeitspanne zu rekonstruieren, wie lange Sie in den einzelnen Begegnungen verweilt haben. In einem weiteren Schritt erlauben Sie sich bitte auch, die positiven und negativen Erinnerungen zu wecken. Überlegen Sie:

- Fallen Ihnen in diesen Beziehungen Wiederholungen auf?
- Oder ist ein Partner das krasse Gegenteil des vorherigen?
- Gibt es in den Verhaltensweisen Ihrer früheren Partner und dem Beziehungsmodell, das Sie gelebt haben, Ähnlichkeiten zu Vater, Mutter oder anderen Familienmitgliedern?

Betrachten Sie weiterhin Ihre früheren Verbindungen nach folgenden Gesichtspunkten:

- Was hat Ihnen in dieser Beziehung gut getan und was hat Ihnen gefehlt?
- Wie war die Balance zwischen Verbindlichkeit, Gefühlsausdruck und Gefühlstiefe in den einzelnen Begegnungen?
- Wie waren die finanziellen Angelegenheiten verteilt?
- Wie sind die Trennungen verlaufen?

Auch wenn viele schmerzhafte Erinnerungen bei diesem Rückblick wach geworden sind und es Ihnen vielleicht noch nicht möglich ist, Ihr Scheitern in manchen Beziehungen anzunehmen, so könnten Sie doch Ihre Bemühung um die Partnerschaft anerkennen.
Wenn Sie mit einem gewissen zeitlichen Abstand auf die vergangenen Beziehungen schauen, erweitert sich auch Ihr Blickwinkel, und Sie können sich diese Erfahrungen bewusst machen.

Fazit

- Wenn Sie die vergangenen Beziehungsgeschichten erforschen, können wertvolle Erkenntnisse über Ihre Beziehungsfähigkeit gewonnen werden.
- Wo wurden Veränderungen gelebt und wo ist das eigene Wachstum noch blockiert?

Ressourcen

Das Verstehen der Zusammenhänge und das Bewusstwerden der Hintergründe durch den zeitlichen Abstand.

Kosten bei Nichtbetrachtung der Beziehungsgeschichte

- Verlust wichtiger Erfahrungen für die jetzige Partnerschaft oder weitere Beziehungen.
- Es wird auf Klarheit über die eigenen Muster und Wiederholungen verzichtet.

Gewinn bei Betrachtung der Beziehungsgeschichte

- Durch die Bewusstwerdung der Vergangenheit können unerwünschte Wiederholungen vermieden werden.
- Und eigene, kraftvolle Veränderungsschritte können angestrebt werden.

Anleitung zu Entwicklungsschritten

Wer sich schwer tut, allein den Nutzen aus seiner Geschichte zu erforschen, sollte sich dabei therapeutisch helfen lassen.

Die verschiedenen Bindungsmöglichkeiten an frühere Partner

Wenn Sie sich Ihre Beziehungsgeschichte vor Augen geführt haben, können Sie feststellen, ob es für frühere Geliebte oder Partner noch Gefühle oder ob es mit ihnen noch Bindungen gibt. Es sind vielerlei Arten möglich, wie eine Bindung zwischen getrennten Partnern aufrechterhalten werden kann.

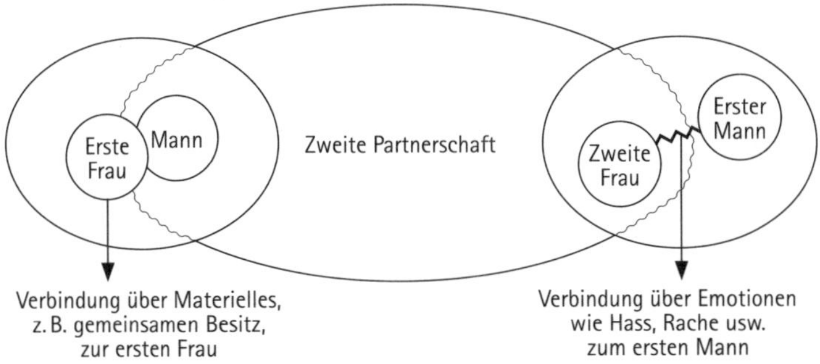

Unterschiedliche Bindungsmodelle

Vielleicht werden noch alte Träume und Sehnsüchte bewahrt, oder es sind negative Gefühle wie Hass, Rache, Schuld oder Neid geblieben. Auch ein gemeinsamer Besitz, der nach der Trennung nicht aufgeteilt wurde, oder Verstrickungen wegen finanziellen Angelegenheiten und Schulden erhalten eine Verbindung oder gegenseitige Abhängigkeit aufrecht. In der jetzigen Verbindung kann die Liebe größer sein als in der vorherigen. Aber das gelebte Leben, unabgeschlossene Geld- oder Besitzverhältnisse und emotionale Verbindungen, seien sie positiver oder negativer Natur, belasten die Bindungskraft der neuen Beziehung.
Geht noch zu viel Emotion, Kraft und Aufmerksamkeit in die Vergangenheit, fehlt diese Energie in der Gegenwart und schwächt dadurch die neue Beziehung.

Fallbeispiel

Günther war in erster Ehe mit Maike verheiratet. Sie hatten sich ein Haus im Grünen gebaut. Als Günther Maike verließ, überließ er ihr das gemeinsame Haus, um ihr zu dem Schmerz des Verlassenwerdens nicht noch den Hausverkauf zuzumuten.
Günther zieht in eine Mietwohnung und lernt nach einem Jahr Michaela kennen, die seine Freundin wird. Obwohl er inzwischen mit Michaela einen neuen Haushalt führt, kümmert er sich weiterhin um das Haus, das er mit Maike gebaut hat, weil es mittlerweile stark renovierungsbedürftig geworden ist. Er führt kleinere Reparaturen selbst aus, kümmert sich um Handwerker und holt Kostenvoranschläge ein. Er investiert Zeit, Geld und hat einen relativ großen Energieaufwand. Diese Kraft fehlt der neuen Partnerschaft.
Auch Michaela hatte vor Günther eine Beziehung, und zwar mit Rolf. Diese brach auseinander, weil Rolf Michaela mit ihrer besten Freundin betrogen hatte. Sie hat es ihm bis heute nicht verziehen und hasst ihn so sehr, dass sie noch häufig über ihn

und ihre Verletzung spricht. Manchmal legt sie sich sogar Rachepläne zurecht.
Weil sie noch so mit diesen negativen Gefühlen an Rolf gebunden ist, kostet es sie emotionale Kraft, und das schwächt ihre jetzige Beziehung.

Kommentar

An dem Beispiel wird deutlich, wie beide noch an ihre vorherigen Partner gebunden sind, obwohl ihnen das nicht bewusst ist und sie es sogar leugnen und die vorherige Beziehung für beendet halten.

Fazit
Viele Paare verleugnen die verschiedensten Bindungen zu ihren früheren Partnern, dennoch zieht das Unabgeschlossene Energie ab, und sie sind nicht hundertprozentig und mit ganzer Kraft in der neuen Partnerschaft engagiert.

Ressourcen
Die Bewusstseinserweiterung durch die Beschäftigung mit diesen Vorgängen regt die Suche nach neuen Möglichkeiten an, die Vergangenheit zu ordnen oder abzuschließen.

Kosten bei nicht abgeschlossenen Beziehungen
Die persönliche Kraft wird geteilt und schwächt jede neue Partnerschaft.

Gewinn bei abgeschlossenen Beziehungen
Es wird Kraft frei für einen Neubeginn.

Anleitung zu Entwicklungsschritten
Um Besitzansprüche, Gefühle, Abhängigkeiten abzuschließen, ist es wichtig, Ihr eigenes Motiv zur Aufrechterhaltung

der alten Bindung herauszufinden. Das können Schuldanteile, Schmerzen, Illusionen oder andere Gefühle sein. Der eigene Anteil wird somit angenommen und eine eventuelle Restschuld getragen, ohne deshalb noch mal in Reaktion zu gehen.

Emotionale Trennung

Um die Vergangenheit aufzuarbeiten und gut abzuschließen, braucht es in den meisten Fällen Unterstützung. Eine Form ist die therapeutische Begleitung für die emotionale Trennung.
Heute ist es modern geworden, übergangslos von der Geliebtensituation in eine Freundschaft oder Kameradschaft überzugehen. Damit soll unbewusst der Trennungsschmerz vermieden werden. Empfehlenswert ist es, nach der Trennung eine Distanz zu schaffen, damit jeder der Partner erst wieder zu sich selbst finden kann.
Im Folgenden werden wir von einer gewählten Trennung sprechen, nicht von einer Trennung durch Tod. Bei einer Trennung durch Tod verlaufen die verschiedenen Phasen anders, auf dieses Thema kommen wir im Kapitel »Patchworkfamilien« zurück.
Wenn ein Paar sich trennt, gibt es mehrere Phasen, die zu durchleben sind. Wenn beide Partner entscheiden, dass sie sich trennen wollen, haben sie eine gemeinsame Entscheidung getroffen, die auf der Handlungsebene leichter durchführbar ist. Dennoch ist diese Entscheidung auch von unterschiedlichen Emotionen begleitet.

Phasen bei beidseitigem Wunsch nach Trennung

• Die innere Ambivalenz ist abgeschlossen, und die Entscheidung »Wir trennen uns« ist gefallen.
• Die körperliche und räumliche Distanz wird gesucht.
• Noch gemeinsam geplante Unternehmungen werden abgesagt.
• Die Trennungsabsicht wird Familienmitgliedern, Verwandten und Freunden mitgeteilt.
• Emotionale Erleichterung stellt sich ein, weil die ständige Auseinandersetzung durch die Distanz weniger wird.
• Die Suche nach einem eigenen Leben beginnt. Die alleinige Entscheidungskraft kann für die einen Freude bringen, für andere ist sie eher schwierig und muss wieder erlernt werden.
• Der Schmerz des Verlusts der Beziehung taucht manchmal auf, wird aber wegen der Neuorientierung auch beiseite geschoben.
• Die Anstrengung des Neuanfangs kann verschiedene Gefühle wie Wut, Trauer, Angst zum Vorschein bringen.
• Der Verlust der früheren Vision – wie z. B. gemeinsam alt zu werden, gemeinsame Ideen zu verwirklichen, das Haus zu genießen – meldet sich erst bei Auflösung des gemeinsamen Besitzes.

Schwieriger wird es auf der Handlungs- und Vereinbarungsebene, wenn ein Partner den Trennungswunsch hat, während der andere die Beziehung aufrechterhalten will. In diesem Fall sind die Emotionen noch stärker vorhanden.

Phasen bei einseitigem Wunsch nach Trennung

Der Partner, der verlassen wird	Der Partner, der verlässt
Wut und Schuldzuweisung	Schuldgefühle, Erleichterung,
Schmerz, Trauer	offene oder unterdrückte Trauer

Der Partner, der verlassen wird	Der Partner, der verlässt
Leid und Opfererfahrung	Tätergefühle
Selbstwertverlust	Versagergefühle
Hoffnung und Erwartung	Flucht, Neubeginn
Selbstvorwürfe	Unsicherheit
Stillstand, Resignation	Kreative Veränderung

Bei beiden Partnern:
Offener oder unterdrückter Schmerz wegen der verlorenen gemeinsamen Vision.

Was bei Paaren meistens fehlt, weil jeder für sich seine Phasen der Trennung durchlebt, ist eine gemeinsame Bilanz ihrer zusammen verbrachten Jahre. Es braucht viel Mut, sich gegenseitig mit dieser Bilanz zu konfrontieren. Wenn auch manchmal Jahre der Distanz notwendig sind, um in einem sicheren Rahmen einem gemeinsamen Trennungsritual zuzustimmen, lohnt es sich für beide Partner, ihre Vergangenheit gut abzuschließen. Das Trennungsritual ist ein letzter Liebesdienst, den sie sich gegenseitig erweisen, um nach Befriedung ihrer Vergangenheit ihr neues Leben kraftvoll gestalten zu können.
Auch der Partner, der verlassen wurde, kann sich wieder öffnen und neue Lebenschancen anstreben. Für beide sollten am Ende Anerkennung und Dankbarkeit für die gemeinsame Zeit übrig bleiben. Aus unserer Erfahrung braucht das ehemalige Paar therapeutische Begleitung, damit der sichere Rahmen gewährleistet ist.
Die Hochzeit eines Paares wird in Ritualform gefeiert und von einem Standesbeamten oder Pfarrer durchgeführt, der den Bund der Ehe bestärkt. Genauso braucht es für die Trennung eine Vertrauensperson, die dem Paar hilft, sich wieder freizugeben.

Ein Trennungsritual aus unserer therapeutischen Praxis:

- Mit dem ehemaligen Paar werden Regeln vereinbart. Einer spricht, der andere hört zu, ohne zu unterbrechen.
- Falls diese Regel nicht eingehalten wird, darf der Therapeut sie korrigieren.
- Der Therapeut achtet darauf, dass jeder die gleiche Redezeit hat.
- Jeder spricht nur von sich.
- Es geht nicht mehr um gegenseitige Vorwürfe oder darum, sich einander noch verändern zu wollen.
- Die Themen, über die gesprochen wird, sind vom Therapeuten festgelegt.
- Der Therapeut achtet darauf, dass alle Themen und Ereignisse ganz konkret benannt werden:
  - *Erstes Thema:* Beide sprechen nacheinander über ihre Schmerzen, die sie in dieser Beziehung erlitten haben.
  - *Zweites Thema:* Beide sprechen nacheinander über ihren Ärger aus der Beziehung, den sie noch in sich spüren.
  - *Drittes Thema:* Beide sprechen nacheinander darüber, welche freudigen Ereignisse sie in der Beziehung erlebt haben.
  - *Viertes Thema:* Die Partner bringen nacheinander ihre Dankbarkeit für die besonderen Erlebnisse in ihrer Beziehung zum Ausdruck.
- Wenn das ehemalige Paar diese Themen durchwandert hat, dann beginnt der Schritt des gegenseitigen Loslassens: »Ich gebe dich frei
  - auf der geistig-seelischen Ebene,
  - auf der Herzens- und Liebesebene und
  - auf der sexuellen Ebene.«
- Falls es schon möglich ist, können die ehemaligen Partner sich gegenseitig sagen:
  - »Ich gebe dir einen guten Platz in meinem Herzen
  - und würdige damit unsere gemeinsame Vergangenheit!«

- Für Paare, die gemeinsame Kinder haben, braucht es noch das Einvernehmen, dass die ehemaligen Partner vor ihren Kindern nicht schlecht übereinander sprechen werden. Außerdem sollte eine Würdigung und Anerkennung der Elternschaft gegenseitig ausgesprochen werden: »Ich anerkenne dich als Vater/Mutter unserer Kinder und werde in ihrem Beisein nicht schlecht über dich sprechen.«
- Sie geben sich noch einmal die Hand und wünschen sich alles Gute. Mit diesem Händedruck und den guten Wünschen für die Zukunft endet das Trennungsritual. – Mit einer Handverbindung hat die Partnerschaft begonnen, und mit einem bewussten Handkontakt und einem »Lebewohl« endet diese Beziehung.

Fazit

Die bewusste emotionale Trennungsarbeit wird meistens vermieden, weil viele Menschen sich nicht mit ihren eigenen Gefühlen konfrontieren wollen.

Ressourcen

Die Paarkultur und die gegenseitige Achtung steigen, wenn nicht nur dem Anfang einer Beziehung viel Aufmerksamkeit geschenkt wird, sondern auch dem guten Abschluss.

Kosten bei nicht abgeschlossenen Beziehungen

Die nicht abgeschlossene Vergangenheit wirkt zu stark auf die Gegenwart ein.

Gewinn bei emotional abgeschlossenen Beziehungen

- Jede Trennung hat etwas Schmerzhaftes, aber auch etwas Erleichterndes.
- Es ist möglich, sich mit der Paargeschichte auszusöhnen und seinen inneren Frieden wieder zu finden.

Anleitung zu Entwicklungsschritten

- Für diese emotionale Trennung ist es wichtig, Selbstverantwortung zu übernehmen und sich nicht vom anderen abhängig zu machen.
- Sollte der ehemalige Partner keine Bereitschaft zu einem gemeinsamen Trennungsritual zeigen, kann der erste Schritt sein, sich therapeutische Hilfe für den eigenen Anteil zu holen.

Die Bindung über die Elternschaft

Die Trennungsarbeit und das Trennungsritual, das wir Ihnen im letzten Kapitel vorgestellt haben, ist allen Paaren in Trennungsphasen sehr zu empfehlen. Für Paare mit gemeinsamen Kindern jedoch ist diese Form der Arbeit unumgänglich. Bei der Partnerschaft handelt es sich um eine Wahlgemeinschaft, die wieder gelöst werden kann. Im Gegensatz dazu kann die Elternschaft für die gemeinsamen Kinder nicht gelöst werden. Die Elternschaft bringt Mann und Frau in eine schicksalhafte Verbindung. Auch wenn die Liebesbeziehung nicht fortgesetzt wird, bleiben beide ihr ganzes Leben lang Eltern.
Deutlich wird das vor allem, wenn die Kinder in verschiedenen Lebensphasen Feste feiern (Geburtstag, Einschulung, Konfirmation, Abiturfeier, Verlobung, Hochzeit, Geburt und Taufe der Enkelkinder usw.) und sich wünschen, dass beide Elternteile anwesend sind. Bei persönlichen Schwierigkeiten der Kinder oder Krankheiten müssen beide Elternteile gemeinsame Entscheidungen fällen können. Wenn die Spannungen und ungelöste Themen der Paarbeziehung noch nicht abgeschlossen sind, wird es schwer bis manchmal unmöglich, sich seinen Elternaufgaben zu widmen. Das Ungelöste aus der Partnerschaft überträgt sich auf die Elternschaft und erschwert damit alle

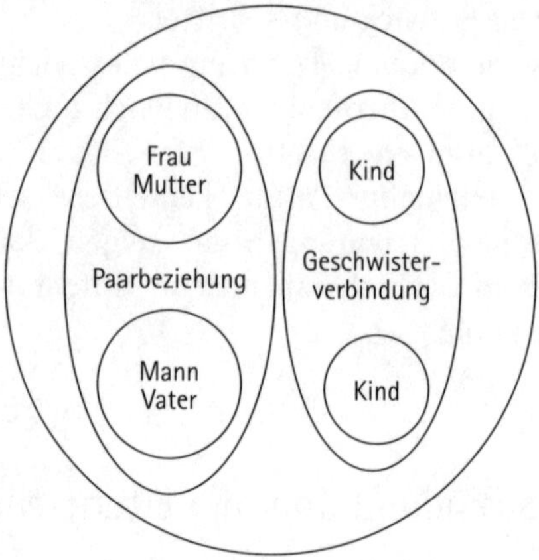

Die alte Familiensituation vor der Trennung

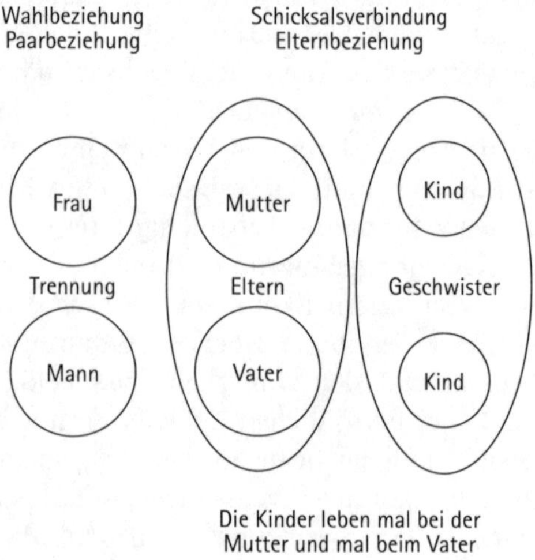

Die Familiensituation nach der Trennung

Fragen des Unterhalts, des Besuchsrechts und der elterlichen Verantwortung.
Die Kinder sind bereits durch die Trennung belastet, deshalb sollten sie auf gar keinen Fall weiter in die alten Spannungen hineingezogen werden. Es muss vermieden werden, dass die Kinder Opfer der Hass- und Rachegefühle ihrer Eltern werden. Häufig werden die Kinder auch benutzt, um die alte Bindung zwischen dem Paar wieder herzustellen. Als Paar- und Familientherapeuten dringen wir darauf, dass zwischen Elternschaft und Partnerschaft differenziert wird. Je besser die Partnerschaft getrennt und befriedet ist, desto leichter wird es, gemeinsame Verantwortung für die Kinder zu übernehmen.

Fazit

Es stimmt traurig, dass Kinder so häufig tief in Mitleidenschaft gezogen werden, weil die Eltern ihre Verantwortung für die emotionale Trennungsarbeit nicht übernehmen.

Ressourcen

Wenn die Partnerschaft befriedet wurde, ist es möglich, den Kindern weiterhin gute Eltern zu sein.

Kosten bei nicht abgeschlossener Partnerschaft

- Diese Kosten werden in erster Linie von den Kindern getragen.
- Zusätzlich erschwert es den Umgang in der Elternschaft, die Spannungen der ehemaligen Partnerschaft schleichen sich durch die Hintertür über die Elternproblematik immer wieder ein.

Gewinn bei abgeschlossener Partnerschaft

- Die Kinder werden aus dem Spannungsfeld der Eltern entlassen.
- Sie brauchen weder die Mutter noch den Vater innerlich abzuwerten, und Identitätsstörungen werden vermieden.

- Die Kinder brauchen nicht Partei zu ergreifen und kommen damit nicht in eine Machtposition, die ihnen nicht zusteht.
- Die Verhandlungen in Erziehungsfragen und allen Alltagssituationen werden für die Elternschaft spürbar leichter zu leben sein.

Anleitung zu Entwicklungsschritten
Selbst wenn ein Partner zur Trennungsarbeit noch nicht bereit ist, kann der Versuch mithilfe eines Paartherapeuten angestrebt werden. Der Therapeut kann sich in den Dienst der Kinder stellen und als Vermittler agieren.

Patchworkfamilien

Wenn sich ein Paar mit gemeinsamen Kindern trennt und ein oder beide Elternteile wieder eine neue Partnerschaft eingehen, kreieren sie damit eine Stieffamilie, heute auch »Patchworkfamilie« genannt. In unserer Zeit bleiben Paare meistens nicht mehr wie früher »bis zum Tod« zusammen. Deshalb wird es immer wichtiger, die spezielle Problematik der zusammengesetzten Familien zu betrachten.
Auch in der Systemischen Familientherapie ist es noch nicht lange her, dass erkannt wurde, wie sehr sich zusammengesetzte Familien in der Dynamik grundsätzlich von der Erstfamilie unterscheiden. Für eine gute Integration hat sich gezeigt, dass es sich positiv auf die Patchworkfamilie auswirkt, wenn man bestimmte Ordnungskriterien berücksichtigt. Werden diese eingehalten, bringen sie Entspannung in das gesamte System. Werden sie nicht eingehalten, kann es zu extremen Konflikten und lang anhaltenden Verwicklungen kommen, die einzelne Familienmitglieder stark belasten.

Um sich eine Übersicht der Familienstruktur zu verschaffen, muss dieses komplexe Familiensystem erst einmal in »Einzelteile zerlegt« werden. In der Fachsprache nennen wir das »die Betrachtung der Subsysteme«. Es ist die Arbeit des begleitenden Systemischen Familientherapeuten, die jeweiligen Subsysteme zu untersuchen, ob dort die positiven Ordnungskriterien berücksichtigt wurden. Ist das nicht der Fall, hilft der Systemische Familientherapeut dabei, diese zu installieren. – Mögliche Subsysteme sind ist die folgenden:

- *Erstes Subsystem:* die leiblichen Eltern der Kinder.
- *Zweites Subsystem:* das neue Paar.
- *Drittes Subsystem:* erste(r) und zweite(r) Frau/Mann.
- *Viertes Subsystem:* die leiblichen Geschwister aus der ersten Beziehung.
- *Fünftes Subsystem:* die Kinder des neuen Paares.
- *Sechstes Subsystem:* das Adoptivkind (bzw. Pflegekind) mit seinen leiblichen Eltern.
- *Siebtes Subsystem:* Vater/Mutter mit Kind(ern) aus der ersten Ehe.

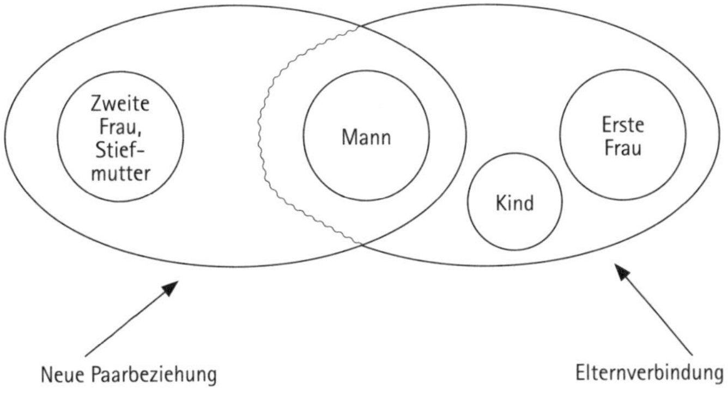

Stiefmuttersituation

- *Achtes Subsystem:* Vater/Mutter mit Kind(ern) aus der zweiten Ehe.

Die Abbildung »Stiefmuttersituation« zeigt die Situation eines Paares nach der Trennung und bei der Wiederverheiratung mit einem Kind aus der ersten Ehe des Mannes.
Mithilfe dieses Schemas können die wichtigsten Ordnungskriterien, die in dem System zu berücksichtigen sind, aufgezeigt werden.
Die erste Partnerschaft wurde getrennt, und der Vater des Kindes heiratet seine zweite Frau. Dabei muss vom neuen Paar anerkannt werden, dass sie eine Stieffamilie gründen, ganz gleich, ob das Kind aus der ersten Ehe ständig bei ihnen lebt oder nur zu Besuch kommt. Mit der erneuten Eheschließung wird die zweite Frau zur Stiefmutter des Kindes.
Die zweite Frau muss die Realität und die Hierarchie anerkennen, dass die erste Frau vor ihr da war und ein länger gelebtes Leben mit dem Partner hatte. Wenn ihr diese Realität nicht bewusst ist und sie der ersten Frau eher kritisch bis konkurrierend gegenübersteht, dann wirkt sich das als Unruhe auf das neue Paarsystem aus. Es muss ihr die realistische Situation bewusst werden, denn sie kann ihren Platz an der Seite des Mannes nur einnehmen, weil die erste Beziehung gescheitert ist.
Trotz des Scheiterns hat die zweite Frau kein Recht, die erste Beziehung ihres Mannes oder seine damalige Frau zu bewerten. Manchmal gelingt diese Würdigung der ersten Frau ihrer Nachfolgerin nicht, weil ihr Ehemann sich noch nicht ganz emotional von seiner ersten Frau getrennt hat. In diesem Fall wird das Subsystem des ersten Paares betrachtet; und wenn nötig, ist eine Trennungsarbeit mit einem Trennungsritual durchzuführen. Erfahrungsgemäß fällt es der zweiten Frau danach wesentlich leichter, ihre Vorgängerin anzuerkennen.

Ist die erste Frau verstorben, dann muss die tote Frau von ihrer Nachfolgerin ebenfalls gewürdigt werden. In diesem Fall muss

man zusätzlich überprüfen, ob der Mann die Trauerarbeit um seine erste Frau schon abgeschlossen hat und emotional wieder für eine neue Verbindung offen ist. Oftmals suchen Witwer sehr schnell eine neue Partnerin, vor allem dann, wenn kleine Kinder da sind. Sie glauben, ihren Kindern mit der zweiten Frau die Mutter ersetzen zu müssen.
Mit therapeutischer Hilfe kann sich der Mann im geschützten Rahmen seiner Trauerarbeit zuwenden und die Themen aufspüren, die zwischen seiner toten Frau und ihm noch nicht ganz abgeschlossen sind. Manchmal ist bei einem plötzlichen Tod durch Unfall keine Zeit für ein Abschiednehmen gewesen, und deshalb blieb manches noch unausgesprochen.
Verschiedene Abschiedsrituale könnten dem Mann helfen, seine erste Frau auf einer tiefen Ebene loszulassen. Danach steht ihm die bisher gebundene Kraft für eine neue Beziehung wieder zur Verfügung.
Für das Kind aus der ersten Ehe ist es wichtig, dass die zweite Frau weiß: Sie kann niemals die leibliche Mutter ersetzen. Und sie versucht darum nicht, diesen Platz einzunehmen.
Die innere Haltung der Stiefmutter sollte sein: »Ich bin die zweite Frau deines Vaters, ich bin nicht deine Mutter, aber ich bin offen für eine Freundschaft!«
Das Kind sollte sowohl beim Vater in seinem neuen Haushalt wie bei der Mutter einen eigenen Platz erhalten. Kleine Kinder brauchen ein eigenes Bett, wenn möglich, ein eigenes Zimmer bei jedem Elternteil. Für die Jugendlichen und erwachsenen Kinder sollte bei den Eltern Offenheit für Besuch und Kontakt bestehen. Es sollte erlaubt sein, dass Erinnerungen an die Mutter, sei es in Form eines Bildes im Kinderzimmer oder sonstige Andenken, aufbewahrt werden dürfen. Wenn die Mutter verstorben ist, wird es wichtig, dass der Vater allein mit seinem Kind das Grab der Mutter besucht und sie den gemeinsamen Verlust miteinander durchleben. Es fällt manchen Stiefmüttern schwer, sich zurückzunehmen und dem Mann diese Aufgaben zu überlassen. Genauso schwer fällt es den Männern, wenn

sie Zeit mit ihrem Kind verbringen und ihre Ehefrauen allein lassen. Für den Mann entsteht immer mal wieder ein Loyalitätskonflikt. Erfüllt er die Bedürfnisse seines Kindes, besteht die Möglichkeit, dass die Frau sich zurückgesetzt fühlt. Erfüllt er die Bedürfnisse seiner Frau, ist das Kind unglücklich. Ihm bleibt nichts anderes übrig, als mal der einen Seite und mal der anderen Seite den Verzicht auf seine Person zuzumuten.

Für die Erziehung des Kindes sind die leiblichen Eltern zuständig. Die Stiefmutter sollte sich möglichst aus den Erziehungsfragen heraushalten. Wenn alle drei in einem gemeinsamen Haushalt zusammenleben, dann trägt die Stiefmutter ihre Wünsche über die Hausregeln ihrem Mann vor, nach gemeinsamen Besprechungen und eventuellen Verhandlungen gibt der Mann die Ergebnisse an das Kind weiter. Für die Stiefmutter ist es zusätzlich erschwerend, dass sie sich auch zurücknehmen muss, wenn ihr Partner sich noch zu Elterngesprächen mit seiner ersten Frau trifft.
Bei Familienfeierlichkeiten wie Einschulung, Geburtstag etc. ist es wichtig, dass der Vater durch seine Elternverantwortung mit seiner Exfrau und dem Kind zusammentrifft. Stiefmutter zu sein ist eine schwere Aufgabe, weil die Stiefmutter kaum Rechte hat, wenn es um Erziehungsfragen geht; und zusätzlich muss sie noch viel auf ihren Partner verzichten. Deshalb ist es wichtig, dass der Mann ihr einen Ausgleich anbietet, indem er Zeit ganz allein mit ihr verbringt. Der große Verzicht, den sie als Stiefmutter leistet, sollte von ihm gesehen und anerkannt werden. Die zweite Frau hat ein Recht auf ihre Intimsphäre und darf den gemeinsamen Wohnraum mit ihrem Mann schützen, d.h. dass sie die erste Frau zu Elterntreffen nicht in ihren Räumlichkeiten dulden muss. Wenn das Kind zu den Besuchszeiten abgeholt wird, sollte die erste Frau die Grenzen der zweiten Frau respektieren.
Damit haben wir Ihnen Beispiele für die Ordnungskriterien gegeben, die in einer Stieffamilie wichtig sind. Weil sie so un-

erlässlich sind, wollen wir sie noch einmal zusammengefasst aufführen.

- emotionale Trennungsarbeit der ersten Beziehung,
- Anerkennung der Stieffamiliensituation,
- Würdigung der ersten Partnerin durch die zweite.
- Die zweite Partnerin bewertet weder die erste Beziehung noch die erste Frau.
- Trauerarbeit und Verabschiedung beim Tod der ersten Frau/ des ersten Mannes.
- Der verbliebene Elternteil trägt mit dem Kind den schweren Verlust beim Todesfall.
- Für das Kind gilt es, einen ungestörten Kontakt zu beiden Elternteilen zu ermöglichen.
- Das Kind erhält altersgemäß einen geeigneten eigenen Platz in beiden Elternhäusern.
- Die Stiefmutter erkennt an, dass sie nicht die leibliche Mutter ist.
- Die Stiefmutter mischt sich nicht in Erziehungsfragen ein.
- Die Stiefmutter gibt Raum und Zeit für Elterntreffen.
- Bei Familienfeierlichkeiten des Kindes sollte die Stiefmutter nur teilhaben, wenn die erste Frau zustimmt.
- Die Stiefmutter hat ein Recht auf Zeit, die das Paar allein verbringt.
- Der Ehemann wertschätzt die schwierige Rolle seiner zweiten Frau.
- Die zweite Frau darf ihren Wohnraum schützen.
- Die erste Frau sollte die Grenzen der zweiten Frau respektieren.

Alles, was wir hier an Ordnungskriterien als Beispiel für die Stiefmutter benannt haben, gilt im gleichen Maße für Stiefväter.
Diese Ordnungskriterien haben keine Rangordnung, alles ist zu einer guten Integration gleich wichtig. In der systemischen Be-

trachtungsweise sind alle Familienmitglieder miteinander verbunden, das wirkt sich in komplexen Systemen extrem sensibel aus. Deshalb kann es sein, dass ein Ordnungskriterium, das noch nicht integriert ist, die Installation eines anderen verhindert. Systemisch gesehen, wirkt sich das Verhalten der Familienmitglieder nicht linear aus, sondern findet gleichzeitig statt. Deshalb ist es wichtig, überhaupt zu beginnen, um dadurch die gesamte Ordnung des Systems in Bewegung zu setzen.

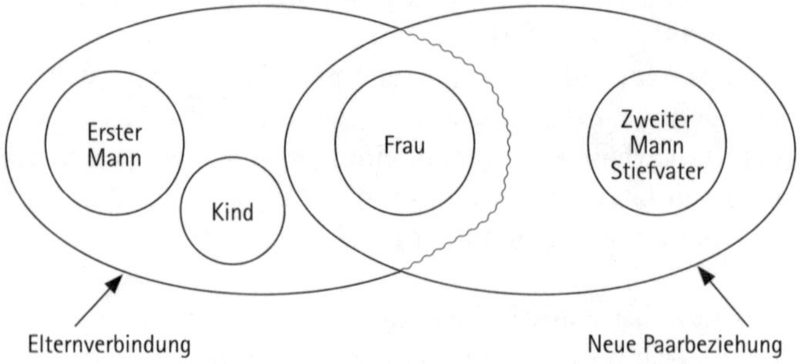

Stiefvatersituation

Nach unserer Erfahrung gibt es jedoch zusätzlich Unterschiede zwischen der Situation von Stiefmüttern und Stiefvätern.

- Die Stiefmütter wollen nicht als »böse Stiefmutter« gelten und versuchen deshalb, eine bessere Mutter als die leibliche Mutter zu sein. Sie wollen die psychische und häusliche mütterliche Versorgung perfekt meistern. Auch um damit ihrem Partner zu beweisen, dass sie mit den schwierigen Aufgaben fertig werden. Es hat sich erwiesen, dass dieses Verhalten eher kontrainitiiert ist; d.h., dass Kinder der Stiefmutter ein solches Verhalten besonders übel nehmen, auch dann, wenn sie es in ihrer kindlichen Abhängigkeit noch nicht zeigen und dieser Groll erst im Jugendlichen- oder Erwachsenenalter zum Vorschein kommt.

- Die Stiefväter haben häufig das Problem, dass sie zur finanziellen Versorgung herangezogen werden, wenn der leibliche Vater zu wenig oder gar nicht für den Unterhalt des Kindes aufkommt. Die Schwierigkeit besteht darin, dass Stiefväter es vermeiden, ihre Frau zu konfrontieren, damit sie sich bei der Bedürfniserfüllung ihrer Kinder mit dem Vater der Kinder und nicht mit ihm auseinander setzt. Er muss es seiner Frau zumuten, dass sie entweder die Wünsche der Kinder nicht erfüllen kann oder sich mit dem leiblichen Vater auseinander setzt. An dieser Stelle möchten viele Stiefväter auch nicht die »bösen Stiefväter« sein und machen deshalb faule Kompromisse. Außerdem wollen sie ihrer Frau die Auseinandersetzung mit dem Jugendamt, Behörden oder dem ersten Mann ersparen. Gern wollen sie sich als die besseren Männer fühlen, jedoch überfordern sie sich manchmal dabei, und der

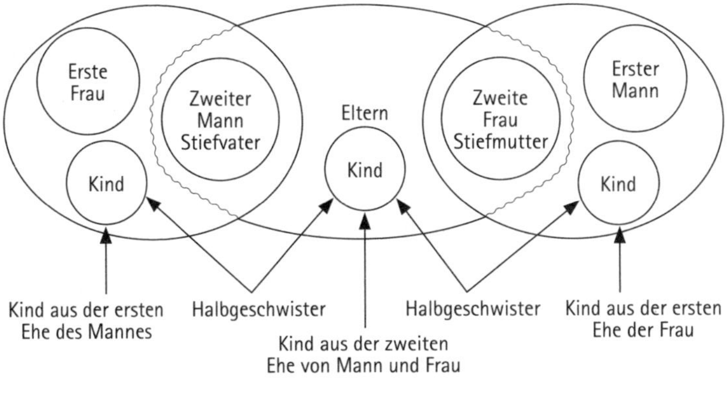

Kinder aus erster und zweiter Ehe

unterdrückte Groll kommt an einer anderen Stelle als Sabotageteil zum Vorschein.

Die Komplexität nimmt zu, wenn nach der ersten Ehe, aus der schon ein oder mehrere Kinder hervorgegangen sind, in der zweiten Ehe noch einmal Kinder geboren werden. Alles, was wir bisher an Ordnungskriterien beschrieben haben, ist auch in diesem System zu beachten. Zusätzlich entstehen neue Subsysteme – wie eine zweite Elternschaft und das Subsystem der Halbgeschwister.

In der Hierarchie der Geschwisterreihe haben die Kinder der ersten Ehe aus systemischer Sicht zwar Vorrang, aber in der Versorgung brauchen die jüngeren Kinder aus der zweiten Ehe mehr Aufmerksamkeit, und die älteren Halbgeschwister müssen zurückstehen. Das bringt für die Kinder aus der ersten Ehe oft viele Schmerzen, da sie sich ungerecht behandelt fühlen. Es kann etwas Erleichterung bringen, wenn der leibliche Elternteil den Schmerz seiner Kinder sieht und er es anerkennt, dass er es ihnen zugemutet hat.

Ein Mann bringt z.B. vier Kinder aus erster Ehe in seine zweite Ehe ein. Seine neue Partnerin hat keine eigenen Kinder und ist noch jünger als ihr Partner. Wenn sie wegen der vier Kinder aus erster Ehe ihren eigenen Kinderwunsch unterdrückt, besteht die Möglichkeit, dass sich unterschwelliger Groll und Schmerz in der Partnerschaft auswirken. Möglicherweise wird sie ihrem Partner unbewusst einen wesentlichen persönlichen Wunsch verweigern. Um das zu vermeiden, ist es unter Umständen durchaus zu verstehen, dass ein Mann mit Kindern aus erster Ehe sich auf weitere Kinder einlässt. Für die zweite Frau kann durch ihre eigenen Kinder das gesamte System mehr in Balance kommen, weil sie nicht mehr allein dem ersten System gegenübersteht.

Was sich als Erleichterung für die neue Partnerin auswirkt, wird zu einem Problem für die Kinder. Das neue Paar muss anerkennen, dass die Kinder aus dem ersten und zweiten System

»nur« Halbgeschwister sind, und darf sie nicht wie eine Großfamilie behandeln, denn sonst verletzen sie damit die Identität und Zugehörigkeit der Kinder zu den jeweiligen Systemen. Wird das nicht berücksichtigt, stellt sich in der Folge meistens eine große Rivalität unter den Halbgeschwistern ein. Möglicherweise auch eine Identitätsstörung einzelner Kinder. Das große Bemühen, eine Großfamilie zu gründen und möglichst alle gleich zu behandeln, wirkt sich nicht förderlich, sondern eher hinderlich für die Entwicklung der Kinder aus. Wenn in einer Stieffamilie beide Systeme, das erste und das zweite, Anerkennung, Grenzen und Wertschätzung erfahren, kann die Vielfalt und Kreativität dieses komplexen Systems als wunderbarer Reichtum erlebt werden.

Wir bezeichnen ein Paar mit einem oder mehreren Adoptiv- und/oder Pflegekindern ebenfalls als ein komplexes Familiensystem. Außer den bisher schon genannten Ordnungskriterien gilt hier das Prinzip, dass die leiblichen Eltern der Kinder von den Adoptiv- oder Pflegeeltern gewürdigt werden müssen, auch dann, wenn sie viel für ihre Adoptivkinder tun, während die leiblichen Eltern die Kinder früh verlassen haben, sich nicht ausreichend um sie kümmerten oder in irgendeiner Form sozial auffällig geworden sind.

Die Adoptiv- oder Pflegeeltern sollten die leiblichen Eltern nicht abwerten, denn die Kinder tragen in ihren Körperzellen das Erbgut ihrer leiblichen Eltern. Wenn sowohl die Adoptiv-/Pflegeeltern und die Adoptiv-/Pflegekinder die leiblichen Eltern abwerten, werden auch die Erbanteile in den Kindern herabgesetzt. Durch diese Abwertung kann es früher oder später zu einer Identitätskrise der Kinder kommen.

Es führt ebenfalls zu einer inneren Verwirrung der Kinder, wenn es ihnen verheimlicht wird, dass sie adoptiert worden sind. Oftmals zeigt sich diese innere Verwirrung in einer Suche nach dem »Wer bin ich wirklich?« und kann sich zu einer Anlage zum Suchtverhalten entwickeln. Oftmals wollen die Adoptivkinder keinen Kontakt zu ihren leiblichen Eltern oder lehnen sie ab. Dennoch sollte diese Phase von den Adoptiveltern nicht als Bestätigung dafür genommen werden, dass sie die besseren Eltern sind.

Für die Adoptivkinder ist ein solches Verhalten auch ein Schutzmechanismus, um den eigenen Schmerz und den der Adoptiveltern zu vermeiden. Wenn alle Beteiligten die reale Situation anerkennen, wie sie ist, kann sich der große Schmerz beruhigen, und die Kinder werden sich trotz ihres schwierigen Starts ins Leben positiv weiterentwickeln.

Fazit

- Wichtig ist es, die konkrete persönliche Situation zu erforschen, wenn Sie entweder eine Stieffamilie gegründet haben oder in einer aufgewachsen sind.
- Es entstehen immer mehr Stieffamilien. Deshalb sollte das Bewusstsein für diese besondere Dynamik stärker berücksichtigt und verbreitet werden. Erzieher(innen), Lehrer(innen) und Sozialarbeiter(innen) können mit diesem Wissen unterstützend einwirken.

Ressourcen

Bei gelungener Integration entfalten sich großer Reichtum, Vielfalt, Lebendigkeit und Kreativität.

Kosten bei Nichtbeachtung der Ordnungskriterien

- Spannungen,
- Konflikte,
- Chaos,
- Überforderung,
- psychosomatische Krankheiten,
- Entwicklungsstörungen der Kinder.

Gewinn bei Beachtung der Ordnungskriterien

- Entspannung,

- Konfliktklärung,
- Ordnung,
- Entlastung,
- gesundes Wachstum der Kinder.
- Herausforderungen können bewältigt werden.
- Persönlichkeitswachstum der Eltern.
- Wenn die Ordnungskriterien erfolgreich angewandt werden, entwickelt sich auch in einem komplexen System die positive Kraft der Familie.

Anleitung zu Entwicklungsschritten

- Man kann die Hilfe der Systemischen Familientherapie in Anspruch nehmen.
- Eine Familienaufstellung genügt auf keinen Fall für die Klärung der einzelnen Subsysteme. Sie dient lediglich als Diagnoseinstrument.
- Damit sich das Leben im Alltag neu ordnet, ist eine fachkundige Einzelbegleitung für alle im System beteiligten Familienmitglieder zu empfehlen.

Teil 3:

Die Ebene der Herkunftsfamilie

Im dritten Teil unseres Buches werden zunächst die Verstrickungen zwischen Eltern und erwachsenen Kindern sowie die Auswirkungen dieser ungelösten Themen auf die spätere Partnerschaft der Kinder aufgezeigt. Im Kapitel »Generationsübergreifende Verstrickungen« erweitern wir den Blickwinkel auf die Großelternebene und das Ungelöste, das sich aus dieser Generation auf das neu gebildete Paarsystem auswirkt.

Spannungsgeladene Bindung zu einem oder beiden Elternteilen

Ziehen erwachsene Kinder aus dem Elternhaus aus und ist dadurch eine räumliche Distanz entstanden, dann bedeutet das noch lange nicht, dass eine emotionale Ablösung von den Eltern stattgefunden hat. Die ungelösten Konflikte mit Mutter und Vater sind möglicherweise noch nicht geklärt, oder sie sind im Unbewussten gespeichert. Diese eingefrorenen Gefühle werden später erst in einer erwachsenen Paarbeziehung geweckt. Gerade weil die Gefühle unterdrückt sind, können sie die erwachsenen Kinder aus dem Untergrund steuern. Manchmal ist die Beeinflussung so stark, dass eine Sogwirkung entsteht und ein Partner gewählt wird, der durch sein ähnliches Verhalten den Eltern gleicht. Bei den Konflikten in der Partnerschaft kommen die unterdrückten Gefühle aus der Elternbeziehung an die Oberfläche und vermischen sich mit den schmerzhaften Verletzungen aus der Paarbeziehung. Damit werden die unverarbeiteten Situationen aus der Vater- oder Mutterbeziehung unbewusst reinszeniert und auf den Partner übertragen, es entsteht eine Projektion.

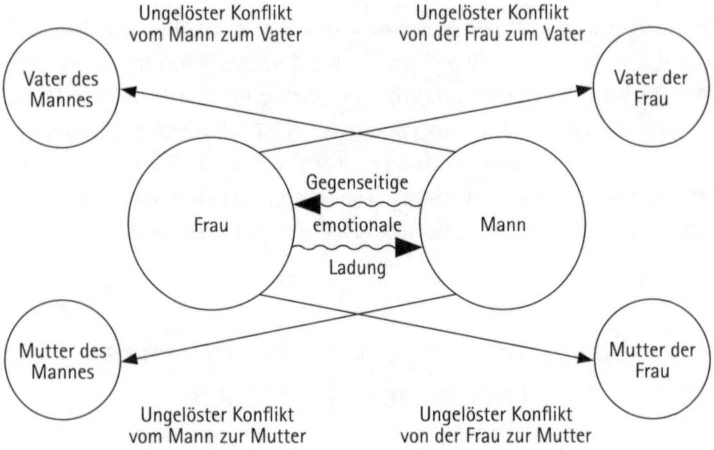

Die Projektion auf den Partner

Zur Auflösung der Projektion ist es als Erstes wichtig, die ungelösten Konflikte mit den Eltern als Übertragung auf den Ehepartner zu erkennen. Als Nächstes ist es notwendig, die Spannungsanteile (Gefühlsanteile) zu unterscheiden und sie jeweils auf die Eltern und den Partner aufzuteilen.

Wichtig ist es, zu unterscheiden, welche Gefühle dem Partner gehören und welcher Anteil zur Elternbeziehung gehört. Wenn diese Unterscheidung nicht stattfindet, wird die Partnerschaft mit der ungelösten Vergangenheit übermäßig belastet. Je mehr jeder Partner die Verantwortung für seine ungelösten Elternkonflikte übernimmt und seinen emotionalen Ablösungspro-

zess zu Vater und Mutter vollzogen hat, desto weniger belastet er die Partnerschaft.
Es kommt häufig vor, dass Erwachsene behaupten, alle Konflikte aus der Kindheit mit ihren Eltern geklärt zu haben und mit ihnen im Frieden zu sein. Dennoch wissen wir aus Erfahrung, dass diese Aussagen auch eine Schutzbehauptung sein können, um sich selbst und seine Eltern nicht mit schmerzhaften Erinnerungen und den damit verbundenen Gefühlen zu konfrontieren. Die Eltern werden geschont, und die gesamte Spannung wird auf den Partner übertragen. Wir beschreiben im anschließenden Beispiel von Elke und Friedrich eine solche Übertragungssituation.

Fallbeispiel

Elke und Friedrich sind drei Jahre verheiratet. Elke kommt aus einer Suchtfamilie, ihr Vater war Alkoholiker. Friedrich hat seinen Vater sehr früh verloren, er ist im Zweiten Weltkrieg gefallen.
In ihrer Ehe wiederholt sich eine Situation immer wieder: Friedrich vereinbart mit Elke eine Uhrzeit, zu der er von seinen sportlichen Aktivitäten zurückkommt. Elke verlässt sich auf sein Versprechen und wartet zur angegebenen Zeit zu Hause auf ihn. Ohne dass Friedrich seine Frau telefonisch benachrichtigt, kommt er drei bis vier Stunden zu spät. Elke ist inzwischen außer sich vor Wut. Sie macht Friedrich heftige Vorwürfe und ist im Anschluss tagelang gekränkt. Friedrich nimmt sie nicht ernst und versucht, die Situation mit Späßen zu retten.
In einer therapeutischen Paarsitzung wird unterschieden, was die reale Verletzung von Elke ist und warum Friedrich seine Frau nicht ernst nehmen kann. Er findet, dass Elke übertreibt, wenn sie erst wie eine Furie auf ihn losgeht und ihn dann übermäßig bestraft, indem sie mehrere Tage nicht mit ihm spricht. Durch Elkes Wutattacken und ihren tagelangen Rück-

zug will sie ihrem Mann deutlich vermitteln, wie verletzt sie ist; dennoch kann sie ihn nicht erreichen. Sie versteht nicht, dass er ihren Schmerz nicht ernst nimmt. Friedrich versteht Elkes Überreaktion auch nicht; sie schaltet innerlich ab, und er schützt sich mit seinem Zynismus, den er als Humor verkauft.

Durch Nachfragen nach alten Verletzungen stellt sich heraus, dass Elkes Vater ihr in der Kindheit immer wieder Versprechungen gemacht hat, ohne diese jemals einzuhalten. Stets glaubte und vertraute sie ihm ernsthaft, obwohl ihr Vater sie oft enttäuscht hatte.

Diesen Kinderschmerz hat Elke vollkommen verdrängt, sie verehrt ihren Vater als erwachsene Frau sehr und hat viel Verständnis für seine Schwächen. Sie kann seinem Charme und Humor nicht widerstehen. Auch an Friedrich hat sie beim Kennenlernen und in der Anfangsphase nur diese charmante Seite sehen wollen. Durch die andauernden schmerzvollen Enttäuschungen mit Friedrich kommen ihre unterdrückten Wutgefühle an die Oberfläche.

Friedrich ist als Einzelkind bei seiner Mutter groß geworden. Durch den großen Verlust, den die Mutter bei dem Tod ihres Mannes erleiden musste, hat sie sich sehr an den kleinen Friedrich geklammert. Er durfte selten mit seinen gleichaltrigen Freunden Fußball spielen, sondern er musste sich um ihre Einsamkeit kümmern.

Zum Teil hat er sich stolz gefühlt, seiner Mutter beistehen und sie mit seinen Späßen aufheitern zu können. Trotzdem war ein anderer Teil von ihm wütend, weil er nicht unbekümmert die Gesellschaft von Kameraden genießen konnte. Wenn es gerade spannend und lustig wurde, musste er als Einziger zur einsamen Mutter nach Hause gehen. Da seine Mutter ihm oft Vorwürfe machte oder sich bei ihm über ihr Leben beschwerte, lernte er früh, abzuschalten und mit Scherzen darüber hinwegzugehen. Seiner Mutter hat er es bis heute nicht zugemutet, seinen Ärger zu zeigen. Als er Elke kennen lernte, hat es ihm gefallen, dass sie so viel Verständnis für ihn hatte. Die einsame Seite von Elke konnte er nicht wahrnehmen.

Kommentar

Über den Schmerz, dass sich die kritische Situation in der Paarbeziehung häufig wiederholt, kommen beide an die alten Wunden ihrer Kindheit.
Allein konnte Elke nicht erkennen, wie sehr sie den Vater schützt und die gesamte Wut bei Friedrich ablässt. Nach der Unterscheidung lernt sie in einer therapeutischen Situation, ihren Vater mit den alten Wutgefühlen zu konfrontieren. Anschließend zeigen sich ihre Schmerzen und Trauergefühle der vielen Enttäuschungen.
Auch Friedrich muss unterscheiden, dass er seine Mutter geschont und ihr nie seine wahren Gefühle offenbart hat. In einer therapeutischen Situation zeigt er der Mutter seine Bedürfnisse nach männlicher Gesellschaft und drückt den alten Ärger seiner Kindheit nochmals aus.
Als Elke und Friedrich ihre Gefühle sortiert und zugeordnet haben, bleiben noch verletzte Gefühle zwischen den Partnern als adäquater Rest übrig:

- *Friedrich erkennt, er muss entweder seiner Frau zumuten, dass er noch ein großes Nachholbedürfnis nach Männergesellschaft hat, und deshalb mit ihr mehr Zeit für seine Treffen mit Kameraden aushandeln – oder er kommt zur versprochenen Zeit pünktlich nach Hause.*
- *Elke erkennt, dass sie, statt Friedrich wie eine Furie zu überfallen, ihm ihren Schmerz zeigt, wenn er ihr etwas verspricht und nicht hält. Nachdem sie erkannt hat, dass die eigentliche Wunde in ihrer Kindheit liegt, kann sie vom tagelangen Rückzug ablassen. Und Friedrich fühlt sich nicht mehr – wie damals bei seiner Mutter – durch Liebesentzug bestraft.*

Fazit
Wenn sich bestimmte Situationen im Paarleben ständig wiederholen und das Paar nicht aus der gegenseitigen Verletzung herauskommt, ist es sinnvoll, therapeutische Hilfe in Anspruch zu nehmen.

Ressourcen
- Die Fähigkeit, Vergangenheit und Gegenwart zu unterscheiden, bringt Paare in die Realität zurück.
- Die Situation im Alltag wird erleichtert.

Kosten bei Projektionen
Das Paar erleidet Schmerzen, und auf Dauer distanzieren die Partner sich voneinander.

Gewinn bei Projektionslösungen
Die Bindung wird wieder tiefer, und das Verständnis füreinander wächst.

Anleitung zu Entwicklungsschritten
Für derartige Projektionsauflösungen sollte man therapeutische Hilfe in Anspruch nehmen.

Der Ablösungsprozess vom Elternhaus

Eine andere Situation entsteht, wenn sich die erwachsenen Kinder von ihren Eltern noch nicht abgelöst haben, auch falls sie das behaupten. Es ist am Leben dieser Erwachsenen zu erkennen, ob der emotionale Ablösungsprozess tatsächlich vollzogen wurde oder bisher nur in Form einer Schutzbehauptung vorhanden ist.
Um Ihnen die Selbsterkenntnis zu erleichtern, stellen wir zu-

nächst einmal verschiedene Emotionen und Verhaltensweisen von abgelösten und unabgelösten Erwachsenen dar.

Verhaltensweisen von noch emotional an die Eltern gebundenen Erwachsenen:

- Ärger, Wut und Hassgefühle auf einen oder auf beide Elternteile,
- Schuldzuweisungen,
- Wunsch nach Anerkennung durch Vater oder Mutter,
- Verherrlichung von Vater oder Mutter,
- täglicher oder sehr häufiger Kontakt,
- finanzielle Abhängigkeit.
- Man lässt sich durch Geschenke binden.
- Keine räumliche Abgrenzung,
- übertriebene Rücksichtnahme den Eltern gegenüber.
- Probleme und Aufgaben des erwachsenen Kindes werden von den Eltern gelöst.
- Bedürftige Eltern haben Vorrang vor Bedürfnissen des Partners oder der eigenen Kinder.
- Eltern dürfen sich in Paarkonflikte einmischen.
- Konflikte mit den Schwiegereltern.

Verhaltensweisen von Erwachsenen, die emotional von ihren Eltern abgelöst sind:

- Die Eltern werden anerkannt und gewürdigt.
- Das eigene Leben wird dankbar von ihnen angenommen.
- Hundertprozentige Eigenverantwortung für alle Lebensaufgaben.
- Besuchszeiten sind abgesprochen.
- Finanzielle Unabhängigkeit,
- klare, detaillierte Absprachen bei Geschenken mit Verpflichtungen.
- Den Eltern kann etwas zugemutet werden.

- Bedürfnisse der Eltern werden mit dem Partner verhandelt und ausbalanciert.
- Die Loyalität ist bei dem Partner.
- Gelassenheit im Umgang mit Eltern und Schwiegereltern.
- Eine Abgrenzung zwischen dem Paarsystem und den Eltern findet statt.

Ein Beispiel über zwei nicht abgelöste Partner soll verdeutlichen, was wir aufzeigen möchten.

Fallbeispiel

Marko und Gesine sind in der Kennenlernphase. Gesine ist direkt vom Elternhaus mit Marko in die erste gemeinsame Wohnung gezogen. Sie hat es ohne Beziehung nicht geschafft, von zu Hause auszuziehen.
Marko besteht auf einem großen Abstand zu ihrer Familie und setzt sich mit Gesines Vater heftig auseinander. Gesine ist am Anfang froh, durch seine Unterstützung dem Vater trotzen zu können, und übernimmt von Marko das rebellische Verhalten gegenüber der väterlichen Autorität.
Marko wirft Gesine vor, sie sei von ihren Eltern noch zu wenig abgelöst, während er von sich selbst behauptet, dieses Thema bereits bewältigt zu haben. Allerdings fährt er alle vierzehn Tage für ein ganzes Wochenende zu seiner allein lebenden Mutter. Von ihr erhält er finanzielle Unterstützung, weil er beruflich immer wieder scheitert. Wenn ihm diese finanzielle Unterstützung nicht ausreicht, dann greift Gesine auf ihre Ersparnisse zurück und finanziert das gemeinsame Leben.

Kommentar

Obwohl Marko behauptet, von seinen Eltern frei zu sein, und es auch selbst fest glaubt, kann man diese Fehleinschätzung an seinem Verhalten erkennen: Er hat seine unterdrückte Wut auf den Vater, der die Mutter verließ, als Marko klein war, noch nicht aufgedeckt, sondern projiziert sie auf Gesines Vater. Wenn Marko seinen Selbstbetrug weiter aufrechterhält, kommt er nicht in seine männliche autonome Kraft.
Gesine bemerkt nicht, dass sie von der emotionalen Abhängigkeit zu den Eltern übergangslos in die emotionale Abhängigkeit zu Marko eingestiegen ist. Was ihr anfangs geholfen hat, wird ihr später zu einem erneuten Gefängnis.
In einer therapeutischen Sitzung wird beiden aufgezeigt, wie unabgelöst sie noch zu ihren Eltern sind. Sie erreichen erst ihre Selbstständigkeit, wenn sie Verantwortung für ihr eigenes Leben und das gemeinsame Paarleben übernehmen.
Falls nur Gesine in Therapie geht, besteht die Gefahr, dass Marko sie mit seinen Behauptungen manipuliert und festhalten will. Wenn Gesine nicht die Konsequenzen für ihr Erwachsenwerden tragen möchte, wird sie entweder beim Partner in emotionaler Abhängigkeit bleiben müssen; oder es besteht die Gefahr, dass die Eltern ihre Tochter wieder ins Elternhaus holen wollen. Für ihr autonomes Wachstum wäre es von Vorteil, wenn sie erst mal allein wohnte, um sich selbst zu finden.

Fazit

Der Partner sollte nicht für die Ablösung von den Eltern missbraucht werden.

Ressourcen

Der Ablösungsprozess bringt Kraft ins eigene Leben und stärkt die Partnerschaft.

Kosten bei unabgelöster Bindung an die Eltern

- Gegenseitige emotionale und finanzielle Abhängigkeit.
- Die Verliebtheit kann sich nicht zur tieferen Liebe entwickeln, sondern wird sich im Selbstbetrug verlieren.

Gewinn bei bewusster Ablösung von den Eltern

Selbstständigkeit, Selbstwert und autonome Kraft werden gestärkt.

Anleitung zu Entwicklungsschritten

- Es gilt, ehrlich zu sich selbst zu sein und unter Umständen auf eine abhängige Partnerschaft zu verzichten.
- Für die Ablösungsprozesse kann therapeutische Hilfe in Anspruch genommen werden.

Fehlende Bindung zu Vater oder Mutter

Während es bei manchen Menschen vorrangig um das Thema »Ablösung vom Elternhaus« geht, müssen andere sich erst um eine Hinwendung zu den Eltern bemühen, bevor sie dann eine Ablösung vollziehen können. In diesem Kapitel zeigen wir auf, unter welchen verschiedenen Umständen eine Bindung zwischen einem Elternteil und dem Kind verloren gehen kann.

Es gibt drei grundlegende Varianten für eine fehlende Bindung:

1. Ein Elternteil verlässt das Kind physisch durch Scheidung, Tod oder persönliche Entscheidung.
2. Ein Kind bricht den emotionalen Kontakt zu einem Elternteil ab, entweder aus einem eigenen tiefen Schmerz oder um die Balance in einem Familiensystem zu halten.

3. Der Erwachsene bricht den Kontakt aus verletzten Gefühlen zu einem bzw. sogar beiden Elternteilen ab.

Alle drei Modelle wirken sich auf das Paarleben des Erwachsenen aus, wir werden diese Auswirkungen an Beispielen verdeutlichen.

Zu Punkt 1

Wenn ein Elternteil sein Kind physisch verlassen hat und das Kind mit diesem Verlust konfrontiert wird, empfindet es eine große Leere. Der Elternteil, der gegangen ist, hinterlässt ein Energieloch, das in dem Kind schmerzvolle Gefühle verursacht. Weil dieser Verlust so groß und so schmerzhaft ist, muss das Kind, um zu überleben, diese intensiven Gefühle unterdrücken oder verleugnen.
Verschiedene Verluste können die Lebenssituation von Kindern belasten:

- Der Vater verlässt das Kind vor oder nach der Geburt.
- Die Mutter stirbt bei der Geburt.
- Das Kind kommt in ein Heim oder wird zur Adoption freigegeben.
- Einer oder beide Eltern sterben in der Kinderzeit.
- Durch Trennung des Paares erlebt das Kind Distanz zu einem Elternteil.
- Das Kind hat lange oder aber wiederholte Krankenhausaufenthalte.
- Der Vater ist jahrelang im Krieg oder in Kriegsgefangenschaft.
- Der Vater ist beruflich längere Zeit im Ausland.
- Ein Elternteil ist lange im Krankenhaus oder Pflegeheim.

Aus derartigen Verlustsituationen entstehen bei den betroffenen Kindern Gefühle von Trauer, Wut, Sehnsucht, Angst und Hoffnungslosigkeit. Diese Gefühle werden meistens eingefroren und wirken im Untergrund weiter. Im späteren Leben werden dann unbewusst Partner angezogen und Situationen wiederholt, um die eingefrorenen Gefühle zu reaktivieren; z.B. wählt man einen Partner, mit dem sich die Beziehung nur unter Schwierigkeiten vollziehen kann, weil er/sie im Ausland lebt, bereits gebunden ist oder es andere Unmöglichkeiten für diese Partnerschaft gibt. Durch diese Wahl und die ähnlichen Lebenssituationen muss sich der Erwachsene noch einmal den Gefühlen aus der Kindheit stellen.
Um die Kinderwunden zu heilen, muss dem Erwachsenen der Zusammenhang zwischen der alten und der neuen Situation bewusst werden. Auch hier braucht es erst die Unterscheidung zwischen Kinder- und Paarsituation, dann muss das Fehlende der damaligen Situation gefühlt und abgeschlossen werden.

Vielleicht hat ein Kind seinen Vater im Krieg verloren, und es gab für den Vater kein Abschiedsritual in Form einer Beerdigung. Therapeutisch wird das erwachsene Kind unterstützt, Ersatzrituale zu kreieren, um den Abschied bewusst zu vollziehen.
Bei unehelichen Kindern oder Scheidung wurde der Kontakt abrupt abgebrochen; damit erleidet die Elternbeziehung einen plötzlichen Abbruch, und das Verschwinden eines Elternteils hinterlässt Leere. Auch hier wird in der späteren Partnerwahl ein Mann oder eine Frau besonders attraktiv und liebenswert, der für den anderen nicht vollkommen zur Verfügung steht. Die Liebe kann sich nicht so erfüllen, wie es sich der Nachholbedarf des Erwachsenen wünscht.
Über diese erneuten Schmerzen der Verlassenheit aus der Partnerschaft kommt der Erwachsene an seine unterdrückten Gefühle aus der Kindheit.
Eine andere Möglichkeit besteht darin, ins Gegenteil zu gehen

und sich einen Partner zu suchen, dem Treue, Sicherheit und Verbindlichkeit die höchsten Werte sind, auch wenn dabei auf Lebendigkeit und Gefühlstiefe verzichtet wird. In diesem Fall will der Erwachsene kein Risiko mehr eingehen, um niemals mehr Verlassenheitsgefühle zu erleben.
Eine weitere Variante ist die, in kritischen Situationen der Partnerschaft die Beziehung selbst abzubrechen, um sich vor dem Schmerz eines vermeintlichen Verlassenwerdens zu schützen.
In allen Fällen braucht es ein Aufdecken der wahren Hintergründe und ein Aktivieren der alten eingefrorenen Gefühle. Was damals in der Herkunftsfamilie gefehlt hat, z.B. ein Abschied, ein konstanter Kontakt oder Verständnis für die geistige Verbindung zu dem verlorenen Elternteil, muss therapeutisch nachvollzogen werden.

Zu Punkt 2

Durch Verletzungen, Schläge und Ungerechtigkeiten, die das Kind durch einen Elternteil erfahren hat, distanziert es sich emotional von dem vermeintlichen elterlichen Misshandler. Es kommt zu einem inneren Schwur, diesen Elternteil nie wieder emotional an sich heranzulassen. Das Kind nimmt Rache an ihm durch Verweigerung, Rückzug, Kontaktabbruch und Scheitern im eigenen Leben.
Wenn das Kind erwachsen geworden ist, wirkt sich der innere Schwur immer noch schwächend auf die autonome Kraft aus. Das Verhalten ist nicht mehr adäquat der Alltagssituation entsprechend. Die einen sind im gekränkten, beleidigten Dauerrückzug, und die anderen sind überkritisch und wollen dem Gegenüber die eigene Meinung aufzwingen.
Wir möchten am Beispiel eines Kindes, das viele Ungerechtigkeiten erfahren hat, aufzeigen, wie jene Verletzungen im Alltagsleben der Partnerschaft reaktiviert werden. In dieser Folge werden die unadäquaten Verhaltensweisen deutlich.

Fallbeispiel

Ingeborg und Karl-Heinz kommen immer wieder in einen Konflikt, in dem sich Ingeborg verletzt fühlt, weil Karl-Heinz ihre Vorstellung nicht so erfüllt, wie sie es sich denkt. Manchmal ist es nur der Tonfall, in dem Karl-Heinz mit ihr spricht, der sie schon kränkt. Ein anderes Mal fühlt sie sich von ihm nicht gesehen oder falsch eingeschätzt.
Damit rührt Karl-Heinz an die alten Wunden ihrer Kindheit, in der Ingeborg für Kleinigkeiten, die sie falsch gemacht hatte, angeschrien oder verhöhnt wurde. Ingeborg bekam auch zu wenig Beachtung von ihren Eltern, und niemand traute ihr etwas zu. Wenn sich im Alltag eine ähnliche Situation mit Karl-Heinz ergibt, kommen die verletzten Gefühle von Ingeborg zum Vorschein, und sie vermischt ihre Kindheitssituation mit ihrem Paarleben.
Karl-Heinz ist jedes Mal verblüfft, wie unangemessen heftig er für sein Fehlverhalten von Ingeborg bestraft wird. Manchmal zieht sie sich tagelang wortlos zurück und spricht nicht mehr mit ihm. Oder sie konfrontiert Karl-Heinz mit heftigen Wutausbrüchen. Wieder ein anderes Mal weicht sie auf Nebenbeziehungen aus, um ihn damit zu verletzen.

Kommentar

Für Ingeborg wird es wichtig, zu unterscheiden, was die Kindheitsverletzungen sind, und sich die damit verbundenen Gefühle bewusst zu machen, ohne dass sie diese allerdings weiter nährt. Entscheidend ist es für sie, die Vergangenheit loszulassen und das Verzeihen und Vergeben zu entwickeln. Sie muss Karl-Heinz mitteilen, wie sie sich den Umgang wünscht, jedoch die Überreaktionen ihm gegenüber vermeiden, da sie sonst die Paarbeziehung zu sehr mit ihren unverarbeiteten Kinderverletzungen belastet.

Wir bieten Menschen mit starken Kindheitsverletzungen den systemischen Blickwinkel an, damit sie erkennen können, dass ihre Eltern ihnen gegenüber zwar Täteranteile in sich tragen, jedoch gleichzeitig in einer Opferverstrickung mit ihren eigenen Eltern sind.

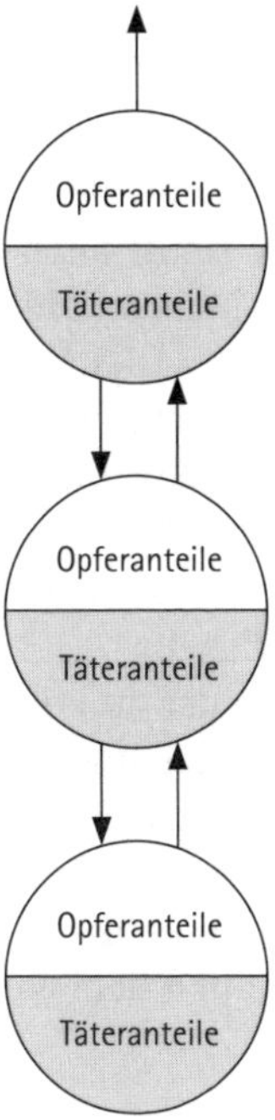

Großelterngeneration,
z. B. die Großmutter ist Opfer ihrer Mutter und gibt Täteranteile an ihre Tochter weiter.

Elterngeneration,
z. B. die Mutter ist Opfer ihrer Mutter und gibt Täteranteile an ihre Tochter weiter.

Kindgeneration,
z. B. die Tochter ist Opfer ihrer Mutter und gibt Täteranteile an ihre Kinder weiter.

Das gleiche Schema gilt für die Beziehung der Tochter zum Vater bzw. im Sohn-Mutter- und Sohn-Vater-Modell.

Verstrickungen über Opfer-/Täterschaft

Weil Eltern menschlich sind, haben sie Schwächen und alte Verletzungen aus ihrer eigenen Geschichte. Deshalb sind sie

keine perfekten Wesen und können bei noch so viel Bemühen ein Kind nicht großziehen, ohne es zu verletzen. Damit kommen sie aus dem Blickwinkel des Kindes in eine Täterrolle. Jedes Kind erlebt sich zeitweilig als Opfer seiner Eltern. Die Eltern erleben sich jedoch ebenfalls als Opfer ihrer Eltern.
Damit wird deutlich, dass jeder Mensch Opfer- und Täterteile in sich trägt. Aus dieser erwachsenen Erkenntnis heraus sind wir fähig, Betroffenheit zuzulassen und – trotz unserer Verletzungen – Mitgefühl für die Eltern zu entwickeln.
Wenn Sie darüber hinaus das eigene Bewusstsein an dieser Stelle erweitern, können Sie zugeben, dass Sie selbst auch Täteranteile in sich haben. Die Verleugnung der eigenen Täteranteile löst sich auf, und Sie werden versöhnlicher. Gleichzeitig ist es wichtig, die Illusion aufzugeben, eine Beziehung ohne Schmerzen wäre möglich. Für Ihr persönliches Wachstum ist es notwendig, aus diesem starren Beziehungsideal auszusteigen. Stattdessen gilt es, in schwierigen Situationen ein adäquates Verhalten auf der erwachsenen Ebene zu entwickeln.
Um die Hinwendung an die Eltern als Erwachsener zu erleichtern, ist es gut, anzuerkennen, dass die Elternverletzungen aus ihren eigenen verstrickten Anteilen passiert sind. Dennoch haben alle Eltern in ihrem Wesenskern den Wunsch, ihr Kind niemals zu verletzen. Eine versöhnliche Annäherung an die Eltern kann leichter in der Vorstellung geschehen, auf den liebevollen Wesenskern der Eltern zuzugehen.

Während die einen Kinder sich emotional zurückziehen und ihre Hinwendung zu den Eltern unterbrechen, weil sie sich sehr verletzt fühlen, geben andere Kinder die Bindung zu einem Elternteil auf, um eine Balance zwischen getrennten Eltern zu halten. Diese Kinder sind in der Lage, ihre Sehnsucht und ihre Bindung zu dem verlassenen Elternteil aufzugeben, um den zurückgebliebenen Elternteil zu stützen und sich mit ihm zu solidarisieren. In einem solchen Fall wird die eigene Sehnsucht des Kindes verleugnet und die Liebe geopfert.

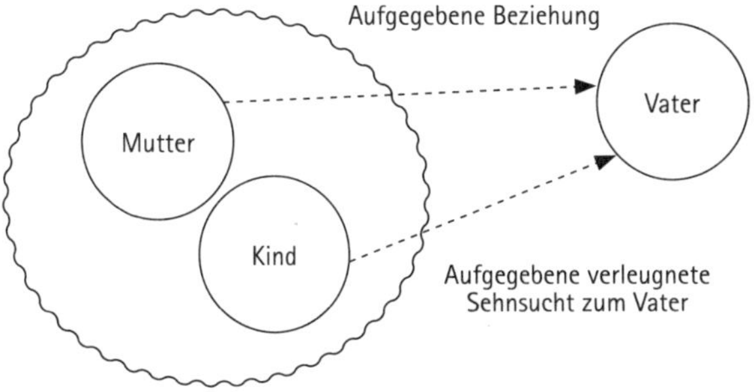

Aufgabe der Verbindung

Im Erwachsenenleben könnte die Wiederholung so gelebt werden, dass jemand in einer starren Beziehung lebt, seinen geschwächten festen Partner unterstützt und gleichzeitig eine heimliche Liebe zu einer anderen Person in der Ferne entdeckt. Trotz Liebe und Sehnsucht ist es unmöglich, zu dieser Liebe zu stehen; und deshalb wird sie vor sich selbst und der Welt verleugnet und für die feste Bindung geopfert. Weil dem starren inneren Modell und der Lebenssituation die Sehnsucht so sehr geopfert wird, ist es wichtig, die verdrängte liebevolle Hinwendung zu dem verlorenen Elternteil wieder zu aktivieren.
Tragisch ist es, dass bei der Ablehnung eines Elternteils die eigene Identität beschädigt wird. Durch die Verdrängung der Zugehörigkeit wird die Realität der vererbten Identitätsanteile dieses Elternteils verleugnet, und es entsteht ein innerer Konflikt. In diesem inneren Konflikt bleibt Energie gebunden und steht für das Erwachsenenleben nicht zur Verfügung.
Mit therapeutischer Hilfe kann der fehlende Elternteil sowohl innerlich wie äußerlich gesucht werden. Die ganze Kraft steht dem Erwachsenen erst dann wieder zur Verfügung, wenn ihm die Hinwendung zum verlorenen Elternteil möglich wird. Manchmal ist der Wunsch dazu vorhanden, aber durch die

Treue zum anderen Elternteil fehlt die Erlaubnis zur Kontaktaufnahme. In diesem Fall hilft der Therapeut dem Klienten, die innere Erlaubnis zu entwickeln.

Zu Punkt 3

Wenn erwachsene Kinder den Kontakt zu ihren Eltern abbrechen, ist ihnen nicht bewusst, dass die Eltern-Kind-Beziehung niemals ganz getrennt werden kann. Wir sind schicksalhaft mit ihnen verbunden.
Meistens geschieht der Kontaktabbruch aus Enttäuschung, weil die Eltern den Erwartungen ihrer Kinder nicht entsprechen. Dadurch wollen die Kinder unbewusst ihre Eltern bestrafen und für ihr Leid verantwortlich machen – einerseits für die erlittenen Schmerzen in der Kind-Eltern-Beziehung und andererseits für die eigene Unfähigkeit, ihr Leben zu meistern.
Die Eltern leiden in den meisten Fällen unter diesem Kontaktabbruch, denn sie fühlen sich von ihren Kindern bestraft. Sie spüren den Druck und die Manipulation, die auf sie ausgeübt wird, damit sie sich verändern oder anders handeln. Genau betrachtet, findet jedoch eine »Umkehrung der Generationen« statt, denn die erwachsenen Kinder wollen ihre Eltern umerziehen, z.B.:

- Die Geschenke der Eltern an die erwachsenen Kinder sind jenen entweder nicht ausreichend oder nicht gut genug.
- Die erwachsenen Kinder erwarten Geldgeschenke von den Eltern ohne Bedingungen (wie Dankbarkeit, Kontakt oder Gegenleistung).
- Über die Enkelkinder wird Druck ausgeübt. Entweder sollen die Eltern ständig bereit sein, für die Enkelkinder zu sorgen, oder im anderen Extrem werden sie ihnen bewusst entzogen.

Dieses Verhalten artet meistens in einen Machtkampf aus. Statt zu drohen, umzuerziehen oder den Kontakt abzubrechen, ist es wichtig, Verhandlungen zwischen den Generationen zu eröffnen. Die Zugehörigkeit zur Familie lässt sich mit dem Bild eines großen Baums vergleichen. Die erwachsenen Kinder kommen nicht darum herum, anzuerkennen, dass sie ein Ast von diesem Baum sind. Wenn die Zugehörigkeit zu den Eltern gewürdigt ist, kommt aus dieser Bindung die Kraft für das eigene autonome Leben und ein Elternsegen für die Paarbeziehung.

Fazit

Fehlende Bindungen und unterbrochene Hinwendungen zu Vater oder Mutter wirken sich auf die Bindungskraft und die Bindungsfähigkeit in den Partnerschaften der erwachsenen Kinder aus.

Ressourcen

Die Fähigkeit, die Kinder- und die Erwachsenensituation zu unterscheiden und das adäquate Verhalten zu entwickeln.

Kosten bei fehlender Bindung zu Vater oder Mutter

- Belastung in der Paarbeziehung,
- fehlende Energie fürs eigene Leben,
- ein emotionales Gebundenensein an die Eltern,
- innere Konflikte und Unfreiheit durch Verstrickungen.

Gewinn bei Hinwendung zu Vater und Mutter

- Lebenskraft für sich und die Partnerschaft,
- Bindungsfähigkeit, die Fähigkeit, anderen zu vergeben.
- Die unerfüllte Sehnsucht verwandelt sich in eine erfüllte Sehnsucht.
- Innere Gelassenheit.

Anleitung zu Entwicklungsschritten

- Die Wiederholungskrisen der Partnerschaft sollten ehrlich auf ihre Hintergründe untersucht werden.
- Die Kindersituation und die Erwachsenensituation muss unterschieden werden.
- Die Kinderwunden brauchen Akzeptanz und Selbstliebe.
- Vergeben und Verzeihen können entwickelt werden.

Zu große Herzensverbindung zur Herkunftsfamilie

Meistens fällt es den Partnern selbst auf, wenn die Beziehung durch eine zu enge Bindung an ein Mitglied aus der Herkunftsfamilie gestört wird. Es kann sein, dass ein Geschwisterpaar sich in Notzeiten gegenseitig sehr geholfen hat und sie sich deshalb als Erwachsene immer noch ihre intimen Gefühle mitteilen und dabei ihre Partner ausschließen. Leider merken sie es nicht, dass sie der Intimität der Partnerschaft etwas nehmen; und es ist ihnen nicht bewusst, dass die gemeinsame Intimität des Paares Vorrang vor der Geschwisterintimität hat.

Manchmal fühlen sich Partner regelrecht verraten, wenn die Loyalität in der Geschwisterbeziehung größer ist als die zum Partner. Wenn ein Mann oder eine Frau seine Mutter oder seinen Vater oder seine Geschwister fortwährend mit seinem Partner vergleicht und den Familienangehörigen immer wieder wegen besonderer Eigenschaften verherrlicht, dann hat er/sie mehr Bindung zu diesem Familienmitglied als zum eigenen Partner; z.B., wenn ein Mann seiner Frau immer wieder vorhält, um wie viel besser seine Mutter backen kann. Oder eine Frau schwärmt wiederholt von den Eigenschaften ihres Vaters oder Bruders oder deren Geschenken oder den Erlebnissen mit ihnen.

Die Vertrautheit, Intimität und Gefühlstiefe wird mehr mit der früheren Familie gelebt und fehlt der jetzigen Partnerschaft. Die Partner haben gegen die verherrlichten Familienmitglieder keine Chance.

Fazit

Zu viel Bindung schadet der Autonomie erwachsener Kinder und schwächt ihre Partnerschaft genauso wie zu wenig Bindung.

Ressourcen

Das Übermaß an Bindung muss erkannt und die Veränderung gesucht werden.

Kosten bei zu großer Bindung an die Herkunftsfamilie

- Fehlende Intimität und Gefühlstiefe in der Partnerschaft,
- schwache Bindungskraft für die erwachsene Beziehung.

Gewinn bei Reduzierung des Übermaßes an Bindung

- Mehr Gefühlstiefe, Intimität und Bindungskraft in der Partnerschaft,
- Energiezuwachs für das Erwachsenenleben.

Anleitung zu Entwicklungsschritten

- Hinhören und annehmen, wenn sich der Partner über zu viel Bindung an die Herkunftsfamilie beschwert,
- Verzicht auf zu viel Nähe zur Herkunftsfamilie.
- Das stimmige Maß der Bindung als Erwachsener zur Herkunftsfamilie muss angestrebt werden.

Tochtermodelle bei fehlender Vateranerkennung

Während wir in den letzten beiden Kapiteln auf fehlende Bindung und zu große Herzensverbindungen innerhalb der Familie eingegangen sind, betrachten wir noch genauer, wie sich die fehlende Anerkennung des Vaters auf Töchter auswirken kann. Frauen, die in der Kindheit von ihrem Vater nicht die stimmige Anerkennung erhalten haben, entwickeln verschiedene Verhaltensweisen, die sich später auch in ihrer Partnerschaft zeigen.

Für die Tochter ist normalerweise der Vater der erste Kontakt zum anderen Geschlecht. Wenn er sie nicht oder zu wenig beachtet hat, dann versucht die Tochter über unterschiedliches Rollenverhalten, auf sich aufmerksam zu machen. Die eigene Identität und der feminine Selbstwert der Tochter werden vom Vater entweder gestärkt oder geschwächt. In einer positiven Tochter-Vater-Beziehung nimmt der Vater seiner Tochter gegenüber eine bejahende Haltung ein; d.h., er vermittelt ihr: »Du bist ein liebenswertes, kluges, begabtes Mädchen und wirst mal eine attraktive Frau, die wertgeschätzt wird und sicher eine erfüllte Liebesbeziehung erlebt!« Wichtig ist, dass der Vater klar in seiner Vaterverantwortung bleibt und der Tochter eine solide Brücke für ihr erwachsenes Frausein baut.

Die Gefahr bei Vater-Tochter-Beziehungen besteht darin, dass er die kindliche Liebe seiner Tochter ausnutzt und diese braucht, um seinen eigenen Selbstwert damit zu stärken. Er soll seine Tochter nicht in Besitz nehmen wollen, sondern sie für ihr weiteres Leben vorbereiten.

Die liebevolle Beachtung durch den Vater erfordert viel Feingefühl. Es kann zu viel, zu wenig oder die falsche Aufmerksamkeit vermittelt werden:

- *Zu viel Aufmerksamkeit* ist gegeben, wenn z. B. der Vater der Tochter vermittelt, sie sei eine bessere Frau als ihre Mutter, weil die Tochter ihm zuhöre und ihn gut verstehe. In diesen oder ähnlichen Fällen wertet der Vater seine Tochter zu früh vom Mädchen zur Frau auf, und die Tochter wird dadurch zur Rivalin ihrer Mutter.
- *Zu wenig Aufmerksamkeit* ist gegeben, wenn er die Tochter kaum beachtet und ihr vermittelt: »Mit einem Mädchen kann ich nichts anfangen. Söhne sind mir lieber!«
- *Falsche Aufmerksamkeit* ist es, das Mädchen wie einen Jungen zu behandeln oder ihr nur Anerkennung für Leistung zu geben, ihr keine Herzenswärme zu schenken – oder sie nicht mehr mit Vateraugen zu betrachten, sondern sie mit erotischen Blicken anzuschauen und sich ihr sexuell zu nähern.

Für die Entwicklung der kleinen Tochter zur erwachsenen, selbstsicheren Frau ist es besonders wichtig, vom Vater die adäquate Unterstützung zu bekommen. Bei zu wenig Aufmerksamkeit versucht sie aus innerer Not, durch unterschiedliches Rollenverhalten auf sich aufmerksam zu machen. Damit reagiert sie auf das Verhalten ihres Vaters, und das stellt außerdem die Weichen für ihre spätere Kontaktaufnahme zum anderen Geschlecht.

Wir stellen im Folgenden vier besonders prägnante Verhaltensweisen vor, die Töchter entwickeln, um ihre Väter auf sich aufmerksam zu machen und um mit ihnen in Kontakt zu kommen:

1. die Leistungstochter,
2. die angepasste Tochter,
3. die Trotztochter und
4. die lockende Tochter.

Die Leistungstochter

Wenn eine Tochter bemerkt, dass sie von ihrem Vater Aufmerksamkeit bekommt, sobald sie besonders gute, außergewöhnliche Leistungen vollbringt, dann wird sich dieses Rollenverhalten festigen. Auch wenn der Vater die Leistungen nicht lobend erwähnt, fühlt die Tochter den Stolz und seine Anerkennung atmosphärisch.

Sie weiß, dass sie ohne Leistung bei ihrem Vater keine Daseinsberechtigung hat, und strengt sich an; doch unter der Leistungsbereitschaft bleibt das bedürftige Mädchen zurück. Es wird zu ihrer Gewohnheit, viel zu leisten und ihre eigenen Bedürfnisse zurückzunehmen. Allmählich verliert sie den Zugang zu ihren Gefühlen, und das Leistungsprinzip wird zu ihrem Kontaktmittel. Wenn sie in ihrem späteren Erwachsenenleben einen Mann kennen lernt, wird sie herausfinden, welche Leistungserwartung er an sie hat, und diese perfekt erfüllen. Ihr Dilemma dabei ist, dass sie sich in der Paarbeziehung als belastbar und leistungsfähig anbietet, darunter jedoch versteckt ihre große Sehnsucht nach Liebe und Anerkennung, ohne etwas dafür leisten zu müssen, liegt.

Ihr Partner tut sich schwer, ihre große Sehnsucht zu erkennen und ihr diese auch zu erfüllen, weil sie ihm eine Doppelbotschaft vermittelt: Vordergründig ist sie eine erfolgreiche Powerfrau, die alles allein kann, und darunter verbirgt sich ein bedürftiges Mädchen, das nach Anerkennung und Liebe hungert. Die ganze Enttäuschung und Verzweiflung aus dem Vaterkontakt wird jetzt in der Partnerschaft als Schmerz geweckt, ohne dass allerdings dabei differenziert werden kann, welche Enttäuschungen zum Vater gehören und welche zur jetzigen Partnerschaft.

Der Schmerz ermöglicht es der Leistungstochter, wieder in Kontakt mit ihrer Bedürftigkeit zu kommen und ihre Leistungen und den Perfektionismus zu reduzieren. Sie kann es lernen, wieder zu fühlen und rechtzeitig um Hilfe zu bitten.

Die angepasste Tochter

Andere Töchter finden heraus, dass ihr Vater es liebt, wenn sie sich sehr brav und anständig benehmen und sich nach seinen Wertvorstellungen angepasst verhalten. Dieses Rollenverhalten festigt sich auch dann, wenn der Vater die Tochter dafür kaum lobt und ihr Verhalten als selbstverständlich hinnimmt.
Die Tochter ist begabt, herauszufinden, was ihrem Vater gefällt, und vermeidet alles, was ihm nicht behagt. Es ist ihr wichtig, sich durch ihr angepasstes Verhalten ihre Daseinsberechtigung beim Vater zu erwerben. Wenn er streng, jähzornig oder gewalttätig ist, hilft ihr das angepasste Verhalten, seinem Zorn zu entkommen.
Um sich anpassen zu können, erlernen diese Töchter sehr früh, auf ihre kindliche Lebendigkeit und ihre eigenständigen Gefühle zu verzichten; sie werden diese unterdrücken und kein Risiko mehr eingehen. Daraus entwickelt sich ein Frauenmodell, das sich Männern unterordnet und die eigene Selbstständigkeit aufgibt. Durch ihre Bescheidenheit ziehen sie im Erwachsenenleben Männer an, die sich gern bedienen lassen und die Führung übernehmen wollen. In den Partnerschaften verharren diese Frauen lange in der dienenden Rolle und opfern sich für den Mann und die Kinder auf.
Irgendwann fühlen sie den Schmerz des Zu-kurz-gekommen-Seins und glauben sich vom Leben betrogen. Dennoch müssen sie die Eigenverantwortung übernehmen und auf ihre Vaterverbindung schauen, mit der das aus der kindlichen Not angepasste Verhalten begonnen hat. Ihre tiefe Sehnsucht ist die Entfaltung ihrer eigenen Talente und Fähigkeiten, damit sie wieder Zugang zu ihrer ursprünglichen Kraft und ihren Gefühlen finden.
Meistens erfolgt ein plötzliches Aufbegehren, oder sie zeigen ihre Grenzen über Krankheiten. Die Krankheit ist dann oft ein Hinweis, dass sie so nicht mehr weiterleben können und wollen. Mühlselig müssen diese Frauen lernen, wieder Risiken ein-

zugehen, und den Zugang zu ihrer eigenen Identität finden. Viele Frauen, die im angepassten Tochtermodell stecken geblieben sind, brauchen therapeutische Hilfe zur Stärkung ihres Selbstwerts.

Die Trotztochter

Ein anderer Weg, den Vater auf sich aufmerksam zu machen, ist es, ihm zu trotzen und mit ihm zu kämpfen. Die Tochter verweigert Leistung und Bravsein und rebelliert gegen seine Verbote. Wenn sich der Vater über ihr Verhalten ärgert, bekommt sie seine Energien und zwingt ihn, sich mit ihr zu beschäftigen.
Ihre Schwäche, ihr Feingefühl, ihre Liebesgefühle bleiben dabei im Verborgenen. Stattdessen wird sie gut im Wortgefecht, sie konkurriert mit ihrem Vater aus dem Glauben heraus: »Wenn ich so werde wie du, dann bekomme ich deine Aufmerksamkeit!« Aus Not und Mangel an Erfahrung verirrt sich diese Tochter in der Rebellenrolle. Damit stellt sie die Weichen für die spätere Kontaktaufnahme mit Männern: über das Diskutieren, Politisieren und über das Kräftemessen mit ihnen.
Manchmal werden diese Töchter auch von männlich geprägten Berufen angezogen. Im wahrsten Sinne des Wortes »stehen sie im Leben ihren Mann«, tun sich jedoch schwer, in eine erfüllte Partnerschaft zu kommen. Durch die Gewohnheit, sich mit Männern zu messen, senden sie Signale aus wie z. B. »Ich brauch dich nicht« oder »Ich kann alles besser«, und damit holen sie sich weiter die Zuwendung über Kampf. Auch Partnerschaften, in denen sie die Führung übernehmen, bringen ihnen keine wirkliche Erfüllung. Oder diese Frauen machen wiederholt die Erfahrung, dass sie von Männern verlassen werden.
Irgendwann in ihrem Leben wird die Trotztochter jedoch von ihrer Einsamkeit eingeholt, und ihre tiefe Sehnsucht nach einer Beziehung mit Liebe, Zärtlichkeit, Achtsamkeit und Vorsicht wird geweckt.

Damit zeigt sich der innere Konflikt der Trotztochter: einerseits ihre weichen Gefühle aus Angst vor Verletzung zu unterdrücken und andererseits in Liebe, Wärme und Geborgenheit mit einem Mann verschmelzen zu wollen. Ihr Dilemma ist, dass sie diese tiefe, innere Sehnsucht keinem Mann zeigt, weil sie schon in der Kindheit resigniert hat oder sich sogar geschworen hat, ihre Liebe einzusperren. Damit sind ihre Beziehungsmöglichkeiten sehr einseitig und festgefahren.
Um eine andere Form der Partnerschaft zu erreichen, brauchen Trotztöchter meistens therapeutische Begleitung und einen geschützten Rahmen, in dem sie wieder Zugang zu ihren eingesperrten weichen Gefühlen finden können.

Die lockende Tochter

Andere Töchter entdecken über ihre Sensibilität, dass der Vater für weibliche sexuelle Reize anfällig ist. Sie versuchen durch das Hervorheben ihrer körperlichen Schönheit, mit dem Vater in Kontakt zu kommen. Um seine Aufmerksamkeit auf sich zu ziehen, machen sie sich für ihn schön und spüren im Kontakt zum Vater das Spiel von Verführen und Verführtwerden.
Statt einer soliden Verbindung über Vater- und Tochterliebe entsteht ein Kontakt mit lustvoller Erregung. Der Selbstwert der Tochter wird durch das Gefallenwollen gestärkt.
Im späteren Leben stellen lockende Töchter den Kontakt über Äußerlichkeiten und Verführung her. Anfangs sind die Männer glücklich, eine schöne Frau erobert zu haben; aber wenn sie ihr die Schönheit ständig bestätigen müssen, dann sind sie irgendwann genervt und enttäuscht, weil sie das Minderwertigkeitsgefühl der schönen Frau entdeckt haben. Werden die Frauen mit ihrer Äußerlichkeit nicht angenommen, fallen sie in eine Leere, und es zeigt sich ihr schwacher Selbstwert.
Ihr Dilemma ist es, dass sie sich über ihre Schönheit und den Erfolg bei Männern definieren. Oftmals dauert es sehr lange,

bis sich ihre tiefe Sehnsucht nach Annahme um ihrer selbst willen zeigt, weil sie schnell und gekonnt über ihre Äußerlichkeiten neue oberflächliche Kontakte schließen können. Sie haben es jedoch schwer, in eine tiefe, ernsthafte und dauerhafte Partnerschaft zu kommen; es sei denn, sie werden vom Mann als Repräsentationsmodell gewählt. In diesem Fall zeigen sich die Schwierigkeiten, wenn die Schönheit beim Älterwerden verblasst. Damit geht ihnen ihre einzige Kontaktform verloren, und die Angst vor der Einsamkeit erwacht. Manche Frauen in dieser Situation versuchen verzweifelt, ihre Schönheit zu erhalten und zu verlängern, statt mit ihren tiefen Gefühlen in Kontakt zu gehen.
Ihr Schmerz ist der Verlust ihrer eigenen Identität. Sie müssen lernen, zwischen Liebe und Erregung zu unterscheiden, und die Vaterverherrlichung aufgeben. Es gilt, die Schwäche des Vaters zu erkennen und in erwachsenen Beziehungen auf die tieferen Werte zu achten. Dafür muss das Spiel Verführen und Verführtwerden im Kontakt mit Männern aufgegeben werden.

Alle vier Modelle entstehen aus der gleichen Not der Töchter, vom Vater nicht um ihrer selbst willen anerkannt worden zu sein.
Man könnte meinen, Frauen würden sich über diese Erfahrung und Not austauschen, gegenseitiges Verständnis aufbringen und sich trösten. Stattdessen gehen die verschiedenen Frauenmodelle jedoch in Kampf, gegenseitige Verachtung und Abwertung. Wenn eine Rebellin auf eine angepasste Frau trifft, werden sie sich selten vertragen können, sondern jede Frau hält ihr Rollenverhalten für das einzig richtige. Treffen sich eine Leistungs- und eine lockende Tochter, erntet die eine von der anderen pures Unverständnis.
An der Stelle wollen wir an unsere Leserinnen appellieren, sich diese Tragik von Frauen untereinander bewusst zu machen und gegenseitiges Verständnis zu entwickeln. Statt die andere abzuwerten und in Rivalität zu gehen, halten wir es für angebrach-

ter, dass jede Frau ihre Beziehung zum Vater unter die Lupe nimmt und ihr eigenes Rollenverhalten aufdeckt. Wenn Frauen ihre Tochterrollen bearbeiten, lösen sie damit ihre emotionale Abhängigkeit vom Vater auf und finden zu ihrem Wesenskern. Das ist einerseits eine gute Basis für eine erfüllte Partnerschaft, und andererseits werden viele liebevolle Verbindungen auch zu unterschiedlichen Frauen möglich sein.

Fazit

Jede Frau sollte ihre kindliche Beziehung zum Vater erforschen, weil nur sehr wenige eine stimmige Anerkennung von ihm erhalten haben.

Ressourcen

Nach der emotionalen Ablösung vom Vater und der Korrektur des eigenen Rollenverhaltens kann es zu einer stimmigen Hinwendung von der erwachsenen Tochter zum Vater kommen.

Kosten beim Verharren in einem Tochtermodell

- Schwacher Selbstwert und unterentwickelte Identität,
- verdrängte Gefühle,
- emotionale Abhängigkeit vom Vater.
- Der Partner wird zur Projektionsfläche des Vaters.
- Es fehlen die Wahlmöglichkeiten in der Kontaktaufnahme zu Männern.
- Es sind nur begrenzte Beziehungsmodelle mit einem Partner lebbar.

Gewinn bei korrigiertem Rollenverhalten der Tochter

- Der Selbstwert steigt, die Identität festigt sich.
- Der Zugang zu allen Gefühlen wird frei.
- Die Kraft wächst durch die Unabhängigkeit vom Vater.
- Spannungen in Beziehungen lösen sich auf, weil die Vaterprojektion nachlässt.

- Das Männerbild erweitert sich.
- Frauenverbindungen zu unterschiedlichen Frauen werden möglich.

Anleitung zu Entwicklungsschritten

- Rückbesinnung auf die Vaterbeziehung in der Kindheit,
- eigenes Tochtermodell aufdecken,
- den Schmerz und die Trauer der mangelnden Anerkennung durch den Vater erlauben,
- sich selbst Anerkennung geben,
- dem Vater die Unmöglichkeit vergeben, seiner Tochter die stimmige Anerkennung zu schenken,
- das eigene Rollenverhalten verändern.

Sohnmodelle bei fehlender Vateranerkennung

Wenn der Vater selbst kein gutes Verhältnis zu seinem eigenen Vater und als Kind nie Anerkennung und Zuwendung von ihm erhalten hat, ist er meistens auch nicht in der Lage, seinem Sohn die adäquate Zuwendung zu schenken. Die Gefahr besteht darin, dass er sein eigenes Defizit unbewusst ausgleichen will, indem er dem Sohn zu viel Aufmerksamkeit widmet, zu wenig oder die falsche Zuwendung gibt.
Meistens hatten die Väter der Väter keine Zeit, mit ihren Söhnen zu spielen; vielleicht sind sie auch im Krieg gewesen oder gefallen, während der Sohn klein war. Wenn dieser Sohn jetzt selbst zum Vater wird, dann bemüht er sich möglicherweise besonders, mit seinem Sohn zu spielen, jedoch meistens nur mit den Freizeitbeschäftigungen, die der Vater selbst liebt, weil sein eigenes Nachholbedürfnis zu spielen noch so groß ist.
Der Vater bemüht sich, und er glaubt auch, er tue sehr viel für seinen Sohn. Unbewusst befriedigt er jedoch seine Sehnsucht

nach einem eigenen Vater-Sohn-Kontakt. Wenn der Vater z.B. gern auf den Fußballplatz geht und seinen Sohn ständig mitnimmt, ist es möglich, dass der Sohn sich langweilt, es dem Vater aber dennoch nicht zeigt. Obwohl der Vater mit dem Sohn etwas unternimmt, entsteht keine emotionale Verbindung, weil der Sohn leer ausgeht. Diese Form der Zuwendung vom Vater zum Sohn kann zu viel oder auch die falsche Zuwendung sein.
Eine andere Reaktion des Vaters auf seine eigene Vater-Sohn-Geschichte kann sein, dass er sich wenig oder gar nicht um seinen Sohn bemüht. Er überlässt die Erziehung seiner Frau. So entsteht aus dem Vatermangel ein erneuter Vatermangel. Dennoch versucht jeder Sohn, die Aufmerksamkeit und Anerkennung seines Vaters zu bekommen. Er reagiert auf seinen Vater und entwickelt verschiedenes Rollenverhalten.
Wir stellen im Folgenden vier verschiedene Modelle vor, die Männer in der Kindheit entwickelt haben und die ihr späteres Verhalten prägen:

1. den perfekten Sohn,
2. den rebellischen Sohn,
3. den Versager und
4. den erotisch aufgeladenen Sohn.

Der perfekte Sohn

Der perfekte Sohn passt sich den Wünschen seines Vaters an; z.B. studiert er das Fach, das der Vater ausgewählt hat, er übernimmt die väterliche Firma und er widerspricht nicht offensichtlich. Er hat eher heimliche Sabotageanteile. Das zeigt sich manchmal, wenn er eine Partnerin wählt, die dem Vater nicht gefällt. In diesem Fall muss die Frau die Kämpfe mit dem Schwiegervater ausfechten, die ihr Mann mit seinem Vater nicht austrägt.

In der Folge verachtet die Frau ihren Mann als Schwächling, weil er sich gegen seinen Vater nicht durchsetzen kann. Dem Vater ist der brave Sohn zwar vordergründig angenehm, und er nutzt seine Anpassungsfähigkeit aus, aber er schenkt seinem schwachen Sohn keinen Respekt.
In manchen Fällen werden solche Söhne von ihren Vätern sogar ständig gedemütigt. Unbewusst provozieren die Väter ihre Söhne, weil die tiefe versteckte Männersehnsucht der beiden darin besteht, dass der Sohn sich wehrt und in seine eigene Kraft kommt.
Die Männer, die dieses Sohnmodell entwickelt haben, brauchen viel therapeutischen Zuspruch, um wieder das Risiko für ihre Eigenständigkeit einzugehen. Im Entwicklungsprozess brauchen sie einen geschützten Rahmen, in dem sie ihre unterdrückte Wut zum Ausdruck bringen und über den Wutausdruck einen Zugang zu ihrer männlichen Kraft gewinnen.

Der rebellische Sohn

Dieser Sohn hat einen Vater, der ihm seinen Willen aufzwingen will, der diktatorisch herrscht oder den Sohn überhaupt nicht beachtet.
Um sich etwas Eigenständigkeit zu erhalten oder sich Zuwendung über negatives Verhalten zu holen, rebelliert der Sohn und macht auf sich aufmerksam, indem er den Vater ärgert und ihm Sorgen bereitet. Er widersetzt sich dem Vaterwillen und tut genau das Gegenteil von dem, was der Vater von ihm erwartet. In Reaktion auf dessen Vorstellungen ergreift er einen gegensätzlichen Beruf, z.B.:

- Der Vater ist Pfarrer - der Sohn wird Techniker.
- Der Vater ist Handwerkermeister - der Sohn wird Krankenpfleger.

Möglicherweise wandert ein rebellischer Sohn ins Ausland aus oder wählt eine Partnerin aus einer anderen Kultur.
Dieser Sohn befindet sich in einer männlichen Kraft, allerdings wird sie vom Widerstand gegen den Vater gespeist. Auf Dauer ist die Rolle sehr anstrengend, weil er sich ständig Autoritäten widersetzen muss. In der Wiederholung kämpft er mit dem Chef, gegen Behörden, die Polizei, den Vermieter oder andere Männer, die ihm übergeordnet sind und Macht auf ihn ausüben könnten.
Sein Verhalten belastet auch jede Partnerschaft, weil er immer Recht behalten will. Meistens erträgt dieser Mann nur Frauen, die sich ihm unterordnen und unterwerfen. Wenn er jedoch auf eine Trotztochter trifft, die auch ihre weichen Gefühle eingesperrt hat, dann gibt es zumeist eine Kampfbeziehung zwischen den beiden. Sein Dilemma ist es, dass deshalb seine Beziehungen nicht lange halten und er auch häufig seine Arbeitsstellen wechseln muss.
Unter seiner Pseudostärke und der Herzpanzerung versteckt er seine Sehnsucht nach Liebe und Anerkennung vom Vater. Dieser innere Konflikt macht ihn entweder krank, oder er gerät in eine tiefe Krise.
Dies ist seine Chance zur Umkehr, und die Herausforderung besteht darin, die Suche zu seinem Herzen aufzunehmen. Der erwachsene Sohn muss lernen, seine weichen, eingesperrten Gefühle auszudrücken und – obwohl der Vater ihn in seiner Kindheit verletzt hat – auf den Vater in Liebe zuzugehen. Der erwachsene Sohn kann dann seinen Blickwinkel wechseln und erkennen, dass sein Vater auch ein Opfer seiner eigenen Vatergeschichte ist. Dadurch wird es ihm möglich, dem Vater zu vergeben.

Der Versager

Der Versagersohn hat meistens einen Vater, dessen Erfolgsleben Vorrang vor seinem Familienleben hatte. Diesem Vater war es wichtig, persönlich durch seine Genialität zu glänzen. Er fühlte sich mehr seinen Talenten verpflichtet als seiner emotionalen Vaterverantwortung.

Als Gegengewicht zu diesen besonders erfolgreichen Vätern wählt ein Sohn manchmal die Versagerrolle. Er traut sich nicht zu, jemals im Leben das erreichen zu können, was sein Vater erreicht hat. Deshalb probiert er es auch nicht aus, sondern verweigert gleich die Leistung. Er hat sich unbewusst gegen die Werte seines Vaters entschieden und sieht in der Verweigerung die Chance für seine Eigenständigkeit.

Die Versagerrolle kann auch von Söhnen gelebt werden, die ihren Vater gar nicht kennen oder wenig Kontakt zu ihm hatten, weil er sie zu früh verlassen hat. Ihnen fehlen die Aufmerksamkeit vom Vater und die gesunde Identifizierung mit ihm. Es ist bei kleinen Söhnen zu erleben, dass sie mit ihrer Verweigerung bei der Mutter oder anderen Familienmitgliedern ständig auf ihren Vatermangel aufmerksam machen wollen.

In einer anderen Konstellation geht es darum, dass die Väter ihren Söhnen die Beziehung verweigerten, indem sie das Kind zeitweise oder zu früh verlassen haben. Aus dieser Erfahrung heraus identifizieren sich die Söhne unbewusst mit der verweigernden Seite ihres Vaters und reinszenieren dieses Verhalten im Erwachsenenalter.

Auch wenn die Hintergründe bei diesen verschiedenen Versagermodellen unterschiedlich sind, so zeigen solche Männer ein ähnliches Rollenverhalten im Alltag. Sie werden Meister in ihrer Leistungsverweigerung, und das manifestiert sich unter anderem darin:

- Sie haben keinen Schulabschluss.
- Sie kommen keinen Verpflichtungen nach.

- Sie beginnen mehrere verschiedene Ausbildungen und brechen diese wieder ab.
- Sie übernehmen keine Verantwortung.
- Sie machen Schulden.
- Sie fallen anderen Familienmitgliedern zur Last.

Als Partner suchen sie die Nähe zu leistungsstarken Frauen und lassen sich von ihnen emotional und, wenn es möglich ist, auch finanziell ernähren. Weil sie lange Zeit ohnmächtige Opfer ihrer Väter waren und als Kinder dem Vater ihre Wut nicht zeigen konnten, haben sie es zu ihrer Stärke gemacht, andere Menschen auflaufen zu lassen. Wenn sie merken, dass von ihnen etwas verlangt wird, machen sie von ihrer Macht der Verweigerung Gebrauch.
In einer Beziehung mit einem Mann, der ein derartiges Sohnmodell verinnerlicht hat, wird die Partnerin nicht nur mit diesem Verhalten konfrontiert, sondern auch mit weiteren festgefahrenen Rollen. Er kann z.B. schwer nachgeben, wenn seine Partnerin etwas von ihm verlangt, weil er in der Vorstellung lebt, er verlöre dadurch seine Eigenständigkeit. Deswegen kann das gemeinsame Leben mit ihm zur Qual werden. Dieses Rollenverhalten verstärkt sich, wenn die Partnerin noch mehr Druck auf ihn ausübt. Häufig wählen diese Söhne dann das Modell ihres Vaters und brechen die Beziehung ab.
Die Herausforderung für solche Männer ist es, die Verbindlichkeiten einzuhalten und Konflikte zu klären. Sie brauchen eine andere Identifizierung als die der Verweigerung und der Flucht. Wahlmöglichkeiten – wie nachgeben und Verantwortung tragen – müssen erlernt werden. Meistens benötigen sie dazu therapeutische Unterstützung, um aus ihren Wiederholungen auszusteigen. Hilfreich dabei kann ein neues Mannmodell als Vorbild sein.

Der erotisch aufgeladene Sohn

Dieses Sohnmodell entsteht in einem Familiensystem, in dem es subtile Botschaften vom Vater gibt: Der Vater befindet sich in einer sexuellen Ambivalenz zwischen hetero- und homosexuellen Neigungen. Auch wenn das in der Familie nicht thematisiert wird, kann es sich untergründig auf den Sohn auswirken.
Der Vater ist sehr mit sich selbst und seiner Thematik beschäftigt und wird deshalb seinem Sohn nur wenig Aufmerksamkeit schenken. Aus dieser Not, vom Vater nicht genügend Zuwendung zu bekommen, entdeckt der Sohn, dass er seinen Vater erreicht, wenn er sich äußerlich attraktiv zeigt. Der Vater reagiert auf das feine, subtile Signal seines Sohnes, und daraus entwickelt sich eine leicht erotisch angehauchte Nähe zwischen ihnen. Weil es nicht offensichtlich und direkt ist, bemerken es die anderen Familienmitglieder meistens gar nicht.
Wird dieser Sohn erwachsen, zeigt sich eine innere Ambivalenz, immer wenn es um Entscheidungen geht. Diese Entscheidungsschwäche wird in der Berufswahl, der Partnersuche und in anderen wichtigen Lebensfragen deutlich. Der Sohn hat sich mit der Ambivalenz seines Vaters identifiziert und lebt dessen inneren Konflikt im Äußeren aus.
Aus diesen Gründen ist es für den erwachsenen Sohn sehr schwer, in eine Partnerschaft zu kommen. Wenn er dennoch eine Beziehung eingegangen ist, dann kann er meistens keine Verbindlichkeit halten und ist oftmals zwischen mehreren Partnerinnen hin und her gezogen. Oder er fühlt sich zwischen der Frage hin und her gerissen: »Bleibe ich bei einer Partnerin oder bevorzuge ich mein Singleleben?«
Das Nicht-sesshaft-werden-Können und ihr Unvermögen, gemäß ihrer Lebensphase männliche Verantwortung zu übernehmen, drückt sich auch durch ihr äußeres Erscheinungsbild aus. Ihr Körperbau bleibt im jünglingshaften Aussehen stecken, und mit ihrem Wesen und ihrem Outfit betonen sie diesen Eindruck noch.

Weil der Sohn in der Kindheit so viel subtil aufgenommen hat, ist es schwer für ihn, sein erwachsenes Verhalten zu begreifen. Er wird viel Schmerzen, Ohnmachtsgefühle und Zerrissenheit erleben. Ohne therapeutische Hilfe wird er aus seinen Irrwegen und Wiederholungen kaum aussteigen können. Er braucht Hilfe, um unterscheiden zu können, was seine eigenen Gefühlsanteile sind und welche zum Vater gehören.

Mangelnde Anerkennung durch den Vater

Alle vier unterschiedlichen Sohnmodelle entstehen, genauso wie bei den Töchtern, aus innerer Not wegen mangelnder Anerkennung durch den Vater.
Gibt es in einer Familie mehrere Söhne, dann ist es durchaus möglich, dass diese in unterschiedliche oder sogar gegensätzliche Reaktionen zum Vater gehen. In diesem Fall werden sie als Brüder Rivalität und Konkurrenzverhalten leben. Das kann bis zur Feindschaft gehen, weil jeder meint, sein Modell sei besser als das Modell des Bruders. Auch hier ist es für die Männer wichtig, ihre eigene Beziehung zum Vater unter die Lupe zu nehmen und ihre Reaktion auf ihn aufzudecken.
Für das Verständnis des väterlichen Verhaltens ist es hilfreich, wenn der Sohn auf die Beziehung seines Vaters zum Großvater schaut und erkennt, was seinem Vater als Sohn in der Kindheit angetan wurde und was ihm alles gefehlt hat. Manchmal wird es mit Mühen verbunden sein, diese Geschichte zu erforschen, dennoch ist es unumgänglich und lohnenswert. Wenn er für die Vatergeschichte Mitgefühl entwickelt hat und auch den Schmerz und die Trauer über die Unmöglichkeiten der Männerverbindungen in seiner Familie gespürt hat, dann ist der Weg frei für die Versöhnung zwischen Vater und Sohn.

Fazit

Erwachsene Söhne brauchen Bewusstsein über die Frage: »Welches eigene Verhalten habe ich aus Not entwickelt, weil ich keine adäquate Anerkennung von meinem Vater erhielt?«

Ressourcen

Erwachsenen Söhnen stehen mehr Wahlmöglichkeiten in ihrem Verhalten zur Verfügung, und sie können unterscheiden zwischen ihrer Eigenständigkeit und der Reaktion auf den Vater.

Kosten beim Verharren in einem Sohnmodell

- Schwacher Selbstwert und unterentwickelte Identität,
- verdrängte Gefühle,
- emotionale Abhängigkeit vom Vater.
- Autoritäten werden zur Projektionsfläche des Vaters.
- Andauernde Schwierigkeiten in der Partnerschaft,
- die Unmöglichkeit, eine verbindliche, langfristige Beziehung zu erreichen.

Gewinn bei korrigiertem Rollenverhalten des Sohnes

- Der Selbstwert steigt, die Identität festigt sich.
- Der Zugang zu den Gefühlen wird frei.
- Die Ausdrucksfähigkeit der Gefühle wird möglich.
- Spannungen zu Autoritäten lösen sich auf, weil die Vaterprojektion nachlässt.
- Das Leben in Partnerschaften wird leichter.
- Bruderkonflikte lösen sich auf.
- Männliche Anerkennung untereinander wird größer.

Anleitung zu Entwicklungsschritten

- Die Rückbesinnung auf die Vaterbeziehung in der Kindheit,
- das eigene Sohnmodell aufdecken,

- sich den Schmerz und die Trauer der mangelnden Vatererkennung erlauben,
- die Geschichte von Vater und Großvater erforschen,
- sich selbst Anerkennung geben,
- dem Vater vergeben,
- therapeutische Hilfe in Anspruch nehmen,
- das eigene Rollenverhalten verändern.

Der Vater und seine Tochter, die Prinzessin

In den vorherigen beiden Kapiteln lag unsere Aufmerksamkeit auf dem Rollenverhalten, mit dem Kinder versuchen, sich die fehlende Vaterzuwendung zu holen. Im Folgenden betrachten wir die Paarbeziehung der Eltern und wie Kinder sich zur Verfügung stellen, wenn dem Paar Liebe, Erotik oder Verständnis füreinander verloren gegangen sind. Wir beschreiben ein Paar in einer Lebensphase, in der die gemeinsame Verliebtheit vorüber ist und beide junge Eltern einer Tochter geworden sind.

Das Paar hat sich für eine Arbeitsteilung entschieden, wobei die Frau für das Kind sorgt und den Haushalt übernimmt, während der Mann für die finanzielle Existenz sorgt und seiner Arbeit nachgeht. Anfangs stellt sich die Frau ganz auf ihre Mutterrolle ein, deshalb ist sie nicht so offen für die Bedürfnisse des Mannes, sondern benötigt mehr emotionale Unterstützung von ihm. Der Mann fühlt sich in dieser Phase unsicher, weil Mutter und Tochter in einer symbiotischen Nähe miteinander verschmolzen sind. Die Frau ist bald gekränkt, weil sie zu wenig Unterstützung von ihm bekommt; und der Mann fühlt sich hilflos und ausgeschlossen.

Nachdem das Mädchen etwa zwei bis drei Jahre alt geworden ist und die Frau inzwischen viele Enttäuschungen erfahren hat, macht sie ihrem Mann Vorwürfe. Der Mann ist empört und fühlt sich von ihr angegriffen. Aus seinem Blickwinkel arbeitet er mehr als früher, um seine Familie zu ernähren, und er bekommt dafür auch keine Anerkennung von seiner Partnerin. Darüber gerät das Paar in eine Krise.

In dieser Dynamik übernimmt die kleine Tochter die liebevolle, emotionale Hinwendung zum Vater. Wenn er später von der Arbeit nach Hause kommt, empfängt sie ihn voller Freude. Dem Vater tut es gut, von seiner Tochter sehnsüchtig erwartet zu werden und Zärtlichkeiten von ihr zu erhalten. Er beginnt, ihr von seinen Geschäftsreisen kleine Geschenke mitzubringen, und dadurch verstärkt sich die Herzensverbindung zwischen Vater und Tochter. Jetzt fühlt sich die Mutter ausgeschlossen und reagiert mit verstärkten Vorwürfen auf den Mann und mit Eifersucht auf die Tochter.

Diese Dynamik ist ein Kreislauf, der sich immer mehr steigert, je älter die Tochter wird. Durch den Streit zwischen den Eltern und die Bissigkeit, mit der die Mutter auf den Vater losgeht, stellt die Tochter sich auf die Seite ihres Vaters. Der Vater nimmt die Zuneigung und die Solidarität seiner Tochter an und verbündet sich mit ihr gegen die Mutter. Die Tochter fühlt sich als die bessere Frau bestätigt, und der Vater nimmt sie als Ersatzfrau an.

Von der Mutter bekommt die Tochter inzwischen keine Anerkennung mehr für ihr heranwachsendes Frausein, sondern Abwertung und Kritik. Im Gegensatz dazu wird die pubertierende Tochter von ihrem Vater offensichtlich oder energetisch wie eine Prinzessin behandelt:

- Er bespricht verschiedene Themen nicht mehr mit seiner Partnerin, sondern mit seiner Tochter.
- Bei Ausflügen oder Einladungen geht er nicht neben seiner Partnerin, sondern mit seiner Tochter voran.
- Er erfüllt ihr alle Wünsche und setzt ihr keine Grenzen.
- Er bewundert ihre Schönheit und ist sehr stolz auf sie.

- Er ist stolz auf ihre intellektuellen Fähigkeiten und diskutiert mit ihr.
- Er beklagt sich bei seiner Tochter über seine Partnerin.
- Er teilt gemeinsame Hobbys mit seiner Tochter.

Durch all diese Verhaltensweisen kommt die Tochter immer mehr in eine Geliebtenrolle. Sie verliert ihren Kinderplatz und wird vom Vater verfrüht auf die Erwachsenenebene gehoben und durch Verherrlichung von ihm zur Prinzessin gemacht.

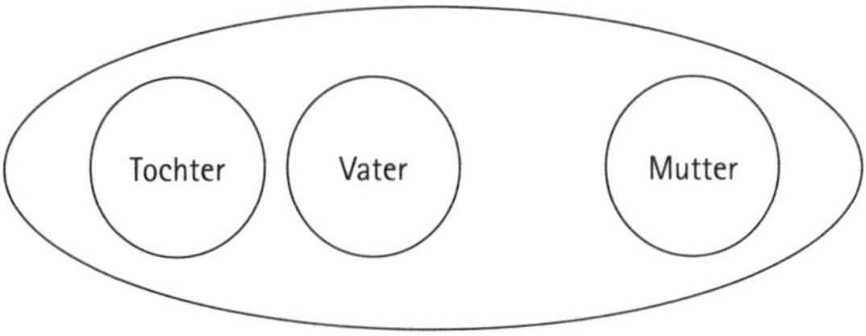

Vater und Tochter sind verbündet; die Tochter befindet sich im Paarsystem der Eltern

Ist diese Tochter erwachsen und trifft sie auf einen Mann, erwartet sie, dass sie von ihrem Partner genauso verwöhnt wird wie vom Vater. Die Männer haben es schwer, ihr etwas recht zu machen; und sie hat es schwer, weil ihr kein Mann wirklich gut genug ist.
Genauer betrachtet, ist sie von ihrem Vater nur auf den Sockel gehoben worden, und ihre Weiblichkeit konnte sich nicht natürlich entwickeln, sondern sie wurde durch Vaters Verherrlichung hochgepusht. Weil ihr die Mutterzuwendung fehlt, ist das eigene souveräne Frausein noch unterentwickelt. Durch ihr vordergründig arrogantes Auftreten und ihre gleichzeitige in-

nerliche Unsicherheit verstrickt sie sich häufig in Frauenkonkurrenzen.
Besonders interessant sind für sie Männer, die schon mit einer Partnerin in Verbindung stehen. Unbewusst reinszeniert diese Frau damit ihre Kindheitssituation. Es gibt erneut eine Paarbeziehung, in der entweder Liebe, Erotik oder Verständnis fehlt und für die sie sich als Geliebte zur Verfügung stellen kann.
Der Reiz besteht für sie darin, einmal gegen die feste Partnerin gewinnen zu wollen, deshalb nimmt diese Frau in einer Dreieckssituation viel auf sich. Sie spricht gemeinsam mit dem Geliebten über seine Partnerin, wie sie mit dem Vater über ihre Mutter gesprochen hat. Vollkommen unbewusst ist ihr, wie sehr sie der Vater emotional missbraucht hat und wie sich der Missbrauch ihrer Person in der Dreiecksbeziehung wiederholt.
Die Verherrlichung durch den Vater hat zu einem narzisstischen Verhalten der Tochter geführt und sie in einen gewissen Größenwahn getrieben, wobei sie fest glaubt, gegen eine andere Frau gewinnen zu können. Unbewusst ist ihr, dass sie in der Kindheit immer nur die zweite Rolle innehatte und dass sich der Vater nicht wirklich von der Mutter trennte.
In den Fällen, in denen der Vater die Mutter dann doch verließ, kann die Tochter zutiefst gekränkt sein, weil er eine neue Partnerin wählte. Durch diese Wahl wird für sie energetisch deutlich, dass er seiner Tochter nur leere Versprechungen gemacht hat, mit denen er sie glauben lassen wollte, sie wäre seine einzige und beste Frau.
Das Dilemma der erwachsenen Tochter in einer Dreiecksbeziehung ist, dass sie sich jetzt unbedingt beweisen muss, die Nummer eins bei einem Mann werden zu können.

Statt immer wieder in das Dilemma der Wiederholung zu geraten, ist es für die Prinzessinnentochter wichtig, sich aus der zu engen Vaterbeziehung zu verabschieden und auf ihre Mutter zuzugehen. Die Kraft für das souveräne Frausein kann sie nur in einer guten Verbindung mit ihrer Mutter entfalten. Die Wiederholungen als Geliebte dienen lediglich ihrem Heilungsprozess: Durch die schmerzhafte Erfahrung wird deutlich, wie notwendig es ist, sich von Dreiecksbeziehungen zu verabschieden.

Wenn das narzisstische Verhalten stark ausgeprägt ist, empfehlen wir einer Vatertochter, sich Hilfe bei einer Therapeutin zu suchen. Meistens fühlen sich diese Frauen unbewusst zu einem männlichen Therapeuten hingezogen; es ist jedoch wichtig, sich von einer Frau stärken zu lassen.

Fazit

Dreiecksbeziehungen sind immer zu hinterfragen!

Ressourcen

Die erwachsene Tochter kann die Fähigkeit erwerben, aus einer zu engen Vaterbeziehung auszusteigen.

Kosten einer zu engen Vaterbindung

- Die Wahl eines Mannes fällt schwer, weil ihr keiner gut genug ist.
- In einer Partnerschaft fehlt ihr das souveräne Frausein.
- Sie ist abhängig von der Bewunderung ihres Partners.
- Der Vater mischt sich in ihre erwachsene Beziehung ein.
- Schmerzhafte Dreiecksbeziehungen als Wiederholung,
- Konkurrenz und Rivalität mit anderen Frauen.

Gewinn bei adäquater Vaterbindung

- Die Partnerwahl wird erleichtert.
- Die Mutterverbindung wird wieder gestärkt.
- Der weibliche Selbstwert wächst.

- Die Intimität wird mit dem Partner gelebt.
- Dreiecksbeziehungen lösen sich auf.
- Nähe und Kontakt zu anderen Frauen werden möglich.

Anleitung zu Entwicklungsschritten

- Die Rolle und der Platz in der Herkunftsfamilie sollten sich bewusst gemacht werden.
- Die alten Verstrickungen sollten aufgelöst werden.
- Die alte Dynamik im System kann korrigiert werden.
- Auf die erhöhte Prinzessinnenrolle muss verzichtet werden.
- Die zu enge Herzensverbindung zum Vater braucht eine Korrektur.
- Die Herzensverbindung zur Mutter kann wieder aufgenommen werden.
- Aus Dreiecksbeziehungen gilt es auszusteigen.

Die Mutter und ihr Prinzensohn

Wenn ein Sohn von seiner Mutter zum Prinzen erhöht wird, dann liegt in den meisten Fällen, ähnlich wie bei Vaters Prinzessin, eine emotionale Distanz zwischen den Eltern vor: Hier fehlen der Mutter Liebe, Nähe, Zärtlichkeit, Sinnlichkeit, das Sich-verstanden-Fühlen, die Bestätigung ihrer Attraktivität usw. vom Partner.

Aus Verzweiflung sendet sie ihrem Sohn unbewusst Signale und lädt ihn ein, sich als kleiner Ersatzmann zur Verfügung zu stellen. Der Sohn geht ins Mitgefühl mit seiner Mutter und fühlt sich als ihr Retter; er übernimmt die Aufgabe, Mutters emotionale Bedürfnisse zu erfüllen.

Anfangs fühlt sich der Sohn von dem Angebot der Mutter geschmeichelt, doch hat er als Kind oder Jugendlicher noch kein

Gefühl dafür, wie ihn diese Rolle in eine Überforderung treibt. Die Mutter findet bei ihrem Sohn Trost und all das, was sie so sehr bei ihrem Partner vermisst. Der Charme des unschuldigen kleinen Jungen und die süße Hinwendung zur Mutter binden beide fest aneinander. Dadurch verstricken sich Mutter und Sohn, und der Sohn wird zum Konkurrenten seines Vaters.

Der Anteil des Vaters an dieser Dynamik ist meistens sein Unvermögen, die emotionale Bindung zu seiner Partnerin aufrechtzuerhalten. Dadurch, dass sich der Sohn für die Erfüllung der Bedürfnisse seiner Mutter zur Verfügung stellt, entlastet er anfangs den Vater. Je erfolgreicher der Sohn allerdings als Ersatzmann bei der Mutter wird, desto größer wird sein Dilemma in der Beziehung zu seinem Vater. Durch den wachsenden narzisstischen Stolz des Sohnes entwickelt dieser eine Arroganz gegenüber dem Vater, denn er fühlt sich nun als der bessere Mann.

Was sich anfangs für den Vater als Entlastung ausgewirkt hat, verwandelt sich jetzt in eine wachsende Belastung und führt zu Auseinandersetzungen. Der Vater versucht, die erhöhte Position des Sohnes zu korrigieren, indem er diesen abwertet und ihn damit vom Sockel herunterholen will. Leider kann der Vater seinem Sohn wegen der Verherrlichung durch die Mutter nicht das Maß an Anerkennung geben, das dieser für seine männliche Entwicklung dringend bräuchte.

Ein Teufelskreis entsteht: Die fehlende Anerkennung und die fortwährende Abwertung vom Vater treiben den Sohn noch mehr in die Nähe der Mutter. Die Mutter und der Sohn fühlen sich in ihrem gemeinsamen Urteil über den Vater bestätigt.

Die Dynamik beim Prinzensohn hat Ähnlichkeiten mit Vaters Prinzessin, dennoch wollen wir auch auf die zusätzlichen Unterschiedlichkeiten aufmerksam machen.

Wir kommen nicht daran vorbei, die psychologischen Entwicklungsstufen vom Mädchen zur Frau und vom Jungen zum Mann zu berücksichtigen.

Erst einmal ist bei einem Jungen, wie bei einem Mädchen, die

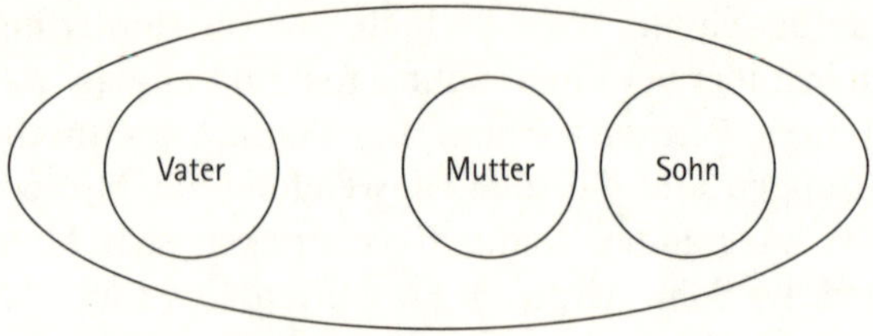

Mutter und Sohn sind verbündet; der Sohn befindet sich im Paarsystem der Eltern

Mutter die nährende, versorgende Person. Auch wenn die heutigen Männer noch so viel an Hilfe bieten, bleibt durch die Schwangerschaft und das Stillen die größere versorgende Bindung zur Mutter bestehen. In der späteren Entwicklung vom Mädchen zur Frau wird sich die Tochter vorübergehend in der Hinwendung zum Vater testen, um sich bei ihm im Frausein zu üben. Dadurch entsteht ein natürlicher Abstand zur Mutter.

Beim Sohn ist es dagegen anders: Ein heranwachsender Sohn möchte sich auch in seinem Mannsein bei der Mutter üben, aber er bekommt dadurch nicht mehr Abstand zur Mutter, sondern noch mehr Nähe. Wenn der Sohn zusätzlich bereits seiner Mutter von klein auf als Ersatzmann dient, dann wird er durch das natürliche Testenwollen der Jugend in eine noch engere Bindung zur Mutter verstrickt.

Diese übergroße Abhängigkeit kann Aggressionen und auch Hassgefühle in dem Sohn verstärken. Innerlich liebt der Junge seine Mutter abgöttisch, um sich aber in ein souveränes Mannsein zu entwickeln, benötigt er mehr Distanz zu ihr. Deshalb braucht der heranwachsende Sohn den Vater, um seine männlichen Qualitäten zu stärken. Gerade beim Prinzensohn ist das aber meistens durch die Dynamik des Systems nicht möglich, sondern er bleibt in der zu engen Bindung zu seiner Mutter stecken.

Die fehlende Anerkennung durch den Vater wirkt sich auch hier auf das Verhalten des Sohnes aus und kann die verschiedenen Rollen wie Versager oder Rebell hervorbringen.
Die Schwierigkeiten für den Prinzensohn in späteren Paarbeziehungen bestehen darin, dass er unter anderem nicht zwischen Mutterbeziehung und Geliebtenbeziehung unterscheiden kann.
Ein Mann, der vom Vater gestärkt wurde, hat die jugendliche Annäherung an die Mutter nur als Test verwendet und ist in seinem männlichen Selbstwert stark genug, um sich in der Geliebtenbeziehung zu einer Frau nicht zu verlieren. Er kennt seine erwachsenen Ansprüche an eine Partnerin und kann sich voll auf sie einlassen, ohne seine Autonomie aufzugeben. Weil dem unerlösten Prinzensohn die Vateranerkennung fehlt, ist seine männliche Ichstärke in Beziehungen geschwächt, und er fühlt sich deshalb nur zu bestimmten Paarmodellen hingezogen:

- Er interessiert sich für eine Frau, die er nicht ganz für sich bekommen kann; und er landet in einer Dreiecksbeziehung.
- Oder er wählt eine Frau mit großen emotionalen Defiziten und Schwierigkeiten, die er »retten« kann. Die Wiederholung besteht darin, dass er sich von Anfang an in eine Überforderung begibt. Er kann sich zu wenig um seine eigenen männlichen Interessen und Bedürfnisse kümmern; und die alten unterdrückten Aggressions- und Hassgefühle werden geweckt. Der innere Konflikt von Hass und Liebe oder Nähe und Distanz wird neu belebt.
- Eine weitere Variante besteht darin, sich eine Frau zu wählen, die emotional nicht erreicht werden will. Durch diese gefühlsmäßige Distanz kann er sich seinen geringen männlichen Selbstwert erhalten.
- Ein anderes Modell ist dies, sich eine versorgende, mütterliche Frau zu wählen, um die symbiotische Verschmelzung weiterzuleben. Sie versorgt ihn, und er gibt ihr seine warmen, weichen Gefühle.

In jedem dieser vier Modelle wirkt sich bei der Partnerwahl die Wiederholung aus dem Herkunftsfamiliensystem aus. In der Vater-Mutter-Verstrickung wurde der Prinzensohn von seiner Mutter emotional missbraucht und vom Vater erst benutzt und dann im Stich gelassen.
Durch die zu enge Mutterbindung und den fehlenden Freiraum für seine männliche Entwicklung entsteht im Heranwachsenden Ärger, den er durch seine Abhängigkeit unterdrücken muss. Durch die Vermischung von Mutterliebe und erotischen Gefühlen bei gleichzeitig zu geringem Freiraum für die eigene männliche Entfaltung wird die sexuelle Entwicklung des heranwachsenden Mannes gestört, gehemmt oder verwirrt. Daraus folgen in den späteren Paarbeziehungen häufig erhebliche sexuelle Probleme.
Die unterdrückte Aggression und die gestörte Sexualität im erwachsenen Mann zeigen sich in den verschiedenen Beziehungsmodellen auf unterschiedliche Weise:

- In der Dreiecksbeziehung wird die Aggression zum Teil durch die eigene Qual auf sich selbst gerichtet und zum anderen Teil auf den Rivalen. Der Reiz der Sexualität besteht in der Konkurrenz zum Ehemann oder Geliebten.
- In der Retterbeziehung zeigt sich die Aggression als ständige Ambivalenz im inneren Konflikt zwischen Liebe und Hass, Nähe und Distanz. Die Sexualität des Paares lebt von Flucht und erneuter Anziehung.
- In der Distanzbeziehung zeigt sich die Aggression als Sabotageteil. Die Sexualität kann sich abspalten und in erotischen Phantasien ausgelebt werden.
- In der symbiotischen Verschmelzung wird die Aggression gegen sich selbst gerichtet, und es besteht die Gefahr von autoaggressiven Erkrankungen. Die Sexualität zieht sich zurück.

Die Befreiung des Prinzensohnes von seiner Mutter ist sehr vielschichtig und schwer zu durchschauen, denn manchmal wird das Ausmaß für die Betroffenen nicht offensichtlich erkennbar. Diese Söhne sind innerlich mehr mit ihrer Belastung und Aufopferung identifiziert als mit der Erhöhung und der Verherrlichung, die sie auch erfahren haben. Deshalb erfordert es mehr Bewusstheit, Zeit und Engagement von den Männern als die Vaterablösung von den Prinzessinnen. Durch die Verwöhnung und die Verherrlichung der Mütter haben sich solchermaßen geprägte Männer an schnelle Erfolge gewöhnt. Stellt sich der Erfolg im Beruf oder im Beziehungsleben nicht umgehend ein, reagieren sie übermäßig gekränkt und beleidigt.
Bei Frustrationen werden die vielen Abwertungen des Vaters geweckt, daher fällt es Prinzensöhnen schwerer als anderen, etwas Neues auszuprobieren und dabei mit vorübergehenden Misserfolgen umzugehen. In der kindlichen Entwicklungsphase fehlte ihnen Zeit und Raum für das spielerische Entdecken kreativer Möglichkeiten, weil sie sich stattdessen um die Belange der Mutter gekümmert haben. Im Erwachsenenleben brauchen sie besonders viel Zeit und Geduld bei Veränderungen.

Wenn unsere Leserinnen ihren Partner in unseren Ausführungen entdeckt haben, dann benötigen auch sie viel Geduld und Ausdauer, bis ihr Partner die erwachsene Korrektur vornehmen kann. Es ist verständlich, wenn eine Partnerin Druck auf ihren Mann ausübt, weil sie unter den Auswirkungen leidet, aber Prinzensöhne reagieren auf Druck erfahrungsgemäß mit Rückzug. Dennoch ist es für die Paarentwicklung notwendig, den Mann adäquat, ohne übermäßigen Gefühlsausbruch, mit den Auswirkungen seiner Schwächen zu konfrontieren.
Dabei ist es wichtig, den Wert des Mannes und den Gewinn, den die Frau durch seine Retterrolle in ihrem Leben genießt, nicht zu übersehen. Mit Lob und sachlicher Konfrontation sind diese Männer langsam und Schritt für Schritt zu kleinen Veränderungen bereit.

Fazit

Wenn Männer in den beschriebenen Paarmodellen gefangen sind, ist es für sie wichtig, ihre Mutterbeziehung zu hinterfragen.

Ressourcen

- Es gilt, die Herausforderung anzunehmen, sich Zeit für die eigene Entwicklung seiner männlichen Kräfte zu schaffen.
- Die bisherigen Überforderungen in der Bedürfniserfüllung von Müttern und Partnerinnen müssen erkannt und langsam auf ein adäquates Maß reduziert werden.

Kosten bei Nichtauflösung der zu engen Mutterbindung

- Eingeschränkte Partnerwahl,
- andauernde Überlastung und Überforderung,
- autoaggressive Erkrankungen,
- Konkurrenz zu anderen Männern,
- Autoritätsprobleme,
- mangelnder Selbstwert,
- fehlendes authentisches Sein.

Gewinn bei adäquater Mutterbindung

- Eine gleichwertige, ausbalancierte Partnerschaft wird möglich.
- Der persönliche Freiraum wächst.
- Normalität und Zufriedenheit stellen sich ein.
- Männerfreundschaften werden möglich.
- Hierarchien können anerkannt werden.
- Die eigene Persönlichkeit zeigt sich.

Anleitung zu Entwicklungsschritten

- Mit therapeutischer Hilfe wird die Mutter-Sohn-Beziehung betrachtet.
- Mit therapeutischer Hilfe wird eine emotionale Annäherung an den Vater angestrebt.

- Wiederholungen in der jetzigen Partnerschaft können erkannt und als Heilungschance genutzt werden.
- Die unterdrückten Aggressionen werden bewusst gemacht und können im geschützten Rahmen Ausdruck finden.
- Die eigene Geschichte der Sexualität wird entdeckt.
- Das eigene Sexualverhalten wird hinterfragt und kann sich verändern.

Vaters Prinzessin und Mutters Prinz werden ein Paar

Männer und Frauen, die in ihren Herkunftsfamilien durch die Prinzen- oder Prinzessinnenrolle geprägt worden sind, haben in ihrem Erwachsenenleben eine starke Anziehungskraft aufeinander. Warum ist das so?

Die Frau hat sich durch das Stützen des geschwächten Vaters voll auf ihn konzentriert, darum fällt es ihr schwer, ihre eigenen weiblichen Bedürfnisse zu fühlen und auszudrücken.

Der Mann hat durch die Nähe zu seiner Mutter viel Einfühlungsvermögen in weibliche Bedürfnisse ausgebildet und spürt, was die Vatertochter braucht. Deshalb fühlt er sich zu ihr hingezogen, weil er instinktiv weiß, dass er gebraucht wird und bei ihr erfolgreich werden kann. Das Gebrauchtwerden schmeichelt seinem narzisstischen Wesensanteil.

Sie entdeckt, dass sie bei ihm ebenfalls erfolgreich werden kann; und es ehrt sie und wertet sie auf, wenn sie ihn in seinen männlichen Schwächen unterstützen kann. Das männliche souveräne Auftreten fällt ihm schwer, entweder er reagiert aufgeblasen und wird laut, oder er setzt sich nicht durch, sondern zieht sich bescheiden zurück.

Die Vatertochter stärkt ihren Partner mit Lebensmut, Kraft und Liebe. Sie ist tüchtig im Geldverdienen und übernimmt mit Po-

wer die Durchsetzung der gemeinsamen Ziele, z.B. bucht sie seine Traumreise, verwirklicht seine Autoträume und stärkt sein äußeres Ansehen.
Der Prinzensohn versorgt seine Partnerin mit Hilfsangeboten, z.B. fährt er sie zum Arzt, bekocht sie, tröstet sie, hört sich ihre Sorgen an, macht Besorgungen für sie und kümmert sich um die häuslichen Belange. In der Verliebtheitsphase ergänzen sie sich ideal, später jedoch werden die Schwächen des Partners deutlich:

- Dem Mann erscheint seine Frau zu hart, und ihr kraftvolles Wesen macht ihm plötzlich Angst; denn diese Qualität scheint für ihn unerreichbar.
- Der Frau erscheint ihr Mann zu schwach; denn Schwäche kann sie sich nicht gestatten.

Deshalb gehen beide im späteren Alltagsleben in eine gegenseitige Abwertung, und die Partnerschaft beginnt zu kriseln.
Die Vatertochter hat zwar als Signal beim Kennenlernen ausgesandt: »Schau her, ich bin die starke Powerfrau, die dich stützen kann und alles allein bewältigt!« Denn genau diese Fähigkeiten hat sie bei ihrem Vater entwickelt und dafür Anerkennung und Bewunderung erfahren. Aber ihre tiefe Sehnsucht ist jedoch, um ihrer selbst willen, ohne sich ständig anzustrengen zu müssen, geliebt zu werden.
Die Diskrepanz besteht darin, dass die Frau sich im Inneren einen starken Mann wünscht, an den sie sich anlehnen kann. Aber weil sie das nie erfahren hat, fehlt ihr das Vertrauen, sich fallen zu lassen und ihre Schwäche zu zeigen.
Der Muttersohn sendet folgendes Signal aus: »Ich bin immer für dich da, wenn du mich brauchst! Ich bin dein Retter in der Not!« Genau diese Fähigkeiten hat er bei der Mutter entwickelt und dafür Anerkennung und Bewunderung erhalten. Seine tiefe Sehnsucht ist jedoch, nicht mehr von einer Frau gebraucht zu werden, aus der kindlichen Überforderung aus-

zusteigen und mehr Freiheit für seine eigenen Interessen zu haben.
Sein innerer Konflikt besteht darin, dass ihm der Mut, die Kraft und die Risikobereitschaft dafür fehlen. Seine große Angst, nicht mehr geliebt zu werden, und sein Misstrauen gegenüber seinen eigenen männlichen Fähigkeiten hindern ihn.
Beide erhalten in dieser Verbindung keine Erfüllung ihrer inneren Sehnsucht. Deshalb beginnen beide, den Partner umzuerziehen in dem Glauben: Wenn mein Partner sich verändert, kann ich in der Beziehung bleiben, und meine Träume werden wahr. Genau dieses gegenseitige Verändernwollen verstärkt jedoch die Konfliktsituation zwischen den beiden.

Falls einige unserer Leser in ihren Beziehungen im Augenblick genau an dieser Stelle stecken geblieben sind, ist es für sie wichtig, die Konfliktsituation als Chance für das eigene Wachstum zu erkennen. Die Prinzessin und der Prinz haben beide ihre Persönlichkeitsentwicklung anzustoßen. Wenn beide dennoch immer wieder scheitern und in das alte Rollenverhalten fallen, sollten sie sich therapeutische Hilfe holen. Nach unserer Erfahrung sind die Auswirkungen dieser Form der Elternbindung auf die Paarbeziehung nämlich zäh.
Beide haben sich unbewusst zum Zweck der eigenen Heilung und Elternablösung gewählt. Wenn nur einer der Partner sich verändert und weiterentwickelt, ist es schwierig, die Paarbeziehung aufrechtzuerhalten.
Paradox klingt es, wenn wir sagen, dass, falls beide aus ihrem Wunsch nach Wachstum und Entfaltung persönliche Veränderungen erreicht haben, es dennoch möglich ist, dass es zur Trennung kommt. In diesem Fall ist die Aufgabe der Selbstfindung durch die schmerzhaften Wiederholungen in der Partnerschaft erreicht, und die Beziehung hat ihren Sinn erfüllt. Auch wenn sich das möglicherweise hart anhört, ist das ein großer Wachstumsschritt.
Nicht immer muss es jedoch mit einer Trennung enden. Es gibt

auch Paare, die nach ihrer persönlichen Veränderung eine neue gegenseitige Attraktivität entdecken – die Paarbeziehung ist gestärkt und kann dann auf einer anderen seelischen Ebene fortgeführt werden.

Fazit

Äußere Anziehung und innere Sehnsüchte sind bei der Partnerwahl von Prinz und Prinzessin gegensätzlich.

Ressourcen

Die Krise der Partnerschaft ist eine große Herausforderung, die eigene Entwicklung in die Hand zu nehmen und das alte Rollenverhalten zu erweitern.

Kosten beim Ausharren in der gewohnten Rolle

- Innere Zerrissenheit und Enttäuschungen,
- ständige innere und äußere Konfliktsituationen,
- Scheitern im Beziehungs- und Berufsleben.

Gewinn bei verändertem Rollenverhalten

- Persönliche Zufriedenheit,
- Klärung und Auflösung von belastenden Konfliktsituationen,
- Erfolg im Berufsleben,
- erfüllte Partnerschaft.

Anleitung zu Entwicklungsschritten

- Die inneren Sehnsüchte offenbaren,
- die Verhaltensweisen aus der Verstrickung mit den Eltern loslassen,
- therapeutische Hilfe zur Persönlichkeitsentwicklung in Anspruch nehmen,
- mutig die Herausforderung für Wachstum annehmen,
- das Scheitern als Chance zur Heilung erkennen und erlauben.

Die Trägerkinder

Die Prinzessin und der Prinz sind von Vater oder Mutter geprägt worden mit aufwertenden Sätzen wie:

- »Du bist mein Ein und Alles!«
- »Niemand kann das so gut wie du!«
- »Du bist das Wichtigste in meinem Leben!«

Durch die Verherrlichung der Eltern sind diese Kinder aufgewertet und auf einen Sockel gestellt worden. Diese Form des emotionalen Missbrauchs und der Abhängigkeit entstand durch Festhalten, Überverwöhnen, Überversorgung und das Vergöttern.
Im Gegensatz dazu wurde das Trägerkind auch missbraucht, dabei aber noch gedemütigt. Diese Kinder wurden missbraucht durch das Festhalten über Abwertung, Kritik und mangelnde Fürsorge. Die prägenden, abwertenden Sätze sind z.B.:

- »Das könntest du besser machen!«
- »Ich hätte mir was Gescheiteres von dir erwartet!«
- »Wenn du das nicht anständiger machst, dann ...!«

Der Familienhintergrund, vor dem diese Konstellation entsteht, geht bis in die Großelterngeneration zurück. Es kommt in diesen Familiensystemen vor, dass eine Frau keine Unterstützung und keinen Halt von ihrer eigenen Mutter erfahren hat; sei es, dass diese früh starb oder ein schweres Schicksal verhinderte, dass sie sich um ihre Tochter kümmern konnte. Zusätzlich kann sich diese Frau auf ihren Mann nicht verlassen und sich nicht bei ihm anlehnen. In diesem Fall wird sie sich in ihrer psychischen Not den Halt bei ihrem Kind suchen und sich auf das Kind stützen.

Meistens übernehmen die Töchter diese sozialen Leistungen in den betroffenen Familien. Wenn eine Mutter mehrere Töchter hat, dann übernimmt die Tochter mit dem offensten Herzen diese Aufgabe. Es ist auch möglich, dass die Verpflichtung von einer zur anderen Tochter weitergereicht wird, wenn die ältere das Haus verlässt

Im Alltag muss die Trägertochter sehr früh der Mutter im Haushalt helfen. Statt dass die Tochter von der Mutter körperliche und emotionale Versorgung erfährt, muss sie ihre kindlichen Bedürfnisse verdrängen und für die Mutter da sein. Aus Liebe zur Mutter spürt das Kind, in welcher Not die Mutter ist, und es opfert deshalb seine kindliche, spielerische Entwicklung. Es übernimmt früh die Verantwortung für sich selbst und zusätzlich die Verantwortung für die Mutter. Aus dieser Doppelverantwortung entsteht eine Überverantwortung.

Die Trägertochter wird dafür von der Mutter weder anerkannt, noch bekommt sie Lob oder Dank. Stattdessen erfährt sie viel Kritik und Abwertung: Trotz ihres großen Bemühens ist die Mutter nie mit ihr zufrieden. Eine Sehnsucht entsteht, es der Mutter endlich einmal recht zu machen und von ihr Liebe und Anerkennung zu erfahren.

Diese Tochter wird stark im Aushalten von psychischen und physischen Überbelastungen. Sie wird nicht ausbrechen, sondern der Mutter treu zur Seite stehen, auch wenn sich innerlich viel Ärger und Wut aufstaut. Was sie sich zugesteht, ist leises Jammern und Klagen. Die Abhängigkeit von der Mutter bindet das Kind, in dieser Trägerrolle auszuharren, und das Beziehungsmodell Liebe ist mit Leid verbunden.

Es kam bisher nur sehr selten vor, dass diese Trägerrolle ein Sohn übernommen hat, weil die Söhne früher nicht für häusliche Aufgaben zuständig waren. Wenn ein Sohn sich dennoch für diese Rolle zur Verfügung gestellt hat, dann bleibt er meistens auch im Erwachsenenalter sehr lange eng mit der Mutter in Verbindung. Er wird gemeinsam mit ihr wohnen, die häusliche Versorgung übernehmen und sich auch emotional und pflegerisch für sie verantwortlich fühlen. Er wird es schwer haben, jemals eine Partnerin zu finden, weil die Mutter den Sohn in Besitz genommen hat. Wenn dieser Trägersohn eine Frau kennen lernt, wird die Mutter alles tun, um die Beziehung zu hintertreiben.

Während die Trägersöhne es schwer haben, überhaupt eine Partnerschaft zu erlangen, ziehen die Trägertöchter Partnerschaften an, in denen sie wieder fast Unmögliches leisten müssen, das kann z.B. eine Beziehung mit einem süchtigen Partner sein. In dieser Beziehung kann die Frau wieder ihre erlernte Überverantwortung leben.

In der Kennenlernphase wird sie sich mit diesem Partner wohl fühlen, weil sie die Starke ist, die den Geschwächten unterstützen kann. Auch wenn sie die Schwäche des Mannes nicht gleich erkannt hat, wählt ihr Unbewusstes dieses Beziehungsmodell.

Die schmerzvollen Wiederholungen zeigen sich erst, wenn die Verliebtheit vorüber ist. Jetzt spürt sie die Überlastung und den erneuten Verzicht auf ein leichteres Leben. Die alte eingefrorene Wut aus ihrer Kindheit tritt an die Oberfläche: Niemand kümmert sich um ihre Bedürfnisse und Wünsche!

In dieser erneuten Erfahrung ist wieder Liebe mit Leid verbunden. Einerseits reagiert sie auf dieses wiederholte Leid mit großer Verzweiflung, andererseits kann sie nicht erkennen, wie sie aus dem Leiden und dem Aushalten ihre Überlebenskraft schöpft. Aus dem Täter-Opfer-Modell zwischen Mutter und Tochter und später zwischen Mann und Frau ist eine große Bindung entstanden, die bis zur gegenseitigen Abhängigkeit gehen kann.

Außenstehende können häufig nicht verstehen, warum sich eine Frau aus einer so stark leidvollen Partnerschaft nicht zu lösen vermag. Das wird erst verständlich, wenn man berücksichtigt, dass unter dem leidenden, unterstützenden und helfenden Teil der Frau eine ganz große Leere und Einsamkeit versteckt ist.

Obwohl sie jammert und klagt, ist ihr die leidvolle Beziehung lieber, als in Kontakt mit ihrer unterdrückten Einsamkeit und Leere zu kommen.

Manchmal ist es auch möglich, dass sich das Jammern und Klagen in ständige Wut und Ärger verwandelt, mit der die Frau den Partner zu verändern versucht. Durch das Umerziehenwollen des Mannes vermeidet sie die Aufarbeitung ihrer eigenen Geschichte. Damit wird die unter der Wut liegende Angst und Trauer des überlasteten Kindes weiter vermieden, und sie erlaubt es sich nicht, mit diesen Gefühlen in Kontakt zu kommen.

Die Erfahrung, dass sie von jemandem gehalten und versorgt werden und dass Veränderung möglich ist, fehlt Trägertöchtern vollkommen. Deshalb ist es für sie so schwer, alte Leidensbeziehungen loszulassen. Sie müssen unterscheiden lernen, dass die Angst vor dem Verlassenwerden und Einsamkeit aus ihrer kindlichen Erfahrung kommen. Als erwachsene Frau kann eine Trägertochter mit ihrer Einsamkeit neue Erfahrungen machen und die Leere in ein All-eins-Sein mit sich und dem Universum verwandeln. Diese Zeit kann sie gut zum Rückzug und zur Selbstregenerierung nutzen. Wenn sie das allein nicht schafft, dann kann sie eine Therapie nutzen als Brücke zur Liebe ohne Schmerzen, um Halt zu erfahren und Vertrauen zu entwickeln.

Die einzelnen Heilungsschritte einer Trägertochter sind in der »Anleitung zu Entwicklungsschritten« aufgeführt.

Fazit

Wer in einer Beziehung lebt, in der Liebe in Verbindung mit Leiden und Aufopferung vorherrscht, sollte seine Situation in der Herkunftsfamilie aufdecken.

Ressourcen

Die Erkenntnis, dass jeder Mensch ein Grundrecht besitzt, sich spielerisch, lustvoll und kreativ zu entfalten.

Kosten beim Verharren in der Trägerrolle

- Das Beziehungsleid nimmt kein Ende.
- Liebesbeziehungen ohne Leiden sind unmöglich.
- Leichtigkeit und Freude haben zu wenig Raum im Leben.
- Durch Überforderung steigt die Anfälligkeit für Krankheiten.
- Selbstüberschätzung und Pseudostärke bestimmen das Leben.
- Die darunter liegende Minderwertigkeit blockiert die Lebenschancen.

Gewinn bei Auflösung der Trägerrolle

- Liebesbeziehungen ohne ständige Erfahrung von Leid werden möglich.
- Freude und Lust finden Eingang ins Leben.
- Die Überverantwortung reduziert sich auf ein gesundes Maß.
- Der Selbstwert und die Selbstachtung steigen.
- Es ist möglich, Grenzen zu setzen.
- Stimmige Nähe und Distanz können hergestellt werden.

Anleitung zu Entwicklungsschritten

- Mit der unterdrückten Wut nicht mehr den Partner umerziehen wollen,
- die Wut in Kraft verwandeln,
- mit der Kraft auf Distanz gehen zu Menschen, die gestützt werden wollen,
- sich in der Distanz mit der eigenen Einsamkeit und Leere auseinander setzen,
- sich mit dem Alleinsein wohl fühlen lernen,
- nicht mehr anderen, sondern sich selbst etwas Gutes tun,
- das schwere Schicksal der Mutter erkennen,
- der Mutter ihr eigenes Schicksal zumuten,
- dem Partner das eigene Schicksal zumuten,

- das Unterscheiden zwischen Herzens- und Leidensverbindung lernen,
- der Mutter vergeben,
- die Liebesverbindung zur Mutter suchen und sich gleichzeitig abgrenzen lernen.

Sexuell missbrauchte Kinder

Gemeinhin wird unter sexuellem Missbrauch der gewaltsame geschlechtliche Verkehr zwischen Erwachsenen und Kindern verstanden. Der Missbrauch eines Kindes kann jedoch in verschiedenster Form stattfinden. Deshalb möchten wir außerdem Beispiele dafür anführen, wie sich auch andere Varianten sexueller Übergriffe prägend auf die sexuelle Entwicklung des Kindes auswirken können:

- Es ist möglich, dass in der Familie im Beisein der Kinder permanent über Sex gesprochen wurde, sei es in Form von Witzen oder in Berichten von sexuellen Erlebnissen und Phantasien.
- In einer anderen Familie wurde die Schamgrenze nicht eingehalten; d. h., das nackte Kind wurde z. B. mit lüsternen Blicken beobachtet.
- Wieder in einer anderen Situation sind die Eltern zu freizügig; die Kinder schlafen gemeinsam mit im Elternschlafzimmer und erleben die Sexualität ihrer Eltern bewusst oder unbewusst mit.
- Oder die heranwachsenden Kinder werden von Erwachsenen an erogenen Zonen aufdringlich berührt und betatscht.
- Die Kinder werden zu sexuellen Spielen mit Erwachsenen gezwungen.
- Es kommt zu einem gewaltsamen sexuellen Verkehr.

Alle diese Fälle sind einschneidende Erlebnisse in der sexuellen Entwicklungsgeschichte des Kindes. Allerdings gibt es Einschränkungen bei sexuellen Erlebnissen mit gleichaltrigen Kindern oder bei einem geringen Altersunterschied von zirka ein bis zwei Jahren. Um von sexuellem Missbrauch - gleich, in welcher Form - zu sprechen, muss ein deutlicher Machtunterschied zwischen Opfer und Täter vorhanden sein.
Die Psyche eines Kindes entwickelt bei schrecklichen Erlebnissen einen Schutzmechanismus, damit es den Schock überlebt. In den abhängigen Situationen eines Kindes wird der Verdrängungsmechanismus gebraucht, um die beschämenden Erlebnisse ins Unbewusste abzuspalten. Diesen Schutz braucht das Kind, damit es weiter aufwachsen kann.
Erst wenn im Erwachsenenalter die Sexualität ausgelebt wird, kommt möglicherweise die verdrängte Erinnerung wieder zum Vorschein. Vielen Erwachsenen ist ihre eigene Reaktion im sexuellen Kontakt unverständlich. Die Reaktionen könnten die folgenden sein:

- Die Sexualität ist verbunden mit Ekelgefühlen.
- Der/die Erwachsene verbietet sich sexuelle Erlebnisse als Vermeidungsstrategie, um sich nicht mit schmerzhaften Erinnerungen zu konfrontieren.
- Obwohl kein eigenes sexuelles Verlangen besteht, stellt sich ein Erwachsener für die sexuellen Bedürfnisse des Partners zur Verfügung.
- Sexuelle Abstinenz.
- Es besteht ein ständiges triebhaftes Verlangen - bis hin zur Sexsucht.
- Ständig kreisende perverse Phantasien,
- Voyeurismus,
- Exhibitionismus.

Weil die Auswirkungen sich aus der eigenen sexuellen Entwicklungsgeschichte jedes Einzelnen zeigen, nimmt der Betrof-

fene diese Wirkungen als seine eigene normale Sexualität hin. Durch die individuelle Lebensgeschichte konnte sich die Sexualität nur in einer bestimmten Form entfalten, deshalb ist sie weder positiv noch negativ zu bewerten oder zu beurteilen. Meistens zeigen sich erst dann Schwierigkeiten, wenn Partner zusammentreffen und jeder von der Form seiner Sexualität als einzig richtige Art überzeugt ist. Gleichzeitig erschwert es die Situation, wenn einer beim anderen die Sexualität abwertet und verurteilt.
Weder das Abwerten noch das Verurteilen bringt die Partner an dieser Stelle weiter, sondern nur das Aufdecken und Hinterfragen der eigenen sexuellen Geschichte dient der Klärung.

Wir haben schon häufiger darauf hingewiesen, dass Paarschwierigkeiten eine Reinszenierung von ungelösten Themen aus der Kindheit sind. Auch die sexuellen Schwierigkeiten des Paares sind eine Wachstumschance, um verdrängte Erlebnisse aus dem Unbewussten zu erlösen. Die Anziehungskraft von Partnern mit extrem unterschiedlichem sexuellen Verhalten dient der Heilung hin zu einer stimmigen Sexualität jedes Einzelnen. Dem Paar können Zwiegespräche in einem neutralen Rahmen über die individuelle sexuelle Entwicklungsgeschichte helfen. Je mehr Achtung und Respekt sich dabei gegenseitig geschenkt wird, desto mehr kann sich jeder der beiden öffnen, und das Verständnis füreinander wächst.
Wenn die Partner durch ihr Verhalten zum Auslöser von schmerzhaften Erinnerungen geworden sind, dann können sie jedoch nicht gleichzeitig als Tröster dienen. In diesem Fall ist es wichtig, therapeutische Hilfe in Anspruch zu nehmen. Weil die sexuelle Entwicklungsgeschichte auch mit der körperlichen Entwicklung in Verbindung steht, ist die Körpertherapie eine besonders gut geeignete Methode dafür.

Fazit
Kindliche Erfahrungen mit sexuellem Missbrauch ziehen für Erwachsene zwangsläufig belastende Auswirkungen nach sich.

Ressourcen
Unbewusstes kommt an die Oberfläche, Verdrängtes wird erkannt und ein verändertes sexuelles Verhalten wird möglich.

Kosten des verdrängten sexuellen Missbrauchs
- Sexuelle Schwierigkeiten mit dem Partner,
- Fixierung auf eingefahrene sexuelle Praktiken.
- Die Sexualität bleibt tabu und kann sich nicht mehr ausdrücken.
- Die Sexualität bleibt im Suchtverhalten stecken.
- Leben in sexueller Abhängigkeit,
- Verlust von sozialer Zugehörigkeit,
- Risiko des Partnerverlusts,
- langfristiges Singledasein.
- Liebe und Sexualität sind voneinander getrennt.
- Misstrauen und kontrolliertes Verhalten,
- mangelnder Selbstwert,
- traumatische Erinnerungen, Angstgefühle,
- Albträume,
- eingefrorene Gefühle.

Gewinn bei Heilung des sexuellen Missbrauchs
- Die Sexualität kann in ihrer vielfältigen Qualität lustvoll ausgelebt werden.
- Die Sexualität ist ausbalanciert und weder in der nur triebhaften Form noch in der Abstinenz stecken geblieben.
- Die Sexualität steht in Verbindung mit der Liebe.
- Die Beziehungsfähigkeit steigt.

- Die Sexualität wird nicht zur Kompensation für andere Gefühle verwendet.
- Die Sexualität ist nicht mehr an die Auswirkungen des Missbrauchs gekoppelt.
- Der Selbstwert und die Persönlichkeit wachsen.
- Abhängigkeiten lösen sich auf.
- Zufriedenheit und Gelassenheit stellen sich ein.

Anleitung zu Entwicklungsschritten

- Es sollte ein geschützter Rahmen zum Erforschen und Aufdecken der sexuellen Entwicklungsgeschichte gesucht werden.
- Therapeutische Hilfe und Begleitung sind notwendig.
- Die Zusammenhänge der sexuellen Entwicklungsgeschichte und die Auswirkungen in der Erwachsenensexualität müssen erkannt werden.
- Die körperlichen Blockaden und eingesperrten Gefühle können zum Fließen gebracht werden.
- Das Bewusstsein über das eigene sexuelle Verhalten muss deutlich erkannt werden.
- Störendes Verhalten sollte verändert werden.

Kinder aus Suchtfamilien

Wir bezeichnen ein Familiensystem als »Suchtfamilie«, wenn ein oder mehrere Mitglieder entweder Missbrauch mit einem Suchtmittel – z.B. Tabletten, Alkohol oder Drogen – betreiben bzw. ein Suchtverhalten zeigen. Ein süchtiges Verhalten kann sich in einer Arbeits-, Sex-, Ess- oder Beziehungssucht äußern. Außerdem findet man in Suchtfamiliensystemen Extreme und Grenzenlosigkeit in vielfältiger Form vor.
Auch wenn nur ein Mitglied von einer Sucht betroffen ist, dient

es als Symptomträger für das ganze Familiensystem. Seine Auffälligkeit weist auf ein tiefer liegendes, krank machendes Problem in der gesamten Familie hin. Nicht in allen Familien wird die Sucht offen ausgelebt; selbst wenn sie sich deutlich zeigt, ist es möglich, dass sie noch lange ein Geheimnis bleiben muss. Die Scham, zur Sucht zu stehen, und die Angst, die gesellschaftliche Zugehörigkeit zu verlieren, ist groß und verhindert deshalb das Bekenntnis zur Sucht und erschwert die Suche nach Hilfe.

Wenn die Suchtfamilie ehrlich ihre Betroffenheit zulassen kann, ist der Weg frei, um nach dem tieferen Sinn zu forschen. Manchmal traut sich das nur ein einziges Familienmitglied zu. Damit ist das Risiko verbunden, aus der eigenen Familie ausgeschlossen zu werden, denn das veränderte Verhalten und das Aufdecken werden von den übrigen Mitgliedern als Verrat empfunden.

Nachdem Sucht auch mit Sehnsucht in Verbindung gebracht werden kann, besteht eine Möglichkeit, in der Familie zu erforschen, ob es ausgeschlossene oder verstorbene Sippenmitglieder gibt, die nicht betrauert wurden. Auch wenn die Sehnsucht nach diesen Personen im Unbewussten verborgen liegt, gibt es eine Sogwirkung und eine energetische Verbindung zu ihnen. Je versteckter die Zusammenhänge von ungelösten Familienschicksalen sind, desto stärker beeinflussen die unterdrückten Kräfte die Familie aus dem Untergrund.

Solange die Vermeidung der Trauer und Abschiedsarbeit oder die Verleugnung der Zugehörigkeit dieser Familienmitglieder weiter aufrechterhalten wird, steht die Sucht als Kompensationsmittel für die Sehnsucht zur Verfügung.

Eine andere Form, zu kompensieren, ist es, in eine extreme Form der religiösen oder spirituellen Sehnsucht zu verfallen. Dabei wird die spirituelle Entwicklung höher bewertet als die Bewältigung des Alltagslebens. In manchen Fällen zählt nur der Besuch beim Guru, und alle anderen Lebensherausforderungen wie Partnersuche, Berufsleben, eigene Kinder, materielle Erfolge werden vermieden.

Der Hintergrund der Suchtfamilie ist den einzelnen Familienmitgliedern nicht zugänglich, und noch weniger können die Kinder aus diesem System die Zusammenhänge erfassen. Unbewusst tragen die vom System abhängigen Kinder die schweren Schicksale als Erbe aus ihrer Sippe mit.

Erst im Erwachsenenalter haben sie die Möglichkeit, die Familiendynamik aus der Metaebene zu betrachten und langsam die Zusammenhänge zu verstehen. Wenn über Generationen das ungelöste Problem der Familie weder aufgedeckt noch verstanden wird, sucht die Familie als Überlebensstrategie nach Kompensation durch Suchtmittel oder Suchtverhalten.
Vordergründig bekommen Kinder dieser Familien im Alltag zwei Lebensmodelle vorgelebt. Im ersten Modell ist ein Elternteil mit dem Suchtmittel oder dem süchtigen Verhalten beschäftigt, während im zweiten Modell der andere Elternteil als so genannter Co-Süchtiger den Alltag regelt. Wenn Kinder aus einer Suchtfamilie erwachsen werden, haben sie in der Regel eines der beiden Modelle verinnerlicht. Diesem inneren Modell entsprechend suchen sie sich einen Partner, der dem anderen Lebensmodell aus der Suchtfamilie entspricht – womit das Suchtfamiliensystem wiederholt wird –, d.h.:

- Hat ein erwachsenes Kind die Tendenz, sich mit Suchtmitteln zu betäuben oder süchtiges Verhalten zu leben, dann wählt es einen Partner mit aufopferndem Verhalten.
- Hat ein anderes erwachsenes Kind die Co-Süchtigen-Rolle verinnerlicht, dann wählt es einen Partner mit Suchtstrukturen.

Das Familien-Stellen ist eine gute Methode, um den Hintergrund aufzudecken und den Kern des Systems zu erreichen und zu verändern. Dennoch ist das übernommene Extremverhalten der verschiedenen Rollen von Süchtigen und Co-Süchtigen allein mit einer Familienaufstellung nicht zu korrigieren.

Diesem System fehlten im Alltagsleben gesunde Grenzen. Die festgefahrenen, grenzenlosen Verhaltensweisen zeigten sich auch häufig extrem zueinander.

Süchtige und Co-Süchtige

Rolle des Süchtigen	Rolle des Co-Süchtigen
Unverschämtes Verhalten	Übertriebene Schamgefühle
Fehlendes Schuldbewusstsein	Übertriebenes Schuldbewusstsein
Verantwortungslos	Überverantwortung
Übergriffiges Verhalten	Kann sich nicht abgrenzen
Fehlende Disziplin	Hohe Arbeitsdisziplin

Die Rolle des Süchtigen kann in Beziehungen ebenso gut zu einer Täter- und die Rolle des Co-Süchtigen zur Opferrolle werden. In manchen Alltagssituationen werden die Opfer-Täter-Rollen auch getauscht. Beide Partner können außerdem nicht konsequent zu ihren Vorsätzen stehen und manipulieren sich gegenseitig. Die aufgebaute Scheinwelt und die verinnerlichte Pseudopersönlichkeit haben eine grenzenlose Macht über das System und die einzelnen Beteiligten übernommen.

Was hier von uns scheinbar einfach zusammengefasst wurde, ist im Leben der Suchtfamilie mit grausamen, tragischen Inhalten gefüllt. Die Wunden und Verletzungen des Paares und der einzelnen Familienmitglieder sind tief und unendlich groß. Der Wiederholungssog, der über mehrere Generationen als Kettenreaktion von einem zum anderen weitergereicht wird, ist ohne Systemische Paar- und Familientherapie nicht aufzulösen.
Den Lesern, die sich angesprochen fühlen und erkannt ha-

ben, dass sie aus einer Suchtfamilie stammen, möchten wir besondere Hinweise für die unterschiedlichen Lebensphasen geben, um von dort die verschiedenen Heilungsschritte zu beginnen:

- *Erste Lebensphase:* »Ich bin erwachsen, stamme aus einer Suchtfamilie und bin noch keine feste Beziehung eingegangen.«
  Nachdem der Wiederholungsmechanismus so stark wirkt und erfahrungsgemäß das Gegenmodell zur eigenen Rolle für eine Partnerschaft angezogen wird, ist es zu empfehlen, erst in die vergangene Familiengeschichte Einblick zu nehmen. Es ist wichtig, die Aufmerksamkeit auf den Kern der Sucht zu lenken und die eigenen Verhaltensweisen zu reflektieren. Die kindlichen Verletzungen aus dem Familiensystem sollten im geschützten Rahmen geheilt werden.
  Die extremen, grenzenlosen Verhaltensweisen aus der Suchtfamilie benötigen Korrekturen, und unterentwickelte Verhaltensweisen brauchen Förderung. Dafür ist es hilfreich, eine längerfristige Therapie- und Selbsthilfegruppe zu besuchen, um Unterstützung und Fremdwahrnehmung zu erfahren. Erst wenn das persönliche Verhalten von den Extremen in das gesunde Mittelmaß verwandelt wurde, wird es möglich, Partner zu wählen, die nicht aus der Reaktion des Suchtfamiliensystems angezogen werden.
- *Zweite Lebensphase:* »Ich stamme aus einer Suchtfamilie und bin in einer Partnerschaft, die Wiederholungstendenzen aufweist.«
  In dieser Phase sollte man sich selbst das übernommene Rollenverhalten aus dem eigenen Familiensystem ehrlich eingestehen. Die Selbstbefragung heißt: »Habe ich mehr das Suchtverhalten oder die Co-Süchtigen-Rolle verinnerlicht?«
  Der nächste Schritt wäre dann, mit dem Partner eine Systemische Paartherapie zu beginnen. Wenn der Partner dazu nicht bereit ist, dann sollte dennoch die Möglichkeit der The-

rapie für sich selbst genutzt werden, um das eigene Verhalten zu reflektieren und die Verletzungen aus Kindheit und Partnerschaft zu heilen. Durch die Förderung in der Therapie können unterentwickelte Verhaltensweisen Impulse bekommen, neues Handeln wird eingeübt und bringt Veränderung in das eigene Leben. Wenn beide Partner gleichzeitig und gemeinsam Veränderung suchen, müssen sie damit rechnen, dass es harte Zerreißproben und Prüfungen für ihre Beziehung gibt. Der Heilungsprozess kann sich in starken, emotionalen Wellen bewegen und braucht deshalb viel Geduld und liebevolle Begleitung. Nachdem sich das Alltagsleben gefestigt hat, sollte auch hier die Aufmerksamkeit auf den Sinn der Sucht im Herkunftsfamiliensystem gelenkt werden. Wenn die Verstrickung aus dem Familiensystem gelöst ist, stärkt das die Stabilität der eigenen Persönlichkeit. Die Gefahr des Rückfalls in die eine oder andere Rolle wird dadurch geringer.

- *Dritte Lebensphase:* »Ich stamme aus einer Suchtfamilie und erkenne meine eigene Sucht.«
  In dieser Phase besteht der erste Schritt in der Kapitulation, anzuerkennen, dass die Sucht größer ist als der gute Wille. Das Eingeständnis und das offene Bekenntnis des Suchtverhaltens lösen die in der Scham gebundenen Kräfte und bereiten einen neuen Anfang vor. Dann erst ist es möglich, Hilfe und Unterstützung anzunehmen, um ein Leben in der Abstinenz zu erreichen. Viele Umwege und Rückfälle sind meistens nicht zu vermeiden.
  Ist die Befreiung vom Suchtmittel erreicht, braucht es unbedingt den geschützten Rahmen, um die Selbstverletzungen und die verpassten Lebenschancen zu betrauern. Der Suchtmittelentzug ist ein wichtiger Schritt, jedoch ist noch weitere professionelle Unterstützung nötig, um die festgefahrenen Verhaltensweisen aufzuweichen. Hier können die Therapie und die Selbsthilfegruppe wie ein Trainingslager verstanden werden. Auf Eigenschaften, die zu stark ausgeprägt waren,

muss unter Umständen verzichtet werden; und die schwachen Gefühlsanteile brauchen Wachstum. Auch hier kann das Betrachten des Herkunftsfamiliensystems nicht außer Acht gelassen werden. Eine solide Stabilität wird nur erreicht, wenn der Sinn der Sucht erfasst ist.

Fazit
Die Heilung erfordert viel Liebe, Geduld und Ausdauer von allen Beteiligten.

Ressourcen
Die Sucht als Symptom macht auf eine verdeckte Sehnsucht im Familiensystem aufmerksam.

Kosten bei unverändertem Suchtverhalten
- Schicksalhafte, schmerzhafte Wiederholungen,
- erstarrtes Rollenverhalten,
- unendliche Beziehungsschwierigkeiten,
- Opfer-Täter-Modell als Wiederholungen,
- Verhaltensstörungen,
- sozialer Abstieg,
- Grenzenlosigkeit,
- Demütigungen.

Gewinn bei verändertem Verhalten
- Schicksalhafte Wiederholungen nehmen ab.
- Der wahrhaftige Wesenskern der eigenen Person tritt zum Vorschein.
- Zufrieden stellende Beziehungen werden möglich.
- Der Selbstwert steigt.
- Extremes Randgruppenverhalten verändert sich, sozialer Aufstieg wird möglich.
- Gelassenheit und Wohlwollen sich selbst und anderen gegenüber wachsen.

Anleitung zu Entwicklungsschritten

- Selbsterkenntnis des Suchtfamiliensystems und des eigenen Rollenverhaltens,
- die eigene Lebensphase wahrnehmen,
- die Betroffenheit wahrnehmen,
- die der Lebensphase gemäße Veränderung anstreben.

Triangulierte Kinder

In der Systemischen Therapie nennt man die Kinder, die zwischen den Eltern stehen und von ihnen hin und her gerissen werden, »triangulierte Kinder«. Meistens sind es Einzelkinder, die in diese Dynamik geraten. Verschiedene Lebensumstände der Eltern können die Position noch verstärken:

- wenn Paare ohne die Schwangerschaft nicht zusammengeblieben wären,
- wenn Eltern sich in einem ständigem Machtkampf befinden,
- wenn Eltern das Kind als Vermittler benutzen,
- wenn die Eltern sich trennen und um Sorge und Besuchsrecht des Kindes streiten.

Nach außen haben die Eltern ihre Partnerwahl vielleicht sogar als Liebesbeziehung dargestellt, und dem Kind wurde eine Doppelbotschaft vermittelt. Es hörte von einer Liebesheirat, aber es fühlte eine Verbindung aus Verpflichtung. Durch den Unterschied zwischen hören und fühlen kommt das Kind in eine innere Verunsicherung und entwickelt Misstrauen sich selbst und seiner Umwelt gegenüber.
Außerdem übernimmt das Kind diverse Aufgaben, die von den Eltern nicht gelebt werden, um damit das ganze System zu unterstützen.

Es kommt durch seine Rolle in verschiedene Schwierigkeiten: Verbindet es sich mit der Mutter, hat es Angst, den Vater zu verlieren, verbindet es sich mit dem Vater, hat es Angst, die Mutter zu verlieren. Was immer das Kind tut, es hat das Gefühl, seine Handlungen seien nie ganz vollkommen. Gleichzeitig steht es immer im Dienst der Eltern und kann nicht mehr fühlen, wo der eigene Platz ist und was es selbst möchte.
Die verschiedenen Aufgaben eines triangulierten Kindes sind die folgenden:

- Das Paar hat sich aus einem Pflichtgefühl oder einer moralischen Verpflichtung heraus gewählt, aber die aufrichtigen Gefühle füreinander fehlten. Das Ja wurde für die Elternschaft gegeben, obwohl für die Partnerwahl ein Nein vorhanden war. Das Kind hat von Anfang an die Aufgabe, das Paar zu verbinden und zusammenzuhalten.
- Weil keiner der Partner sein Rechthabenwollen aufgeben kann, bleiben die Eltern im Machtkampf stecken. Es fehlt ihnen die Kompromissfähigkeit; und das Kind fühlt sich hin und her gerissen, weil es für Ausgleich sorgen möchte und immer dem Verlierer beistehen will.
- Bei einem Kontaktabbruch zwischen den Eltern oder in Streitsituationen übernimmt das Kind die Boten- und Vermittlerrolle. Manchmal wird es auch als Manipulationsmittel eingesetzt.
- Hat das getrennte Paar keine emotionale Trennungsarbeit vollzogen und werden über Sorge- und Besuchsrecht des Kindes die alten Beziehungsstreitigkeiten auf die Elternschaft verlagert, dann ist das Kind gezwungen, mal für den einen und mal für den anderen Elternteil Partei zu ergreifen und damit für Ausgleich und Gerechtigkeit zu sorgen.

Durch das erlernte Rollenverhalten des Kindes, zwischen den Eltern hin und her zu wandern, entsteht eine ständige innere Ambivalenz. Als Erwachsene werden triangulierte Kinder bei

Entscheidungen permanent von Unsicherheiten verfolgt, und es quält sie die Frage: »Was ist richtig oder falsch?«
Dieses Problem beschäftigt sie auch bei der Partnerwahl oder bei der Frage: »Soll ich allein leben oder in eine Partnerschaft gehen?« Selbst wenn sie sich zu einer Partnerwahl durchgerungen haben, kann sie der Zwiespalt sogar noch nach der Hochzeit quälen. Damit wiederholt sich die Problematik, mit der bereits die Eltern beschäftigt waren:

- Ja oder nein?
- Vorder- oder Rückseite?
- Wahrheit oder Lüge?
- Nähe oder Distanz?
- Komm her oder geh weg?
- Verpflichtung oder Liebe?
- Single oder Beziehung?
- Richtig oder falsch?
- Glück oder Unglück?
- Einerseits oder andererseits ...?

Die Auswirkungen des inneren Konflikts und der Zerrissenheit werden auf äußere Konflikte übertragen. So führt die Frage »Ist mein Mann der Richtige oder nicht?« zu weiteren Fragen wie »Bleibe ich oder verlasse ich ihn ...?«
Aus diesem Dilemma heraus sucht der Erwachsene einen Ausweg, und jetzt werden die inneren Konflikte mit Inhalten gefüllt. Die Verhaltensweisen der Partner sollen zur Entscheidungsfindung beitragen und die Begründung liefern, um aus der eigenen Ambivalenz aussteigen zu können. Leider führt diese komplizierte Denkweise nicht zu einer befriedigenden Lösung, sondern zu endlosen Denkschleifen. Der Erwachsene bleibt in seiner kindlichen Not stecken. Wenn er das eine wählt, wird die Angst groß, weil er das andere aufgibt. Das resultiert aus der Verlustangst des Kindes, entweder den Vater oder die Mutter zu verlieren.

Um nicht die Verantwortung für das eigene Misstrauen, die Ambivalenz, die Angst und die Unsicherheit zu übernehmen, wird ein Partner angezogen, der in seiner Liebe nicht konstant sein kann. Damit ist es möglich, den inneren Konflikt ständig am Verhalten des Partners festzumachen, denn er liefert permanent Gründe dafür.

Wenn Sie einen uneindeutigen Partner gewählt haben und sich nun persönlich angesprochen fühlen, ist es wichtig, Ihre Entwicklung in die Hand zu nehmen. Es gilt, sich die eigenen Schwächen einzugestehen.
Die Lösung auf der Paarebene besteht darin, Selbstverantwortung zu übernehmen und dem eigenen Misstrauen, der Ambivalenz, der Angst und der Unsicherheit zu begegnen. Um diese Gefühle in der Tiefe fühlen zu können, braucht es persönlichen Freiraum und Zeit für Besinnung. Die Disziplin, die eigene Entscheidung nicht mehr vom Verhalten des Partners abhängig zu machen, muss erlernt werden.
In jeder Entscheidung gilt es, die eigenen Gefühle wahrzunehmen und auszudrücken. Der Erwachsene muss es sich zumuten, durch einen Irrgarten zu gehen, um selbst herauszufinden, was das Richtige für ihn ist.
Auf diesem Weg ist die Körpertherapie eine hilfreiche Unterstützung, um wieder fühlen zu lernen, was man für sich selbst braucht. Die Lösungsschritte im Herkunftsfamiliensystem sollten ebenfalls berücksichtig werden. In der Systemischen Familientherapie wird der Erwachsene unterstützt, den Platz zwischen den Eltern zu verlassen und ihnen ihre eigene Partnerschaft und Lebenssituation zuzumuten. Auf jede Dienstleistung – wie vermitteln, schlichten, gut zureden oder ausgleichen zwischen ihnen – muss verzichtet werden. Wichtig dabei ist, das eigene Bedürfnis nach Elternkontakt herauszufinden und die Besuche auf das stimmige Maß zu beschränken, selbst dann, wenn alte Eltern krank und bedürftig geworden sind.
Zum Schutz und aus Fürsorge für sich selbst sollten die Eltern

nur ein Teil des Lebens sein, aber keinesfalls mehr das Allerwichtigste und nicht den größten Lebensraum des erwachsenen Kindes in Anspruch nehmen.

Fazit

Trianguliierte Kinder können die eigenen Bedürfnisse nicht mehr wahrnehmen.

Ressourcen

- Sich persönlichen Freiraum und Zeit nehmen,
- die Selbstbestrafung durch Selbstvorwürfe bei Unzufriedenheit loslassen.

Kosten bei der Triangulation

- Hoher Stressfaktor,
- Wiederholungen in Dreieckskonstellationen,
- innere Zerrissenheit,
- anhaltende innere Konflikte,
- Entscheidungsschwäche,
- der Glaube, die innere Leere anderer Menschen füllen bzw.
- als Vermittler, Schiedsrichter und als Ausgleich dienen zu müssen,
- Weglauftendenzen.

Gewinn bei Auflösung der Triangulierung

- Gelassenheit.
- Man kann die eigene Persönlichkeit spüren.
- Die eigenen Bedürfnisse können erfüllt werden.
- Die inneren Konflikte werden nicht mehr nach außen projiziert.
- Der Umgang mit den inneren Konflikten wird erlernt, und sie können sich beruhigen.
- Klare Entscheidungen werden getroffen.
- Selbstschutz und Abgrenzung wird möglich.

- Authentisches Handeln.
- Das direkte Nein kann ausgesprochen werden.

Anleitung zu Entwicklungsschritten

- Es darf Hilfe in Anspruch genommen werden.
- Für die Wahrnehmung der eigenen Gefühle sollte man Unterstützung in der Körpertherapie suchen.
- Die Lösungsschritte auf der Ebene des Paares und der Herkunftsfamilie müssen unterschieden und bearbeitet werden.

Adoptivkinder

Bevor wir die Schwierigkeiten beschreiben, die Adoptivkinder in späteren Paarbeziehungen haben, wollen wir erst auf ihr Schicksal eingehen. In den meisten Fällen werden Adoptivkinder bereits als Babys von ihren leiblichen Eltern verlassen. Auch wenn sie später sehr liebevolle Adoptiveltern bekommen haben, hat sich dieses Trauma tief in ihre Psyche eingeprägt. Für die Seele des Adoptivkindes ist es entscheidend, in welcher inneren Haltung sich ein Paar befand, als es das Kind adoptiert hat.

Die inneren Schwierigkeiten des Kindes werden verstärkt, wenn die Adoptiveltern es aus der Frustration heraus, kein eigenes Kind bekommen zu können, zu sich genommen haben. In diesem Fall muss das Kind für die ungelöste Problematik der Adoptiveltern dienen.

Auch hier kann es zu Doppelbotschaften kommen. Vordergründig wird den Kindern erzählt, wie froh sie sein müssen, aus Heimen oder sonstigen schwierigen Situationen erlöst worden zu sein. Wir wollen die Befreiung nicht gering schätzen, sondern aufzeigen, dass diese Kinder gleichzeitig auch dem

Adoptivelternpaar helfen. Die eigene Problematik ist dem Adoptivelternpaar häufig selbst unbewusst, sie bleibt darum im Hintergrund.
Die unbewussten Schwierigkeiten der Adoptiveltern könnten die folgenden sein:

- Ein Partner hat einen großen Kinderwunsch, der andere kann entweder kein Kind bekommen oder keines zeugen. Dieser schwere Paarkonflikt lässt sich mit Kompromissen nicht lösen. In einem solchen Fall müsste einer der beiden einen großen, bewussten Verzicht leisten, nämlich entweder auf den Kinderwunsch oder den Partner. Statt der Auseinandersetzung mit dem Thema und des Verzichts wird ein Adoptivkind als Kompromiss gewählt.
- Beide wünschen sich ein Kind, aber trotz aller Versuche stellt sich kein eigenes Kind ein. Ohne die Trauerarbeit und ohne die Verarbeitung des Schmerzes wird als Ausweg und als Trost ein Kind adoptiert.
- Ein Paar ist in seiner Beziehung an einen toten Punkt angelangt, und die Partner müssten sich damit auseinander setzen, wie sie ihre Beziehung aus eigener Kraft neu beleben könnten. Stattdessen soll ein Adoptivkind wieder Freude und Leben in ihre Partnerschaft bringen.
- Möglich ist es auch, dass die Adoptiveltern aus Prestige und sozialer Selbstdarstellung ein Kind gewählt haben.
- Wenn in der Sippe Familiengeheimnisse über Kinder bestehen, die zur Adoption freigegeben, verlassen, verloren oder ausgeschlossen wurden, dann kann es sein, dass Mitglieder nachfolgender Generationen unbewusst eine große Sehnsucht haben, fremde Kinder aufzunehmen. Damit soll Unrecht der Sippenmitglieder ausgeglichen und etwas Schlimmes wieder gutgemacht werden.

Wenn Adoptiveltern nicht aus all diesen Gründen gehandelt, sondern sich in den bewussten Dienst für die leiblichen Eltern

und das Kind gestellt haben, dann wurde dem Adoptivkind eine zusätzliche Belastung durch die Adoption erspart.
Gleich, aus welcher Haltung die Adoptiveltern das Kind großziehen, es wird immer eine innere Sehnsucht nach der eigenen Identität spüren. Das Kind hat eine andere körperliche Herkunft, die sich stärker auswirkt als die von den Adoptiveltern erlernten Fähigkeiten.
Früher oder später kommen die Adoptivkinder in einen inneren Konflikt: Sind sie loyal zu ihrer Herkunfts- oder zur ihrer Adoptivfamilie? Weil es sehr schwer für sie ist, sich diesem Konflikt zu stellen, treibt sie die Suche nach den eigenen Wurzeln unbewusst in Lebensumwege. Einer dieser Umwege kann Adoptivkinder aus ihrer tiefen Sehnsucht in die Sucht treiben.

Irgendwann wird die Neugierde der adoptierten Kinder – »Wer bin ich wirklich ...?« – so stark, dass sie sich auf die Suche nach ihren leiblichen Eltern machen. Im ersten Anlauf führt das meistens in eine große Enttäuschung, weil die leiblichen Eltern nicht ihren Träumen und Wunschvorstellungen entsprechen. Manchmal schwingt auch noch die Abwertung der leiblichen Eltern durch die Adoptiveltern im Erstkontakt mit. Die Adoptivkinder müssten die leiblichen Eltern mit ihren Schicksalen ohne Vorurteile sehen lernen. Das ist meistens erst mithilfe einer Therapie oder größeren Lebenserfahrung möglich.
Der eigene Identitätsverlust von Adoptivkindern und der schwer traumatisierte Lebensstart belasten vor allem das Vertrauen in sich selbst und in andere Menschen. Deshalb können ihre innere Unruhe und Unsicherheit ihre Liebesbeziehungen in vielfältiger Weise belasten. – Die Belastungen in Paarbeziehungen sind unter anderem:

- Angst vor Verrat und Betrug,
- Angst, verlassen zu werden,
- großes Misstrauen,
- Kontrollverhalten,

- emotionale Überreaktionen oder Emotionslosigkeit,
- symbiotisches Verhalten,
- besitzergreifendes Verhalten,
- innere Zerrissenheit,
- Ambivalenz,
- Selbstwertmangel,
- tief sitzendes Minderwertigkeitsgefühl,
- Suchtverhalten,
- viele berufliche Umwege,
- depressives Verhalten.

Bei so vielen Belastungen ist es Adoptivkindern zu empfehlen, die eigene Geschichte mit therapeutischer Hilfe zu erforschen, bevor eine Partnerschaft eingegangen wird. Systemische Familienaufstellungen können ein guter Anfang sein, um das komplexe Familiensystem zu ordnen. Außerdem braucht das verinnerlichte Verhalten ähnlich wie bei der Suchtfamilie Hilfe zur bewussten Selbst- und Fremdwahrnehmung. Wenn bereits eine Paarbeziehung eingegangen wurde und Konflikte und Schwierigkeiten auftreten, dann geht es meistens um ungelöste Problematiken aus der Kindheitsgeschichte.
Diese Kinder wurden von zwei Familiensystemen beeinflusst, deshalb gilt es, zu unterscheiden, auf was die Krise in der Paarbeziehung aufmerksam macht und welche ungelösten Themen zu bearbeiten sind.
Manchmal finden sich zwei Adoptivkinder, weil die gemeinsame tiefe seelische Not eine Verbindung schafft. Den nicht erfahrenen Halt zwischen Mutter und Kind gibt sich das Paar gegenseitig. Deshalb ist die Sicherheit aus der Verbindlichkeit der größte Wert. Als Entwicklung würde man diesem Paar empfehlen, noch weitere Werte anzustreben.
Um den traumatisierten Lebensstart zu heilen und wieder Zugang zu den unterdrückten Gefühlen zu erlangen, ist es hilfreich, zusätzlich an einer Körpertherapie teilzunehmen.

Fazit

Adoptivkinder bringen in eine spätere Partnerschaft eine große Belastung aus ihrem schweren Schicksal mit.

Ressourcen

Sind die Verstrickungen gelöst, steht ihnen die Kraft aus zwei Systemen zur Verfügung.

Kosten bei Verleugnung der leiblichen Wurzeln

- Die körperliche und seelische Kraft ist geschwächt.
- Die eigene Identität,
- wenig Erfolg im Beziehungs- und Berufsleben.
- Es besteht die Gefahr, auf Um- und Irrwegen stecken zu bleiben.
- Innere Zerrissenheit,
- Entscheidungsschwierigkeiten,
- mangelnder Selbstwert,
- Suchtgefahr,
- Loyalitätskonflikte,
- Schuldgefühle, die sich in Geldschwierigkeiten äußern können,
- Gefühlshemmung.
- Schamgefühle behindern die Lebendigkeit.

Gewinn bei der Integration der eigenen Identität

- Erfolg im Berufsleben und in Beziehungen wird möglich.
- Visionen werden direkt, zielgerichtet verfolgt und erreicht.
- Die gesamte Gefühlswelt steht zur Verfügung und kann ausgedrückt werden.
- Die Werte aus zwei Familiensystemen stehen zur Verfügung.
- Materielle Werte können angenommen und gehalten werden.
- Das Vertrauen zu sich selbst und anderen wächst.

- Das übertriebene Kritisieren und Kontrollieren lässt nach.

Anleitung zu Entwicklungsschritten

- Die Rekonstruktion der leiblichen Herkunftsfamilie ist notwendig.
- Die Anerkennung der Realitäten ist erforderlich.
- Die Ordnung der zwei Familiensysteme muss hergestellt werden.
- Neue Verhaltensmuster sind zu entwickeln.
- Das Trauma des Lebensstarts sollte emotional geheilt werden.
- Es ist notwendig, den leiblichen Eltern zu vergeben und das eigene Leben in Dankbarkeit anzunehmen.

Verlust der Eltern oder Geschwister durch frühen Tod

Wenn Kinder einen Elternteil oder sogar beide Eltern früh durch Tod verloren haben, dann ist dieser Verlust ein schwerer Schicksalsschlag. Durch die zu früh unterbrochene Bindung und Versorgung entsteht eine emotionale Leere und Hilflosigkeit im Kind. Für die Kinderseele ist es außerdem zu schmerzhaft, diesen Verlust sofort zu verkraften und emotional ganz zu verarbeiten. Als Schutzmechanismus für die zarte Seele werden Gefühle unterdrückt.

Die Familienmitglieder sind häufig mit dem eigenen Abschiedsschmerz der Todeserfahrung beschäftigt und achten zu wenig auf die Gefühle der Kinder. Manche Kinder wurden von dem Verstorbenen und dem Beerdigungsritual fern gehalten, in dem guten Glauben, dadurch würde ihr Schmerz gemildert. Damit bleiben das Abschiednehmen und das Loslassen des Verstorbenen unabgeschlossen. Im Alltag vermissen die Kinder Vater oder Mutter und die weitere Begleitung durch die vertraute Person. Als Ersatz entwickeln sie Träume und Sehnsüchte oder Schuldgefühle und Phantasien.

- »Ich war nicht brav genug und habe die Mama krank gemacht!«
- »Ich war zu anstrengend für die Mama!«
- »Ich war böse, und jetzt werde ich bestraft!«
- »Warum hast du mich so früh verlassen, ich hätte dich noch gebraucht!«
- »Ich möchte bei der Mama im Himmel sein!«
- »Der Papa war böse zur Mama, und jetzt ist sie fort!«

Die starken Gefühle Schmerz, Trauer, Wut und Schuld, die durch den Todesfall entstanden sind und damals nicht verarbeitet werden konnten, nimmt das Kind in sein Erwachsenenleben mit, und dadurch wird das weitere Leben beeinträchtigt.
Ein ähnlicher Vorgang geschieht, wenn Kinder ihre Geschwister durch Tod verlieren. Die Trauer und der Schmerz von dem zurückbleibenden Kind wird meistens von den erwachsenen Familienmitgliedern noch weniger beachtet, obwohl der Tod von Bruder oder Schwester auch ein schwerer Schicksalsschlag ist. Öfter passiert es auch hier, dass die Kinder von den Verwandten vom Geschehen fern gehalten werden. Oder sie werden als zu klein erachtet; und deshalb erklärt ihnen niemand, was passiert ist. Wenn das Kind im Alltag plötzlich keine Begegnung mehr mit seinem Geschwister hat, kann es sich den Verlust nicht selbst erklären, und es bleibt etwas Verwirrendes in der Kinderseele zurück. Die Leere und das Unerklärliche füllt das Kind mit Illusionen, Phantasien und Träumen, manchmal auch mit Schuldgefühlen.
Bei Geschwisterverlust können im kindlichen Glauben folgende Schuldgefühle entstanden sein:

- Beim älteren Kind: »Ich hätte besser auf mein Geschwister aufpassen müssen!«
- Bei plötzlichem Tod: »Ich war zu böse zu ihm, deshalb hat es mich verlassen!«
- »Lieber wäre ich gestorben als du, denn du warst besser, schöner, klüger als ich!«
- »Ich muss das schwere Leben hier noch aushalten, und du hast es schon gut im Himmel!«
- »Unsere Familie hätte eher dich als Sohn gebraucht und nicht mich als Tochter!«
- »Warum hast du mich verlassen?«

Manchmal werden diese Fragen und Schuldgefühle durch Aussagen der Eltern noch verstärkt.
Die unverdauten Gefühle wirken im Untergrund weiter und melden sich im Erwachsenenleben, wenn es wieder um Liebesbeziehungen geht. Vollkommen unbewusst und doch relevant ist der Tod von Geschwistern vor der eigenen Geburt. In der Systemischen Therapie gehen wir davon aus, dass sich ein Familiensystem bei Tod und Geburt am stärksten verändert. Deshalb ist es notwendig, bei der Geschwisterfolge auch die verstorbenen Geschwister sowie die Fehl- und Totgeburten zu berücksichtigen.

Der frühe Verlust von Eltern oder Geschwistern kann sich bei der Partnerwahl und im Beziehungsleben in verschiedenen Formen zeigen:

- Es wird ein Partner gewählt, der auch eine frühe Todeserfahrung in seiner Kindheit gemacht hat.
- Durch Heimatverlust oder häufiges Umziehen,
- durch Konkurse, Existenzverluste, Spielsucht.
- Der Tod wiederholt sich durch Fehlgeburten, Abtreibungen, Unfälle und tödliche Krankheiten.
- Durch Depression, Todessehnsüchte und Albträume,

- durch Grenzerfahrungen mit Extremsportarten,
- durch Suchtmittelmissbrauch, Ess- und Arbeitssucht,
- durch starke religiöse oder spirituelle Sehnsucht,
- durch Panik und Angstattacken,
- durch Überreaktion bei körperlichen Schmerzen,
- durch starke Angstgefühle und Verlustgefühle um die Partner und die Kinder,
- durch Selbstmordversuche.
- Aus Angst vor einem erneuten Verlust wird keine tiefe Liebesverbindung eingegangen.

Die Zusammenhänge von früh erlebtem Tod und unbewussten Auswirkungen im Erwachsenenleben sind für manchen vielleicht schwer nachzuvollziehen, dennoch zeigen sich diese Phänomene in der Systemischen Therapie. Nachdem das emotionale Abschiednehmen nachgeholt wurde, haben sich erfahrungsgemäß die Folgen aufgelöst.
Bei noch unvollendetem Abschied ist es möglich, dass man eine oder mehrere dieser Auswirkungen unbewusst selbst auslebt oder, systemisch betrachtet, über das Verhalten seines Partners anzieht und miterlebt.
Wenn Sie in Ihrer Kindheit mit dem Tod in Berührung kamen, dann können Sie überprüfen, ob Sie noch von den unterschiedlichen Folgen belastet werden.

Damit der frühe Verlust sich befrieden kann und sich die Wirkungen abschwächen, sollte die Abschiedsarbeit auf den verschiedenen Verarbeitungsebenen vollzogen werden. Die Verarbeitungsebenen, um den Abschied zu vollenden, sind:

- die Handlungs-,
- die körperliche,
- die Gefühls-,
- die mentale und
- die Ritualebene.

Die Handlungsebene:

- Biographische Nachforschungen über den toten Verwandten betreiben.
- Gibt es Fotos oder Andenken von dem Toten?
- Die genauen Umstände des Todes erforschen.
- Wie verlief das Beerdigungsritual?
- Wo waren Sie, wie haben Sie das Geschehen erlebt?
- Gab es nach dem Tod unmittelbare Umzüge oder andere zusätzliche einschneidende Lebensveränderungen?

Die körperliche Ebene:

- Hat eine persönliche Verabschiedung stattgefunden?
- Wie und wann war der letzte körperliche Kontakt vor dem Tod?
- Konnte ich von dem toten Körper Abschied nehmen?
- Konnte ich ein Abschiedsgespräch führen?

Die Gefühlsebene:

- Wie habe ich mich gefühlsmäßig verabschiedet?
- Mit welchen Gefühlen kam ich in Kontakt? Schmerz, Trauer, Wut, Scham, Angst, Schuld, Hass, Sehnsucht, Liebe?
- Wie hat sich mein emotionales Leben nach dem Tod verändert?

Die mentale Ebene:

- Wie oft habe ich in der Kindheit und als Erwachsener an die tote Person gedacht?
- Gibt es bestimmte Situationen, in denen ich an den Angehörigen denke?
- Welche Phantasien hatte oder habe ich zu dem Geschehen?
- Wie wurde oder wird das Andenken an den Toten gepflegt?

Die Ritualebene:

- Gibt es ein Grab, das ich besuchen kann?
- Gab oder gibt es regelmäßige Grabbesuche?
- Gibt es Rituale zum Geburtstag bzw. zum Todestag?
- Wurde im Erwachsenenalter ein Abschiedsbrief geschrieben?
- Wurde im Erwachsenenalter ein persönliches Abschiedsritual vollzogen?

Wenn Sie sich mit dem Thema »Tod und Abschied« auseinander setzen wollen, dann können Sie selbst überprüfen, welche Ebenen von Ihnen durchlebt wurden oder welche bisher unberücksichtigt geblieben sind. Vielleicht werden dabei auch die bewusst oder unbewusst gewählten Ausweichstrategien deutlich. Es ist von Bedeutung, das stimmige Maß in der Abschiedsarbeit zu erreichen:

- Die frühe Todeserfahrung sollte nicht bagatellisiert oder verdrängt werden.
- Der Tote sollte nicht glorifiziert und über das Verherrlichen festgehalten werden.

Je mehr Verdrängung oder Übertreibung mit der frühen Todeserfahrung verbunden sind, desto größer können die Folgen sein, die sich auf das Erwachsenenleben auswirken.

Fazit
Der schwere Schicksalsschlag der frühen Todeserfahrung hat starke Auswirkungen.

Ressourcen
Die gebundene Kraft steht nach dem vollendeten Abschied als zusätzliche Lebensenergie zur Verfügung.

Kosten bei unvollendetem Abschied

- Die nicht abgeschlossene Abschiedsarbeit hat eine Sogwirkung, die sich in verschiedenen Auswirkungen zeigt.
- Projekte, Pläne, Visionen und Beziehungen können nicht mit voller Kraft gedeihen, sondern sie stehen mit einer Todesenergie in Verbindung.
- Es werden zu große Risiken eingegangen für Projekte, die zum Sterben verurteilt sind.
- Die unerfüllte Sehnsucht kann zur Todessehnsucht werden.
- Die durch den schweren Schicksalsschlag erlittene kindliche Hilflosigkeit kann sich zur Lebensunfähigkeit entwickeln.
- Beziehungsvermeidung aus Verlustangst.
- Die Sehnsucht kann mit Suchtmitteln kompensiert werden.
- Die verinnerlichten kindlichen Schuldgefühle blockieren die Unterscheidung von realer und moralischer Schuld.
- Pessimismus, Misstrauen und Depressionen belasten das Beziehungsleben.

Gewinn bei vollendetem Abschied

- Die Persönlichkeit ist gereift und gewachsen.
- Zum Erreichen materieller Ziele steht mehr Kraft zur Verfügung.
- Positive Lebenseinstellung.
- Der Mut, neue Beziehungen einzugehen, wächst.
- Die Ausdrucksmöglichkeiten werden klarer und direkter.
- Der authentische Gefühlsausdruck bringt Lebendigkeit ins Leben.
- Sehnsucht findet Erfüllung.
- Lust und Freude werden fühlbar stärker.
- Das kalkulierte Risiko führt zum Erfolg.

Anleitung zu Entwicklungsschritten
Es sollte sich Zeit genommen werden, um die Verarbeitungsebenen für den vollendeten Abschied bewusst zu betrachten und zu durchleben.

Trennungskinder

Wenn Kinder die Trennung ihrer Eltern erlebt haben, findet in ihrem Leben eine tief greifende Veränderung statt. Der vertraute Rahmen, das häusliche gemeinsame Familienleben, die Aktivitäten, die Familienregeln und Rituale lösen sich auf. Das bisherige Familiensystem verändert sich, und die Kinder müssen sich daran gewöhnen, entweder mit dem Vater oder der Mutter ständig in Verbindung zu sein.
Darüber hinaus sind sie auch mit den Umständen belastet, unter denen die Trennung vollzogen wird. Weil Trennung auf die verschiedenste Weise gelebt werden kann, gibt es die unterschiedlichsten Auswirkungen auf das spätere Beziehungsleben der erwachsenen Kinder.
Wir stellen Ihnen einige Beispiele für Trennungsformen und ihre Auswirkungen vor.

Das Kind hat den Vater nie kennen gelernt

Um die Erbanlagen von Vater und Mutter in die gesamte Persönlichkeit zu integrieren, ist es hilfreich, den Kontakt zu beiden Elternteilen erlebt zu haben.
Wenn der fehlende Elternteil vom anderen abgewertet wurde, dann werden damit auch die Vatereigenschaften missachtet, die das Kind in sich trägt.
Dadurch muss das Kind diese Erbanlagen abspalten und ver-

drängen. In der Folge stehen ihm im Erwachsenenleben bestimmte Fähigkeiten und Eigenschaften nicht zur Verfügung. Es kostet große Lebenskraft, diese scheinbar unerwünschten Anteile zu verstecken. Weil sich die Erbanlagen jedoch nicht auslöschen lassen, wirken sie im Untergrund unbewusst weiter und bestimmen zu großen Teilen das Leben des Erwachsenen. Es kommt seltener vor, dass eine Mutter gleich nach der Geburt das Kind beim Vater lässt, in diesem Fall ist der innere Vorgang der gleiche.

Mögliche Auswirkungen im erwachsenen Beziehungsleben: Die Auswirkungen der fehlenden Vateranerkennung, die wir in den entsprechenden Kapiteln beschrieben haben, steigern sich, wenn Kinder ihren Vater gar nicht gekannt haben. Dem Erwachsenen ist zu empfehlen, die Biographie des Vaters selbst zu entdecken und die Informationen nicht mehr nur aus dem Blickwinkel der Mutter zu sehen. Wenn möglich, sollte der persönliche Kontakt gesucht werden.

Trennung der Eltern im Babyalter des Kindes

Meistens gehen die Eltern nach der Trennung erneut eine Beziehung ein. Babys sehnen sich nach Vater und Mutter und können noch nicht zwischen leiblichem Elternteil und Stiefeltern unterscheiden.

Mögliche Auswirkungen im erwachsenen Beziehungsleben: Die Verwirrung »Wer ist mein richtiger Vater oder meine richtige Mutter?« überträgt sich auf die spätere Partnerschaft und bringt den Erwachsenen in eine ständige Ambivalenz: »Ist das der richtige Partner für mich?« Eine andere Wiederholungsmöglichkeit ist es auch, wenn es dem Erwachsenen nicht gelingt, sich zwischen zwei Partnern zu entscheiden.

Besuchsrecht: Nichtannahme oder Verweigerung

Wenn das Besuchsrecht nicht angenommen oder verweigert wird, bleibt das Kind äußerlich loyal zu dem Elternteil, mit dem es lebt. Innerlich entwickelt es bewusst oder unbewusst eine Sehnsucht zum abwesenden Elternteil.

Mögliche Auswirkungen im erwachsenen Beziehungsleben: Der Erwachsene bleibt in unerfüllter Sehnsucht und Träumereien stecken und geht keine reale Partnerschaft ein. Oder in der Beziehung wird eine starre Verbindlichkeit gehalten, während man innerlich die Sehnsucht nach dem Traumpartner aufrechterhält.

Der Vater zahlt keine Alimente

Die Mutter lädt das Kind mit ihrem Ärger über das Verhalten des Vaters auf, gleichzeitig ist es zusätzlich selbst belastet durch den finanziellen Mangel.

Mögliche Auswirkungen im erwachsenen Beziehungsleben: Jedes Mal, wenn der Erwachsene seine Bedürfnisse vom Partner nicht erfüllt bekommt, steigen die alten Ärgergefühle aus der Kindheit wieder auf, und der Erwachsene fühlt sich im Stich gelassen.

Trennung im Schulalter oder in der Pubertät des Kindes

Gerade in der Pubertät brauchen die Kinder Vorbilder für zukünftige Partnerschaften. Während sie selbst die ersten Liebeserfahrungen machen und romantische Träume und Zukunftsphantasien hegen, ist es für sie besonders schmerzhaft, durch die Trennung der Eltern zu erleben, dass Liebe nicht von Dauer sein muss.

Mögliche Auswirkungen im erwachsenen Beziehungsleben: Die Erwachsenen haben von ihren Eltern ein Modell für Trennung erfahren, aber es fehlt ihnen das Vorbild für eine positive Konfliktlösung. Entweder sie übernehmen das Elternmodell und trennen sich schnell bei Paarschwierigkeiten, oder sie gehen ins Gegenteil und verharren in den Beziehungen. Trennung wird vermieden und kommt für sie nicht infrage.

Fazit
Die Erfahrungen der Trennung nehmen die Kinder in ihr Erwachsenenleben mit.

Ressourcen
Schmerzhafte Erfahrungen durch die Trennung der Eltern können sich durch das Aufarbeiten in Lebensweisheit verwandeln.

Kosten bei Nichtaufarbeitung der Elterntrennung
- Unbewusste Wiederholungen in Partnerschaften.
- Der Kontaktabbruch wird als Konfliktlösung gelebt.
- Das Verharren in starrer Verbindlichkeit hemmt die Veränderungsimpulse.
- Die innere Zerrissenheit zwischen den Eltern wird zu persönlichen Ambivalenzgefühlen.
- Statt realer Partnerschaft wird die unerfüllte Sehnsucht gelebt.
- Das Vertrauen ist gestört.

Gewinn bei Aufarbeitung der Elterntrennung
- Positive Konfliktlösungen werden möglich.
- Die Partnerschaft wird nicht mehr von der Trennungserfahrung belastet.

- Das Vertrauen in Beziehungen wächst.
- Eindeutige Entscheidungen können getroffen werden.

Anleitung zu Entwicklungsschritten
Erwachsene Kinder von getrennten Eltern sollten die Familiengeschichte noch einmal aufdecken, die eingenommene Rolle im System beleuchten und sich den schmerzhaften Erfahrungen daraus stellen.

Generationsübergreifende Verstrickungen

Während wir uns bisher überwiegend mit den Verstrickungen zwischen den Eltern und den Kindern beschäftigt haben, wollen wir uns hier noch kurz mit den sehr bedeutsamen systemischen Zusammenhängen bis zur Großelterngeneration befassen; denn die generationsübergreifenden Verstrickungen zwischen Kind, Eltern und Großeltern haben Auswirkungen auf die spätere Partnerschaft der Kinder.

Ungelöste Konflikte zwischen Eltern und Großeltern

Fehlt die Herzensverbindung zwischen Tochter, Mutter und Großmutter oder Sohn, Vater, Großvater, dann haben die Tochter und der Sohn keinen Rückhalt, und es fehlt ihnen die Kraft ihrer Vorfahren. Eine Gefahr dabei ist, wie wir es schon beschrieben haben, dass die Kette des Opfer-Täter-Modells nicht abreißt. Als Ersatz für die fehlende Unterstützung von den Eltern werden dafür die Kinder in den Dienst genommen.
Wenn die Herzensverbindung zwischen Tochter und Mutter und die zurückgehaltene Liebe wieder ins Fließen kommen, kann

die Mutter in den meisten Fällen auch ihre Liebe zur Großmutter spüren. Das Zugehörigkeitsgefühl und das Mitgefühl füreinander stärken die Kraft im Frauenland. Das geschieht nach demselben Prinzip auch in der Männerverbindung. Der Wert für die neu gegründete Paarbeziehung liegt darin, dass sich Mann und Frau in ihrer ganzen Kraft begegnen können.
Zur Wiederannäherung von Tochter und Mutter oder Sohn und Vater empfehlen wir eine Life-Sitzung bei einer Systemischen Familientherapeutin.

Schwere Schicksale in der Großelterngeneration

Viele Großeltern haben in ihrem Leben Belastendes erfahren, z.B. Vertreibung aus der Heimat, Kriegserlebnisse und Gefangenschaft oder Existenzverlust. Um überleben zu können, mussten sie ihre Emotionen verdrängen.
Unsere Eltern haben als Nachkriegsgeneration unter dieser Emotionslosigkeit unserer Großeltern gelitten. Durch die herben Verluste lernten sie von ihren Eltern, dass Organisation und materielle Sicherheit im Leben vor den Gefühlen Vorrang haben.
Die folgende Generation ist noch mit den verdrängten Emotionen der Großeltern und Eltern belastet, weil sich diese Energien innerhalb der Familie nicht auflösen konnten. Durch derartige Verstrickungen kann es bei einem oder mehreren Familienmitgliedern zu physischen oder psychischen Symptomen kommen. Ist die schwere Vergangenheit noch nicht bewusst anerkannt worden und findet die emotionale Verdrängung weiter statt, dann wirken sich die aus der Herkunftsfamilie mitgebrachten Symptome von Mann oder Frau belastend auf die Partnerschaft aus.
Wir empfehlen eine Systemische Familienaufstellung zum Zweck der Diagnose und Heilung.

(Groß)eltern aus unterschiedlichen Schichten

Wenn sich ein Mann und eine Frau aus unterschiedlichen Gesellschaftsschichten wählen, z.B. der Arbeitersohn und die Fabrikantentochter, dann kann sich diese Wahl erheblich auf die Paarbeziehung und ihre Kinder auswirken. Die Werte, Traditionen und Regeln beider Systeme sind sehr verschieden voneinander. Wenn das Paar keine eigenen neuen Werte entwickelt, sondern jeder in seiner Tradition verhaftet bleibt, werden sie sich unter Umständen anfeinden.
Die Kinder versuchen, zwischen den unterschiedlichen Werten zu vermitteln, oder entscheiden sich als Ausgleich für die Tradition des einen oder anderen Familiensystems.
Damit Paarbeziehungen mit dieser Konstellation Chancen haben, müssen beide auf Teile ihrer Traditionen und Wertvorstellungen verzichten, und beide sollten etwas von dem System des anderen annehmen, damit ein neues tragfähiges System entstehen kann.
Wir empfehlen eine Genogrammarbeit und eine Familienrekonstruktion.

Frauen-/Männerhass – Loyalität im eigenen Geschlecht

In manchen Familiensystemen haben viele Frauen von Männern schmerzhafte Verletzungen erfahren, in anderen haben Männer von Frauen Demütigungen und Abwertungen hinnehmen müssen. In der Folge ist es möglich, dass sich in einem System die Frauen oder Männer untereinander verbündet haben, damit die Loyalität im eigenen Geschlecht gepflegt wird.
Dieser Zusammenhalt, der die eigene Zugehörigkeit zur Familie sichert, kann so groß werden, dass Bedürfnisse nach einer Partnerschaft der Loyalität zum eigenen Geschlecht geopfert werden. In dem Fall tritt dieses Thema in einem ständigen

Machtkampf mit dem gegengeschlechtlichen Partner auf, oder es kommt erst gar nicht zu einer eigenen Partnerschaft.
Wir empfehlen, den Sinn der Geschlechterverbindung im Familiensystem in der Familientherapie zu erforschen.

Auswirkungen unbewusster Identifizierungen

Wenn sehr geliebte Familienmitglieder oder ehemalige Liebespartner der Eltern von ihnen nicht losgelassen werden, dann suchen sich Eltern oder Großeltern eines der Kinder oder Enkelkinder als lebendes Andenken aus und geben dem Kind manchmal sogar als Ersatz den Namen des geliebten Menschen. Damit identifizieren sie die verlorene Person mit dem Kind.
Dieses übernimmt aus Liebe zu den Eltern oder Großeltern unbewusst die Rolle der gewünschten Person und verhält sich dementsprechend. Es schont die Eltern oder Großeltern, damit sie nicht mit dem Schmerz des Verlustes konfrontiert werden. Die Identifizierung bindet das Kind im Besonderen an das Herkunftsfamiliensystem. Die falsche Identität verhindert die eigene Persönlichkeitsentwicklung.
Diese fehlende Authentizität schränkt im Erwachsenenleben die Partnerwahl ein und stört das wahrhaftige Zusammenleben in der Partnerschaft. Erst wenn die Identifizierung aufgelöst wurde, sind eine eigenständige Entwicklung und eine wahrhaftige Partnerschaft möglich.
Wir empfehlen eine Systemische Familienaufstellung, um die gesunde Ordnung herzustellen.

Todessehnsucht – eine Dynamik der Herkunftsfamilie

Wenn die Mutter sich z. B. sehr nach ihrem toten Bruder sehnt und sich mehr zu diesem hingezogen fühlt als zu den lebenden

Familienmitgliedern, dann entwickelt sich daraus eine starke Todessehnsucht. Sensible Kinder können die unausgesprochene Todessehnsucht aufspüren und stellen sich aus Liebe zur Mutter für diese Anziehung zur Verfügung, um die Mutter am Leben zu erhalten.

Die Todesanziehung und das Opfer für ein anderes Familienmitglied – »Lieber gehe ich als du ...« – lässt sich von unserem Beispiel auch auf andere Familienkonstellationen übertragen.

Die Auswirkungen für das sich zur Verfügung stellende Kind bei dieser Dynamik können Unfälle, schwere Krankheiten, Selbstzerstörung und Suizid sein. Wird diese Dynamik nicht aufgelöst und geht das Kind damit ins Erwachsenenleben, dann belastet es seine spätere Partnerschaft im Übermaß.

Wir empfehlen eine Systemische Familienaufstellung zur Diagnose und begleitenden Abschiedsarbeit.

Die übernommene Schuld

Es ist möglich, dass Mitglieder der Eltern oder Großelterngeneration eine große Schuld auf sich geladen haben, z. B. durch Vergewaltigung, Kriegsverbrechen, Verrat verfolgter Personen mit schweren Folgen bzw. Aneignung fremden Eigentums oder andere Grausamkeiten, die von ihnen begangen wurden. Wenn die Täter ihre Schuld, die sie sich auf ihr Gewissen geladen haben, nicht fühlen wollen, sich nicht dazu bekennen und die Verantwortung dafür ablehnen, bleibt diese Schuld als Energie im Familiensystem.

Andere Familienmitglieder mit einer tiefen inneren Wahrhaftigkeit und Liebe spüren diese Energie in der Familienatmosphäre auf und ziehen die Schuldgefühle zum Ausgleich an sich.

Das kann sich im Leben dieses Familienmitglieds auf vielfältige Weise zeigen, z. B. verwandeln sich Schuldgefühle in Schulden, und trotz ihrer Tüchtigkeit kommt die Person nicht aus den finanziellen Verbindlichkeiten heraus. Oder es wird ein sehr

moralisches Leben gelebt, und dennoch sind quälende Schuldgefühle vorhanden.
Für einen Menschen, der eine Schuld von einem anderen Familienmitglied übernommen hat, ist es wichtig, die Schuldgefühle zu untersuchen, sie zu unterscheiden und an den Verursacher zurückzugeben. Wenn dieser bereits verstorben ist, können dazu Rituale verwendet werden. Findet das Loslassen der übernommenen Schuld nicht statt, belastet das verinnerlichte Schuldgefühl den Nachkommen und seine Partnerschaft übermäßig.
Wir empfehlen intensiv Systemische Einzeltherapie.

Geheimnisse in der Sippe

Alle bedeutenden Geheimnisse in einer Familiensippe – z.B. verschwiegene Kinder, vorherige Ehen, untergeschobene Kinder, langjährige heimliche Nebenbeziehungen, unaufgedeckter sexueller Missbrauch – binden in einem System Energien und kosten Kraft. Durch diese Unehrlichkeiten herrscht in der Familienatmosphäre eine dauernde, versteckte, untergründige Spannung.
Wenn zwei Mitglieder ein Geheimnis teilen, entsteht eine übergroße Bindung und Abhängigkeit zueinander. Die Scham und Schuldgefühle werden in der Familie unterdrückt. Die Lüge erzeugt falsche Aussagen; und diese können ein sensibles Familienmitglied verwirren, weil es ständig etwas anderes fühlt, als gesagt wird. Die Verwirrung kann sich zur Psychose ausweiten.
In solch einem Fall ist es für den Betroffenen außerordentlich wichtig, seine innere Verwirrung durch Unterscheidung von falschen Worten und wahrhaftigen Gefühlen aufzulösen. Wenn ohne diese Auflösung eine Partnerschaft eingegangen wird, wirkt sich das Sippengeheimnis untergründig weiter auf die späteren Kinder aus und kann der Auslöser für dramatische Le-

bensumstände werden. Bei Verdacht auf Familiengeheimnisse ist ein Nachforschen ohne moralische Wertung notwendig. Wir empfehlen zur Aufklärung Systemische Einzeltherapie, eine Familienaufstellung und Systemische Körpertherapie.

Fazit

Durch die Zugehörigkeit des Einzelnen zur Sippe sind weit reichende Auswirkungen aus dem System ins eigene Leben und die Paarbeziehung möglich.

Ressourcen

Wenn Störungen oder krank machende Dynamiken aus dem System korrigiert werden und die Energien in geordneten Bahnen fließen, verwandeln sich die negativen Kräfte, und die positive Kraft aus dem Familiensystem steht jedem einzelnen Familienmitglied wieder zur Verfügung.

Kosten bei einer Sippenverstrickung

- Starke Kräfte bestimmen das Leben aus dem Untergrund.
- Unerklärliche Schicksalsschläge suchen Familienmitglieder heim.
- Dramatische Ereignisse wiederholen sich.
- Andauernde physische und psychische Krankheiten.

Gewinn bei Auflösungen von Sippenverstrickungen

- Authentische Kräfte entwickeln sich.
- Ein erfolgreiches und zufriedenes Leben kann sich einstellen.
- Die Liebe und das Mitgefühl unter den Familienmitgliedern wächst.

Anleitung zu Entwicklungsschritten

- Zur Lösung der Sippenverstrickungen ist es hilfreich, aus der Metaebene auf die eigene Familie zu schauen.
- Die Dynamik wird erst sichtbar, wenn man das eigene System mit Begleitung von außen betrachten kann.

Die Vision von erfüllten Liebesbeziehungen

Wenn Sie unser Buch bis zu diesem Schlusswort gelesen und bereits den einen oder anderen Entwicklungsschritt vollzogen haben, dann fühlen Sie vielleicht schon Erleichterungen in Ihrem Beziehungsleben. Wir wollen Sie dazu einladen, noch tiefer in den Beziehungsprozess einzutauchen, denn eine Partnerschaft braucht ihre Zeit, bis sie sich verwurzelt.
Zwei Menschen sind nichts Gewöhnliches, sie sind zwei große Potenziale. Die Verbindung von zwei bewussten Wesen ist ein unendlicher Prozess und erfordert, dass die Partner sich jeden Tag aufs Neue aufeinander beziehen. Unser Buch soll Ihnen dabei dienlich sein, ähnlich wie ein »Handwerkskasten«, den Sie immer wieder zur Hand nehmen können, um aus dem einen oder anderen Werkzeug einen Nutzen zu ziehen. Darüber hinaus möchten wir Sie in unserem Schlusswort noch auf etwas Besonderes aufmerksam machen:
Die unterschiedlichen Lebensphasen und Schicksalsschläge stellen eine Partnerschaft zusätzlich vor Herausforderungen. Manche Paare haben Krankheit, Arbeitslosigkeit, Geldschwierigkeiten oder Ähnliches zu bewältigen. Wir glauben, dass es in schweren Zeiten nicht darum geht, leistungsorientiert in einen Aktionismus zu verfallen, um die entstandenen Schmerzen schnellstens loszuwerden, auch wenn das Vermeidenwollen von Schmerzen menschlich verständlich ist. Wir möchten Ihnen eine andere Herangehensweise vermitteln, nämlich schwierige Situationen mit einer Grundhaltung des Annehmens zu bewältigen. Die Kunst des Annehmens bezieht sich nicht nur auf Lebenssituationen, sondern auch auf die eigene Persönlichkeit und die Ihres Partners. Das Bestreben, sich selbst zu erforschen und sich anzunehmen – so, wie sie sind –, statt den Partner oder die Situation verändern zu wollen, führt unweigerlich zu

mehr Selbstliebe, Würde und Wachstum. Ein weiterer Gewinn dieser veränderten Lebenshaltung besteht darin, dass man in Einklang mit sich selbst kommt und eine tiefe innere Harmonie fühlt.

Paare, denen das gelingt, erfahren eine spürbare Entlastung und erleben die Beziehung als Kraftquelle für das gemeinsame Leben.

Im Sinne des Gedichts von Rainer Maria Rilke glauben wir daran, dass es dabei nichts zu befürchten gibt, denn:

> »Ich lebe mein Leben in wachsenden Ringen,
> die sich über die Dinge ziehn.
> Ich werde den letzten vielleicht nicht vollbringen,
> aber versuchen will ich ihn.«

Dank

Unser Dank gebührt zunächst Frau Beate Herbinger vom Knaur Verlag für die Wertschätzung, die sie uns entgegengebracht hat. Unsere gemeinsame Begegnung mit ihr als Frauenteam, in dem Unkompliziertheit, Klarheit, Freude und Wärme vorhanden waren, ist uns in guter Erinnerung geblieben. Diese Basis hat uns in schwierigen Phasen beim Weiterschreiben unterstützt.
Wir würdigen unsere vielen Lehrer und Lehrerinnen, die uns geduldig durch unsere eigenen Erfahrungsprozesse führten. Sie haben an uns geglaubt und uns ermutigt, die erlernten Fähigkeiten an andere Menschen weiterzugeben.
Wir danken auch unseren Kollegen, mit denen wir zusammengearbeitet haben. Aus dieser Gemeinsamkeit sind wertvolle Anregungen entstanden.
Weiterhin möchten wir den Klienten danken, die sich uns anvertrauten und die wir ein Stück auf ihrem Weg begleiten durften. Aus ihren Lebensgeschichten konnten wir viele Erfahrungen sammeln, unser Wissen vertiefen und den systemischen Therapieansatz weiterentwickeln.

Ein Dankeschön gebührt auch meinem Ehemann Peter M. Mohrmann, der uns liebevoll unterstützte und geduldig die Arbeit der Erstkorrektur unseres Buches übernahm.

Wir danken für die Hilfe meines Partners Dr. Hans-Jürgen Steinert, die er uns jederzeit, auch telefonisch, gewährt hat, wenn wir in PC-Schwierigkeiten geraten waren. Sein ruhiger Rat ließ uns alle technischen Hindernisse leicht überwinden.

Dieses Buch ist zwischen unseren Seminaren entstanden und hat uns viel Verzicht von unserer knappen Freizeit gekostet.

Deshalb möchten wir es nicht versäumen, unserer Zusammenarbeit einige Worte zu widmen.
Sehr motivierend war der Ansporn von Ilona Steinert, das gemeinsame Buchprojekt in die Tat umzusetzen. Viel Kraft zum Schreiben hat uns gegeben, dass sie nie daran zweifelte, dass unser Buch veröffentlicht wird. Ihre Fähigkeit, komplexe Zusammenhänge stilistisch gut zu formulieren, und ihre Ausdauer, das treffende Wort zu finden, ergab die starke Verbindung zwischen Wissen und Sprache.
Der Persönlichkeit von Helga Mohrmann ist es zu verdanken, dass fundiertes, kompetentes therapeutisches Wissen mit Liebe, reicher Lebenserfahrung, Freude und intellektueller Klarheit an unsere Leser weitergegeben werden kann. Ihre Kompetenz und ihre Liebe bereichern mich und die Menschen, die mit ihr in Kontakt treten.

Jede von uns hat die Verantwortung dafür übernommen, dass die Termine zum Schreiben zustande gekommen sind. Wir haben trotz Müdigkeit, Krankheit und Todesfällen in unseren Familien die Selbstdisziplin aufgebracht, das Buch weiterzuschreiben. Während der privaten Belastungen haben wir uns mit Verständnis und Mitgefühl gegenseitig getröstet. Trotzdem hatten wir in den Pausen zwischen den Kapiteln Freude an gutem Essen, Spaß an kurzen Spaziergängen und Vorfreude auf den gemeinsamen Erfolg gelebt.

Helga Mohrmann   *Ilona Steinert*

Die Autorinnen

Helga Mohrmann wurde 1946 in München geboren und hat einen Sohn aus erster Ehe. Heute lebt sie glücklich wieder verheiratet in Norddeutschland.
Seit 1984 war sie als Atem- und Körpertherapeutin in freier Praxis in München tätig. Später erweiterte sie ihre therapeutische Tätigkeit mit der Systemischen Paar- und Familientherapie.
Sie arbeitete außerdem an einem Münchner Institut mit mehreren Kollegen als Lehrtherapeutin in Systemischer Körper-, Paar- und Familientherapie.
Nach ihrer Wiederverheiratung wechselte sie ihren Wohnsitz von München nach Appel bei Hamburg, eröffnete dort ihre therapeutische Praxis für Systemische Körper-, Paar- und Familientherapie, gründete und leitet seitdem das Institut für Systemische Ausbildungen ISA-NORD.
In ihrem Institut entwickelte sie einen eigenen Ansatz in der Systemischen Paar- und Familientherapie, in dem besonders die Verbindung von Körperprozessen und Familiensystemen Beachtung findet.
Über ihre Lehrtätigkeit hinaus arbeitet sie als Supervisorin in sozialen Einrichtungen, z.B. beim Deutschen Roten Kreuz und bei der Arbeiterwohlfahrt.
Seit zirka zehn Jahren veranstaltet sie regelmäßig Seminare zum Thema »Liebe, Sexualität, Beziehung« für Paare und Singles.

Ilona Steinert wurde 1952 in Hamburg geboren. Sie hat eine Tochter und zwei Söhne aus erster Ehe sowie zwei Enkelkinder. Seit 1994 ist sie in Freiburg wieder verheiratet.

Sie hat langjährige Erfahrungen in der Erwachsenenbildung, als Ausbildungsdozentin und Supervisorin bei der Deutschen Gesellschaft für Alternative Medizin.
Darüber hinaus arbeitet sie als Paar- und Familientherapeutin in eigener Praxis sowohl in Freiburg im Breisgau als auch in Hamburg.
Sie ist Trainerin bei ISA-NORD in Paar- und Familientherapie und den Jahresgruppen zum Thema »Liebe, Sexualität und Beziehung« sowie der Ausbildung in Systemischer Körpertherapie.

Weitere Informationen

Begleitvideo
Zu diesem Buch gibt es das Begleitvideo »Wir leben die Liebe in wachsenden Ringen«.
Der Film zeigt die Paar- und Familientherapeutin Helga Mohrmann live bei einer gruppentherapeutischen Systemischen Arbeit mit einem Klienten, der bisher immer wieder in Partnerschaften gescheitert ist. Nach dieser Therapiesitzung folgt ein aufschlussreiches Gespräch zwischen Helga Mohrmann und Ilona Steinert.
Laufzeit: 120 Minuten. Erhältlich als VHS und DVD.

Kartenset
Damit Sie auf spielerische Weise auf die Suche nach sich selbst gehen können, gibt es zum Entwickeln Ihrer Wachstumsschritte und als Unterstützung in Ihrem täglichen Leben von Helga Mohrmann und Ilona Steinert ein Kartenset zum Buch.

Seminare
Zu diesem Buch gibt es folgende Seminarreihen:
Helga Mohrmann und Ilona Steinert veranstalten regelmäßig Seminare für Paare und Singles zu den Themen:

- »Wir leben die Liebe in wachsenden Ringen« und
- »Systemische Familientherapie«.

Die Therapeutinnen fördern die Teilnehmer ihrer Seminare in liebevoller Weise, damit sie mit sich selbst in Einklang kommen und die erwachsene Kraft für eine ausbalancierte Partnerschaft entwickeln.

Das Video und die Karten sind ausschließlich beim Institut ISA-NORD erhältlich. Seminarprospekte, Termine und weitere Informationen erhalten Sie von:

ISA-NORD – Institut für Systemische Ausbildungen
Tel. 04165-82396
www.isa-nord.de

Thomas Schäfer

Wenn der Körper Signale gibt

Wege aus der Krankheit durch Systemische Aufstellungen

Wer krank wird, fragt sich häufig: »Warum? Warum gerade jetzt? Warum habe ausgerechnet ich diese Beschwerden?« Durch Systemische Aufstellungen nach Bert Hellinger kann der tiefere persönliche oder familiäre Hintergrund eines Leidens aufgezeigt werden.
Symptome und Krankheiten sind oft als ein Hilferuf der Seele zu verstehen: Sie sind Signale des Körpers und geben uns die Chance, etwas, das bislang ausgeklammert wurde, in das eigene Leben mit Liebe hineinzunehmen.

Dieses Buch hilft Betroffenen, sich für das Zusammenspiel von Körper und Seele zu öffnen und ein übergeordnetes Verständnis davon zu entwickeln. Mit vielen Beispielen und Aufstellungsbeschreibungen.

Knaur
MensSana